体育产业发展促进就业的效应与政策研究

Research on the Effect and Policy of Promoting Employment through the Development of Sports Industry

徐开娟　著

西南大学出版社
国家一级出版社　全国百佳图书出版单位

图书在版编目（CIP）数据

体育产业发展促进就业的效应与政策研究 / 徐开娟著. -- 重庆：西南大学出版社，2025.5. -- ISBN 978-7-5697-2931-3

Ⅰ. G812

中国国家版本馆 CIP 数据核字第 2025V7U882 号

体育产业发展促进就业的效应与政策研究

TIYU CHANYE FAZHAN CUJIN JIUYE DE XIAOYING YU ZHENGCE YANJIU

徐开娟　著

| 责任编辑：张丽娜 |
| 责任校对：蒋云琪 |
| 装帧设计：起源设计 |
| 排　　版：杜霖森 |
| 出版发行：西南大学出版社（原西南师范大学出版社） |
| 　地址：重庆市北碚区天生路2号 |
| 　邮编：400715 |
| 　市场营销部电话：023-68868624 |
| 印　　刷：重庆新生代彩印技术有限公司 |
| 成品尺寸：170 mm×240 mm |
| 印　张：14 |
| 字　数：251千字 |
| 版　次：2025年5月第1版 |
| 印　次：2025年5月第1次印刷 |
| 书　号：ISBN 978-7-5697-2931-3 |
| 定　价：79.00元 |

前言

体育产业作为国家积极培育的国民经济支柱性产业,要求其不仅在促进经济社会发展方面发挥作用,更要在民生领域发挥引领和示范效能。在就业优先战略、体育强国建设等大背景下,体育产业发展促进就业的理论研究需与时俱进,在扩大就业范围、调整就业结构、促进高质量充分就业等实践层面也要有所建树。

"体育产业发展促进就业"既是一个战略目标,也是一种发展模式,更是一项系统工程。本书围绕体育产业发展促进就业的效应与政策展开论述,综合运用文献资料法、数理统计法、比较分析法、计量分析法、小组座谈法等研究方法,对新时代体育产业发展促进就业的本土实践、域外经验、机制构建、实证分析、就业新形势、就业新变化及核心要素等方面进行详细论述,得出以下结论。

第一,随着体育产业在产业规模、产业结构、产业主体、产业体系、产业基础等方面的不断完善,相应地在就业规模、就业结构、就业形势、就业政策等方面也得到不断优化,但在就业方面仍然面临着诸多发展中的阶段性问题。

第二,发达国家体育产业发展促进就业呈现出一定的效果。不仅体现在体育产业中的就业吸纳比重较高(大于1%),更体现在体育中小微企业是体育产业发挥就业效应的主要载体,注重青年群体在体育产业中的作用,重视保护体育产业新就业形态,扩充运动项目产业等社会需求旺盛的体育产业就业模块,前瞻性预测和布局新兴体育就业市场引导就业升级,以多元化的体育产业人才培养模式助力体育产业发展的就业效应扩大等方面。为促进我国体育产业就业提供了经验依据。

第三,我国体育产业发展促进就业的内在机制与潜力。机制分析框架由整体到部分、由数量到质量、由现象到本质,清晰梳理了体育产业发展促进就业的内在机理,从基础层、机理层和结果层3个层级展示体育产业发展对就业规模、就业结构和就业形态3个方面的多维效应及机制传导路径。其中,基础层包括体育产业发展质量和发展基础;机理层包括规模扩充效应、结构优化效应和外部冲击效应;结果层包括就业规模、就业机构和就业形态变化。同时,2015—2020年我国体育产业为负偏离状态,表明体育产业生产率较高,吸纳就业能力较强。预计到2035年,我国体育产业吸纳就业人数有望达到2000万人,体育产业在吸纳就业方面将显现出巨大潜力。

第四,体育产业结构升级与产业就业增长存在长期均衡的关系。体育产业结构高级化指数(JGGJ)每提升1%,体育产业就业人数(JYSL)会提高0.788%。长期来看,体育产业结构的不断优化对体育产业就业人数产生明显的促进作用,有利于不断创造新兴就业岗位、缓解社会就业压力。同时,体育产业发展与就业人数之间也存在短期的破坏效应。随着我国体育产业结构的不断优化,体育服务行业的就业弹性整体提升,显现出良好的就业潜力和增长空间,但体育用品制造业在就业方面的吸纳能力却出现减弱现象,甚至对就业产生负面影响。

第五,数字经济发展对中国体育产业就业的多维影响分析。数字经济对我国体育产业就业领域产生了深刻变革,带来了一系列新变化、新矛盾。数字经济发展对于提高体育产业就业吸纳能力、优化体育产业就业结构具有显著作用,但现阶段对于提升体育产业就业质量的作用不明显。

第六,体育产业新职业符合体育产业高质量发展需求。研究共获取包括康复治疗师、体育经理人、球鞋定制师、电子竞技运营师等职业在内的16个体育产业新职业。我国体育产业新职业数量的增加和规模的不断扩大,得益于体育产业新业态迭出、多业态融合的快速发展。体育产业发展面临着供给矛盾突出、配套措施不完善、政府与市场认知不高等现实困境。要探索体育产业新职业的未来发展路径,应完善有关体育产业新职业的顶层设计与配套政策。

第七,人才是支撑体育产业就业的关键,既是劳动力,也是数据、知识、技术等高端创新要素的拥有者,在体育产业要素体系中居于重要地位。按照"供给矛盾—深层原因—防治路径"的研究框架展开分析,发现当前我国体育产业人才仍存在突出的供需矛盾,出现这些矛盾的影响因素包括需求动力、匹配效率、政策保障等。面向我国体育产业人才市场供需矛盾根源施策,未来需从人才流入、人力资本投资、政策引导、人才布局等多方面入手。

第八,体育产业就业政策经历了萌芽准备期(1978—1991年)、积极探索期

(1992—2000年)、快速发展期(2001—2013年)和全面发展期(2014年至今)的演进过程。针对相关政策尚未跟进落实、产业政策滞后等问题,未来应从促进政策、扶持政策和支撑政策3个方面着手,进一步扩大体育产业发展,促进就业。

目录

第一章　导论
第一节　研究背景和研究意义　　2
第二节　文献综述　　10
第三节　研究目标、内容与方法　　33
第四节　研究思路　　37

第二章　本土实践：我国体育产业发展促进就业的现状
第一节　我国体育产业发展总体情况　　40
第二节　我国体育产业发展促进就业的现状　　51
第三节　我国体育产业发展促进就业的瓶颈　　57

第三章　域外经验：国外体育产业发展促进就业的经验
第一节　国外体育产业发展概况　　66
第二节　国外体育产业发展促进就业的特点与经验　　71

第四章　机制构建：我国体育产业发展促进就业的机制路径与潜力分析
第一节　我国体育产业发展促进就业的机制路径讨论　　86
第二节　我国体育产业吸纳就业的潜力分析　　91

第五章 实证分析:我国体育产业发展的就业效应分析

- 第一节 理论溯源 … 100
- 第二节 我国体育产业就业吸纳能力探讨 … 103
- 第三节 模型设定与指标选取 … 105
- 第四节 实证结果与分析 … 108
- 第五节 机制讨论 … 111
- 第六节 结论与建议 … 115

第六章 就业新形势:数字经济发展对我国体育产业就业的多维影响

- 第一节 理论分析、研究假设与研究设计 … 119
- 第二节 数字经济发展影响体育产业就业的实证分析 … 129
- 第三节 结论与建议 … 139

第七章 就业新变化:我国体育产业发展引致的新职业

- 第一节 问题的提出 … 144
- 第二节 研究方法 … 145
- 第三节 我国体育产业新职业的发展现状探析 … 147
- 第四节 我国体育产业新职业的发展困境 … 154
- 第五节 我国体育产业新职业的培育路径 … 156

第八章 核心要素:我国体育产业人才研究

- 第一节 人才供需矛盾是影响体育产业吸纳劳动力就业的核心议题 … 160
- 第二节 人才供给与就业需求矛盾产生的深层原因分析 … 169
- 第三节 促进体育产业人才供给平衡的路径探究 … 175

第九章 政策优化：我国体育产业发展促进就业的问题与对策
    第一节 相关政策梳理   184
    第二节 体育产业就业相关政策分析评价   197
    第三节 我国体育产业发展促进就业的政策优化   199

附件   205
参考文献   207

第一章

导 论

第一节　研究背景和研究意义

一、研究背景

(一)我国整体就业形势依然复杂

就业是最大的民生工程、民心工程、根基工程,就业工作是经济平稳运行、社会和谐稳定的有力支撑和永恒课题。进入新时代的十多年来,我国始终坚持就业优先的国家战略,将就业作为做好"六稳""六保"工作的关键,不断完善就业服务体系和就业法律制度,取得了就业规模持续扩大、结构不断优化、整体就业平稳等重要成就。但与此同时,国内外复杂多变的环境使我国就业方面仍面临不确定因素影响增多、就业压力长期存在、结构性矛盾日渐凸显等问题,就业形势依然复杂。

1. 就业局面保持长期稳定,阶段性不确定性因素增多

新时代的十多年间,我国就业局面基本保持平稳。一是,就业人数稳步增加,2012—2022年城镇新增就业年均超1300万人,累计新增就业人数约1.3亿人[①];二是,失业率得到了有效控制,2018—2023年城镇调查失业率分别约为4.9%、5.2%、5.6%、5.1%、5.6%、5.2%,除2020年与2022年受疫情影响外,其他年城镇调查失业率均实现了低于5.5%的宏观调控目标[②];三是,劳动力市场保持活跃,根据中国人力资源和社会保障部信息中心与中国就业培训技术指导中心对市场供求信息的分析,2015—2022年我国劳动力市场长期处于供不应求的状态。但近两年来,受疫情影响产生的失业、待业现象还未完全消失,贸易摩擦造成了外向型企业就业大幅流失,环保规制加剧了部分行业的失业率,这些局部性、阶段性的动荡使得维持我国就业大局总体稳定的难度逐渐增高。

---

① 李婕.我国十年累计实现城镇新增就业1.3亿人[EB/OL].(2022-08-26)[2023-12-18].https://www.gov.cn/xinwen/2022-08/26/content_5706888.htm.

② 韩秉志.调查失业率控制在5.5%以内意味着什么[EB/OL].(2021-03-25)[2023-12-18].https://www.gov.cn/xinwen/2021-03/25/content_5595485.htm.

2. 就业总量压力长期存在，结构性矛盾进一步凸显

在总量方面，国务院就业工作报告指出，2021年末16—59岁劳动年龄人口约8.8亿人，"十四五"期间仍将保持在8.5亿人以上，超过欧洲人口的总和。①与此同时，经济发展不确定性影响因素增多，需求收缩、供给冲击、预期转弱三重压力仍然较大，稳定就业存量、扩大就业增量面临较大压力，保持充分就业始终是首要任务。在结构方面，结构性就业矛盾日益凸显。一方面，随着我国经济结构调整与产业结构变化加快，部分行业技术型人才短缺的问题愈发明显；另一方面，教育培训系统相对于市场需求的滞后性，使得劳动者的知识技能无法满足企业的用人需求。当今世界新一轮科技革命和产业变革方兴未艾，深刻影响着我国就业的发展趋势，就业的结构性矛盾在当前和未来的一段时间内仍是难以消除的问题。

3. 传统就业岗位濒临消失，新就业形态展现生机

技术进步与产业升级加速了传统行业的衰退、消亡与被替代的进程，造成了大量低端就业岗位的消失。世界经济论坛的报告显示，到2027年，全球预计有25%的工作岗位会消失。②而麦肯锡全球研究院的数据显示，中国在疫情之后预计有13%的岗位发生变动，其中以客户服务与销售为代表的服务行业岗位受到的冲击最大。③与此同时，伴随平台经济、共享经济、零工经济等"新经济"的发展诞生了众多就业新形态，能够有效地接纳众多剩余劳动力，缓冲摩擦性失业带来的就业压力，成为我国"稳就业"的重要力量。国家信息中心发布的《中国共享经济发展报告（2021）》显示，2020年我国共享经济参与者人数约为8.3亿人，其中服务提供者约为8400万人。④在未来，新经济的形态规模将会不断扩大，产生更多新职业、新岗位，为我国劳动者创造更多的就业机会。

---

① 梁晓辉.国务院就业工作报告：当前就业总量压力依然不减[EB/OL].(2022-12-28)[2023-12-18]. http://www.chinanews.com.cn/gn/2022/12-28/9923108.shtml.
② 2023年未来就业报告[EB/OL].(2023-05-01)[2024-08-16].https://www3.weforum.org/docs/WEF_Future_of_Jobs_2023.pdf.
③ 后疫情时代经济之未来的工作[EB/OL].(2021-03-26)[2023-12-18].https://www.mckinsey.com.cn/wp-content/uploads/2021/03/202103_MGI_The-Future-of-work-after-COVID-19_Executive-Summary_CN.pdf.
④ 邱潇.共同富裕视角下新就业形态农民工现实困境及对策研究[J].四川行政学院学报,2023(2):60.

4. 重点人群就业保障持续发力，就业质量有待提高

2012年以来，中国高校毕业生年底总体就业率均保持在90%以上；脱贫劳动力务工规模从2015年的1527万人增长至2022年的3277.9万人，2/3的脱贫家庭实现了务工就业，务工就业收入占到脱贫家庭收入的2/3。①但受外部环境影响，高校毕业生、农民工、退役军人、脱贫人口等重点人群就业难度持续增加，高校毕业生人数逐年增长，并在2022年首次突破千万人规模。同时，我国农民工总量也将超过3亿人。面对就业压力持续增加的严峻形势，政府不断完善减负、稳岗、扩就业的各项政策措施，推出"百日千万招聘专项行动""专项行动""春风行动""青年就业创业推进计划"等，精准帮扶重点人群多渠道就业。而如今高校毕业生在求职上，通过选择慢就业或学习深造等行为对冲就业压力的比例逐渐提高，可见新时期高校毕业生的就业诉求已从单纯的扩大容量转向就业质量的提升。在这样的背景下，如何推动实现重点人群更加充分、更高质量的就业，成为当前我国就业工作的发力点。

5. 劳动力资源人口红利减弱，人才红利有所提升

长期以来，人口红利一直被认为是我国经济增长的重要因素，然而伴随着人口老龄化的发展，我国的劳动年龄人口规模和比重逐年下降，人口红利逐年减弱。与2010年相比，2020年我国15—64岁劳动年龄人口减少了约3073万人，比重减少了5.98个百分点，联合国人口司预测，到2050年，我国15—64岁劳动年龄人口预计降至8.38亿人。②当前我国经济结构仍在转型过程中，在劳动力需求大于供给的情况下，我国劳动力资源将面临数量短缺的风险，而人才红利的日渐提升成为应对人口红利减弱的重要保障。我国劳动年龄人口素质不断提高，至2020年，16—59岁劳动年龄人口平均受教育年限达到了10.75年，比2010年提高了1.08年，其中具有高中及以上学历的人口占比约为43.79%，比2010年提高了12.80个百分点。③在人口红利尚未完全消退的情况下，我国的劳动力优势将逐渐由规模优势转向由教育水平和技能水平决定的竞争力优势。

---

① 梁晓辉. 国务院就业工作报告：当前就业总量压力依然不减[EB/OL].(2022-12-28)[2023-12-18]. http://www.chinanews.com.cn/gn/2022/12-28/9923108.shtml.
② 童玉芬,刘志丽,官倩楠.从七普数据看中国劳动力人口的变动[J].人口研究,2021,45(3):66.
③ 国家统计局：我国劳动力资源依然丰富 人口红利逐步向人才红利转变[EB/OL].(2021-05-11) [2023-12-18].https://cn.chinadaily.com.cn/a/202105/11/WS609a1501a3101e7ce974e8b5.html.

（二）我国体育产业发展形势整体向好

体育产业作为国家积极培育的未来国民经济支柱性产业，也是"五大幸福产业"的主要内容。近年来，国家日益重视体育产业在促进国民经济发展中的重要作用，积极推动将体育产业培育为中长期经济增长点和发展新动力。

1.体育产业是国家积极培育的未来国民经济支柱性产业

2019年，国务院办公厅印发的《体育强国建设纲要》明确提出，到2035年体育产业将成为国民经济支柱性产业。体育产业呈良好发展态势，助力国民经济快速发展。2022年，我国体育产业总规模约为33008亿元，较2015年增长94.16%；2022年，我国体育产业增加值约为13092亿元，较2015年增长138.30%，体育产业发展势头强劲，产业规模快速扩大。[①]体育产业结构不断优化，有力支撑高质量发展。体育服务业增加值占全国体育产业增加值的比重由2015年的49.20%提高到2022年的70.10%；体育用品及相关产品制造业增加值占全国体育产业增加值的比重由2015年的50.20%下降到2022年的28.20%；体育用品及相关产品销售、贸易代理与出租占全国体育服务业增加值的比重从2015年的57.79%下降到2022年的23.80%；体育健身休闲活动、体育培训与教育等业态占比均呈上涨态势，内部业态结构改善明显。体育市场主体不断壮大，产业发展韧性和活力进一步增强。2021年，国家体育总局数据显示，我国体育产业法人单位数量共计约45.20万个，较2015年增长289.66%，体育产业法人单位数量大幅上升。[②]体育产业发展基础愈加坚实，产业发展潜力不断增大。2023年，我国人均体育场地面积达到约2.89平方米，体育场地总数量达到约459.27万个，群众参与体育活动愈发方便。[③]国家发展改革委发布的信息显示，截至2021年底，我国居民体育消费总规模已突破2万亿元，居民体育消费水平不断提高。[④]

[①] 2022年全国体育产业总规模与增加值数据公告[EB/OL].(2023-12-29)[2024-08-16].https://www.stats.gov.cn/sj/zxfb/202312/t20231229_1946084.html

[②] 总结成绩 把握形势：努力推动体育产业高质量发展[EB/OL].(2023-05-26)[2024-08-16].https://www.sport.gov.cn/n20001280/n20067608/n20067635/c25636157/content.html.

[③] 截至2023年底我国共有体育场地459.27万个 人均面积2.89平方米[EB/OL].(2024-03-24)[2024-07-30].https://www.gov.cn/lianbo/bumen/202403/content_6941154.htm.

[④] 中国经济深度看｜踔厉奋发 笃行不息 加快建设人民美好生活[EB/OL].(2022-02-07)[2023-12-18].https://www.ndrc.gov.cn/fggz/fgzy/shghqy/202202/t20220207_1314372_ext.html.

2.体育产业表现出广阔的发展前景

从"五大幸福产业"行业对比来看,体育产业与文化产业、旅游产业同属"幸福产业",将体育产业与文化产业、旅游产业进行比较,可以为体育产业发展提供参考。近几年来,我国体育产业增加值平均增速高于文化产业和旅游产业,呈现良好发展态势。

2017—2021年,我国体育产业、文化产业、旅游产业增加值均保持较高增长速度,产业增加值平均增速分别约为14.10%、11.40%、6.80%,体育产业表现出良好发展趋势(图1-1)。我国体育产业正不断拉近与欧美发达国家在国民经济贡献度方面的差距。欧美发达国家体育产业国民经济贡献率在2%~3%之间,例如,美国2018年体育产业总产值对国民经济增长的贡献率约为2.60%,总体保持在2%~3%的区间内。2012—2021年,我国体育产业增加值占同期国内生产总值(GDP)的比重从0.60%上升到1.07%。我国体育产业快速发展,同欧美发达国家体育产业在国民经济贡献度方面的差距将进一步缩小。

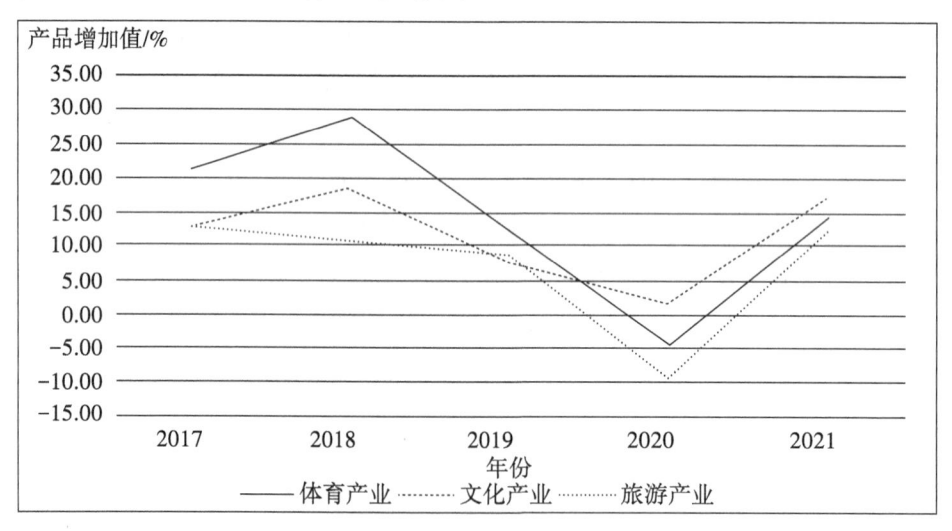

图1-1 2017—2021年我国体育产业、文化产业、旅游产业增加值增速概况

(三)我国体育产业吸纳就业的能力与效应还有待进一步探究

国民经济支柱性产业不仅要在促进经济社会发展方面发挥作用,更要在民生领域发挥引领和示范效能。体育产业是具有典型正向外溢效应的朝阳产业,具有强劲的吸纳就业和带动就业能力,对于促进就业增长、缓解就业压力有重大价值,这已经

成为普遍共识。欧美发达国家体育产业就业人数占总就业人数的1%以上,拉动就业作用明显。体育产业在促进就业形势方面总体平稳,在就业质量稳步提升方面的作用逐渐凸显。进入新时代,我国体育产业将继续保持稳步增长的态势,在关乎国计民生的重大领域内不断释放自身效益,在扩大就业范围、平衡结构性就业矛盾、创新就业形态等方面进一步释放发展潜能。

体育产业发展对就业的影响研究是一个兼具学理与实践双重特性的议题,其吸纳就业的能力与效应是体育产业发展过程中不可忽视的重要环节。斯蒂芬·罗奇曾系统研究产业与就业的关联,并指出服务业每单位产业所容纳的就业比第二产业约多30%[①],这为本书的研究提供了理论基础。从体育产业运行的实际情况来看,体育产业已逐步成为促进社会就业的重要载体,体育产业内部结构调整愈发明显,对就业的拉动潜力愈大,但对就业的能力与吸纳效应却还有待进一步研究。当前,我国学界将体育产业发展促进就业作为独立问题开展的研究尚且较少,现有的研究中,多数在宏观层面探讨体育产业发展战略或在发展经验时提及就业,少数注意到体育产业对就业的吸纳效应,故针对性的研究仍亟待拓展和深入。特别是随着人工智能等科技的不断进步,数字经济成为引领体育产业发展的新动能,体育产业和技术越来越高级化,进而导致企业选择资本和技术替代劳动力,低端就业岗位逐渐减少,产生"创造性破坏"。在经济"新常态"下,结合数字经济、平台经济、共享经济等,研究体育产业发展对体育产业就业数量、就业质量和就业结构等动态影响具有重大的现实指导意义。同时,在体育产业发展实践中,地方政府多聚焦于产值规模的增长以及样板工程的打造,对于产业人才培养、就业保障等工作较为疏忽,对体育产业发展促进就业产生了一定的不良影响。

综上所述,目前我国整体就业形势依然复杂,就业总量压力较大,结构性矛盾更加凸显,部分行业、企业面临着稳岗的压力,部分劳动者就业比较困难。同时,体育产业发展对国民就业的作用日益凸显,灵活就业、非正规就业等新就业形态以及体育产业独特的"潮汐式"岗位设置、"体育+"和"+体育"等新业态的涌现,为体育产业发展促进就业提供了新的议题。目前,体育产业吸纳就业的实践步伐比其理论和政策要快,现有研究基本还停留在相关报告或讲话中。我国体育产业发展促进

---

① 朱凯迪,鲍明晓.体育产业促进就业:域外经验与本土启示[J].武汉体育学院学报,2019,53(11):12.

就业的现状如何？国外体育产业发展促进就业具有哪些经验？我国体育产业发展对促进就业增长的作用机制有哪些？未来体育产业发展促进就业的潜力如何？体育产业结构升级的"就业创造"和"就业破坏"体现在哪些方面？体育产业的发展带动了哪些新职业和新就业形态？数字经济等新变化对体育产业就业产生了哪些影响？作为影响体育产业就业的核心要素，人才要如何发展才能更好地支撑就业？如何进一步优化体育产业发展促进就业的政策？这些问题的答案，对于进一步把握新时代体育产业发展规律，研判未来促进就业增长需要克服的挑战，充分激活体育产业吸纳就业的巨大空间和潜力具有重要意义。

基于此，本书选择体育产业发展促进就业的效应与政策为研究主题，拟对目前国内外体育产业发展促进就业的基本格局进行梳理，对体育产业发展促进就业的机理、机制、潜力进行分析，对体育产业发展促进就业的效应和就业引致的效应进行研判，对数字经济发展背景新形势下体育产业就业的影响机制进行探讨，对新就业形态影响下体育产业新职业发展的现状进行梳理，对体育产业就业的人才要素供需矛盾进行剖析，并在此基础上提出与我国体育产业发展实践动态相匹配的促进就业政策，为推动我国体育产业释放更多社会效能提供理论支撑和现实依据。

二、研究意义

体育产业作为国家积极培育的未来国民经济支柱性产业，需要在民生领域发挥引领和示范效能。体育产业快速发展，已具备进一步深化其带动就业等民生领域研究的基本条件。现有成果为研究体育产业吸纳就业提供了一定的学理依据与现实素材，但理论研究仍然比较零散，缺少关于我国体育产业促进就业的内部逻辑及整体审视，科学研究明显滞后于实践发展。本书尝试构建体育产业发展对就业效应影响的理论、内容与方法体系，有效拓展体育产业研究领域，为提升体育产业在国民经济中的地位，夯实理论基础与提供实践支撑。

（一）理论意义

一是，本书将体育产业发展的效益分析视角由经济领域拓展到社会领域。一方面，本书立足我国国情特性和体育产业发展实际，将体育产业发展与就业进行联结,建立了体育产业发展促进就业的效应机制,拓宽了体育产业发展的研究领域;另一方面,研究依据体育产业发展促进就业这一战略目标,对体育产业发展促进就业这一系统工程进行分解,分别从本土实践、域外经验、机制路径、就业潜力、实证分析、就业新变化、核心要素、政策优化等多角度对体育产业发展促进就业进行系统研究。

二是,本书首次从实证视角构建了我国体育产业发展的就业效应模型,包括构建并实证分析了体育产业发展影响就业增长的作用机制与结果效应模型,数字经济发展对我国体育产业就业的多维影响机制及效应模型,并通过多种方法对2035年体育产业吸纳就业数量的区间进行预测,弥补了我国体育领域在此方面的研究缺陷与不足。此外,本书采用定量与定性相结合的方法,通过对比研究、内容分析等方式对国内外体育产业发展促进就业格局、我国体育产业新职业类型、体育产业人才供给等情况进行梳理,增强了研究结果的科学性与实用性。

三是,本书研究梳理了产业发展与劳动力就业相关的经典理论、产业发展的就业效应、体育产业与就业的相关研究等,形成了分析体育产业发展促进就业的基本理论框架。在此基础上,由整体到结构、由数量到质量、由现象到本质的逻辑解构,梳理了体育产业发展促进就业的内在机理,从而揭示了体育产业促进就业的多维效应及传导路径。此外,研究从"就业创造"和"就业破坏"两个角度揭示了体育产业发展的就业效应,并系统阐释了数字经济发展对体育产业就业数量、结构、质量的多维影响,极大丰富了体育产业发展促进就业的相关理论,为提升体育产业在国民经济中的地位夯实了理论基础。

(二)现实意义

体育产业发展对于促进我国就业具有重要作用,对提升国民幸福感和获得感具有深远影响,如何依靠体育产业发展促进就业是亟待研究的一道现实难题。与以往论述体育产业在优化产业结构、拉动国民消费、助力经济转型升级等方面的经济效益不同,本书从一个新的视角论述体育产业发展对促进就业这一社会效益,推动体育产业加快成为国民经济支柱性产业提供实践依据。

一是,本书对关于体育产业发展促进就业的分析带来的影响是多方面的,效益覆盖也是全方位的，不仅为社会各界全面、客观地认识体育产业在当前经济社会中所处的角色以及未来的就业潜力提供了帮助，也为政府和劳动力本身带来了重要影响，还为体育市场主体扩充体育产业就业需求，体育组织、学校等主体有效参与就业，相关社会组织改善体育产业就业市场等提供了实践参考。

二是，研究结论为相关政府部门在制定体育产业相关政策时提供了一个新依据，为挖掘体育产业就业潜力，制定体育产业发展促进就业的政策，特别是在与扩大体育产业就业容量、提升体育产业就业质量、改善体育产业就业结构相关的政策文本制定过程提供了重要参考。

总的来看，本书立足就业优先战略、体育强国建设等，在体育产业发展释放就业等社会效益的时代诉求下，具有重要的理论与现实意义。

第二节　文献综述

为了厘清体育产业与就业的国内外研究进展，全面、系统地认识体育产业与就业的关系，本书综合利用图书馆、史蒂芬斯数据库（EBSCO HOST）、读秀知识库和中国知网（CNKI）等互联网资源，查阅了大量的国内外相关研究成果，并按照"体育产业""劳动力就业""产业发展与劳动力就业""体育产业就业"等多个专题进行文献的分类与整理，有针对性地进行重点分析。

一、相关概念的界定

（一）产业发展的基本内涵

产业发展是一个产业从低级到高级不断演进[①]、不以人们意志为转移的客观历史过程，是实现价值链上升、产业基础壮大并呈现经济长波形势的过程，其实质在于产业内部结构的改变。产业发展既包括单个产业的演进过程，又包括国民经济整

---

① 苏东水.产业经济学[M].北京：高等教育出版社，2000：9.

体的进化过程。产业发展是国家产业结构升级、主导产业或者支柱产业有序更替的过程,是产品升级换代、产业结构日益优化以及产业组织经营合理化的过程。[①]

产业发展的内在规律包括产业结构的演进规律、产业生产组织的演变规律和产业发展的成本优化规律。产业发展包含3个层次:一是,产业整体发展水平提高,指产业总规模的扩大和产业总产值的增加,主要表现为产业总产值的增加;二是,产业结构高级化,指产业结构由低级形式向高级形式的过渡,主要表现为三产结构的演化和人均基本存量的增加;三是,产业价值链效率化,指依托技术要素禀赋,产业价值创造能力显著提升,在全球价值链中由低端环节向高端环节延伸转移,并带来劳动生产率和技术效率的提高。因此,产业发展是产业整体发展水平提高、产业结构高级化和产业价值链效率化的过程。(图1-2)

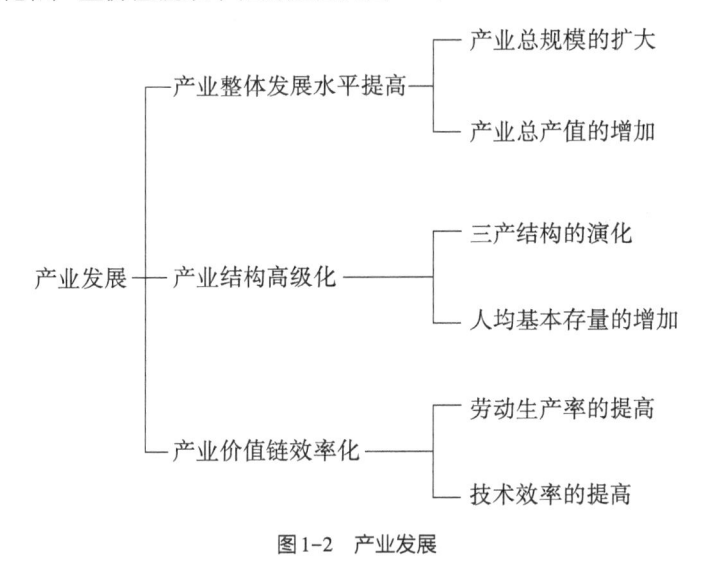

图1-2 产业发展

(二)就业的基本内涵

就业是指达到法定劳动年龄、具有劳动能力的劳动者,运用生产资料依法从事某种社会劳动,并获得报酬或经营收入的经济活动。[②]就业是衡量一个经济社会发

---

① 粟郁.城市资源视角下城市休闲产业发展模式研究[D].北京:中国地质大学(北京),2018.
② 谭永生.中国更高质量和更充分就业的测度评价与实现路径研究[J].宏观经济研究,2020(5):84.

展水平的重要指标,分为就业数量、就业结构和劳动力素质3个维度。[①]其中,就业数量是指总就业人数;就业结构是指依据产业、地区、城乡、技术、性别等因素来划分的就业构成及其相互关系的总称[②],能够显示不同角度的就业分布情况;劳动力素质是指劳动力在思想上、科学技术上、管理上、健康状况上与社会化大生产的适应程度,是劳动力的身体素质、文化科学与管理素质、技术素质、思想素质的总称,可以反映劳动者的人力资本投资和劳动生产率情况。就业质量也是反映就业的重要概念,与就业数量、就业结构并列。就业质量是指反映整个就业过程中劳动者与生产资料结合并取得报酬或收入的具体状况之优劣程度的综合性范畴。[③]就业质量与产业发展有着密切关系,随着产业不断发展,就业岗位的工作要求会不断细化和具体化,就业信息会有更高的流动性和透明度,就业岗位和劳动者的匹配度会不断上升,劳动者的就业质量也会有相应提升。但是,产业不断发展导致的工作模式流水化和对工作效率的过度追求,会降低对劳动者的职业尊重,导致劳动者的工作满意度下降,从而使得就业质量下降。

二、产业发展促进就业效应的相关研究

产业发展与就业的关系一直都是社会各界关注的重点,在经济转型的推动下受到格外的重视。学者们在定性层面进行研究时主要运用因果分析法、比较分析法、经验判断法等方法对产业发展与就业的关系、效应等进行梳理和研究。从实证角度看,学者们从宏观、中观和微观3个层面进行定量分析。其中,宏观层面从总产出、规模变化视角研究产业整体产出水平对就业的影响;中观层面从结构变动视角研究产业结构演进对就业的影响;微观层面从价值链视角研究技术效率提升带来的产业价值链升级对就业的影响。

(一)产业发展与就业的数量、结构、质量、创造与破坏的相关研究

产业发展与劳动力就业的数量、结构、质量、创造与破坏具有密不可分的联系,

---

① 田洪川.中国产业升级对劳动力就业的影响研究[D].北京:北京交通大学,2013.
② 姜渔,党晓捷,姜洪.中国就业结构研究[M].太原:山西人民出版社,1986:1.
③ 刘素华.就业质量:概念、内容及其对就业数量的影响[J].人口与计划生育,2005(7):29.

劳动力就业是产业发展的重要支撑,而产业发展的规模和水平也在很大程度上决定着就业人口的数量和结构,二者相互影响、相互适应。目前,已有相关学者详细论述了产业发展对劳动力就业的数量、结构、质量、创造与破坏的影响,积累了较为丰富的研究成果。

1. 产业发展与就业数量

产业发展与就业数量的关系表现在就业供给量和就业需求量两个方面。就业供给量是指在一定时期内某地区可以提供的劳动力数量,产业发展是影响就业供给量的重要因素。产业发展能够促进基础设施建设、提高居民生活水平、推动人口密度增加。人口密度越大的地方就业选择越多,劳动力转移就业越频繁,吸引劳动力转移的作用就越强。①但产业发展也会对就业供给产生一定的负面影响,产业发展水平越高的地区,生活成本就越高,生活压力也就越大,致使社会总和生育率降低,就业人口总供给量减少。②就业需求量是指社会经济发展对劳动力的吸纳能力,也是就业人口容量。产业规模扩大、生产力水平提高是产业发展的重要表现,产业规模扩大会产生更多就业岗位,生产力水平与失业率存在反向关系③,也就是说产业发展会促进就业需求提升,推动就业率增长。但技术进步、产业结构优化等也会导致增加劳动力的边际收益降低,从而降低就业需求。

2. 产业发展与就业结构

大量的文献和各国经济发展的实践证明,产业发展与就业结构的关系密不可分。我国产业结构与就业结构具有非一致性的特点,主要表现为就业结构滞后于产业结构的发展。④20世纪初,我国第二产业比重过大,第三产业发展速度趋缓,发展水平不高;劳动力向第三产业转移的速度缓慢,第三产业就业比重明显偏低。⑤但随着工业化进程的加快,中国的产业结构与就业结构协调系数总体上呈现先降后升的变化趋势,表明中国经济结构逐渐趋于健康化、协调化。⑥通过对产业结构和就业结构变动的时间序列分析,相关学者证明了产业结构变动对就业结构变动

---

① 王巧,尹晓波.产业优化升级对劳动力转移就业的影响研究[J].华侨大学学报(哲学社会科学版),2019(2):57.
② 牟宇峰.产业转型背景下就业人口与产业发展关系研究综述[J].人口与经济,2016(3):105.
③ 高鸿业.宏观经济学[M].7版.北京:中国人民大学出版社,2018:470.
④ 蒲艳萍.产业结构变动对就业增长影响及国际比较[J].现代财经-天津财经学院学报,2005(2):64.
⑤ 蒲艳萍.第三产业发展带动我国就业增长的实证分析[J].南京师大学报(社会科学版),2005(2):31.
⑥ 单良,张涛.中国产业结构与就业结构协调性时空演变研究[J].中国人口科学,2018(2):45.

的单向因果关系,并提出第三产业对就业结构变动的驱动最为强劲。①在产业发展的过程中,必须注意产业结构与就业结构二者之间的相互依赖性,着重解决产业结构与就业结构演变之间存在的不协调、不合理的就业问题,从而促进整个国民经济的长足健康发展。②

3.产业发展与就业质量

现有研究表明,产业发展对就业质量提升具有显著的正向作用③,但产业发展在为社会创造更多、更高质量就业岗位的同时,也要求劳动者提高自身的素质。因此,国家应当围绕产业发展与劳动者素质提升的双向需求,依照劳动力状况布局和发展产业,按照产业发展需要培养和调配人才。④多数学者证明了产业结构升级作为中介对就业质量有提升作用。例如,许清清等提出,智能制造的发展不仅可以直接改善就业质量结构,还可以通过产业转型升级对就业质量结构起到间接优化的作用。⑤再如,李敏等证明了平台经济的发展促进了就业质量的提升,产业结构升级在其中的中介效应显著。⑥为了实现新时期我国更高质量和更加充分就业的基本目标,应当妥善处理产业结构转型升级、新旧动能转换、化解过剩产能和债务风险过程中积累的就业问题。⑦

4.产业发展对就业的创造与破坏

大部分学者认为产业发展对就业的作用是一个"创造与破坏"并存的过程,即存在就业创造效应与就业破坏效应。就业创造效应是指产业发展会加快经济增长的速度和新兴行业的发展,从而创造新的就业岗位,产生就业创造效应;就业破坏效应是指随着产业发展,产业结构调整导致各产业发展状况变动,从而带来相当规

---

① 何景熙,何懿.产业—就业结构变动与中国城市化发展趋势[J].中国人口·资源与环境,2013,23(6):103.
② 周兵,冉启秀.产业结构演变与就业结构协调发展分析[J].中国流通经济,2008(7):24.
③ 赵元科,杨涛.产业发展、社会融合与农村搬迁移民就业质量:基于对河南省农村搬迁移民的实证调查[J].中国农村水利水电,2022(6):195.
④ 张勇,赵明霏.产业升级与劳动者素质的匹配逻辑与协同路径[J].理论月刊,2021(4):42.
⑤ 许清清,孟天赐,江霞.智能制造对劳动力就业质量结构的影响及区域差异研究[J].江汉学术,2022,41(2):32.
⑥ 李敏,吴丽兰,吴晓霜.平台经济发展对就业质量的影响研究:产业结构升级的中介效应[J].工业技术经济,2021,40(10):62.
⑦ 吴绮雯."十四五"时期高质量就业面临的挑战及解决思路[J].经济纵横,2021(7):60-61.

模的就业破坏效应。这种破坏效应主要来自两个方面：一方面，产业规模不断扩大，资本有机构成逐渐提高，技术进步，劳动生产率提高，挤出效应导致产业发展对就业的容纳力降低；另一方面，随着部分产业走向衰退，身处该行业的劳动力面临失业，造成摩擦性失业和结构性失业，由此引发的就业破坏效应会在很大程度上抵消它所带来的就业创造效应。[①]同时就业净增长也取决于就业创造效应和就业破坏效应，其中就业创造效应对就业的影响程度相对更大。[②]

（二）产业发展的就业效应分析工具与模型

对产业发展就业效应的定量研究主要关注的是产业发展和就业增长之间的关系。其中，就业指标的选取和模型的使用是定量研究的关键。通过选取合适的衡量就业的评估指标和模型，可以更准确地研究产业发展对就业效应的影响，为本书提供有价值的参考。

1. 就业效应的衡量指标

就业弹性和就业结构偏离度这两个指标广泛应用于对就业效应的测算。就业弹性能够较好地反映该行业吸纳社会劳动力的潜力与空间，就业结构偏离度能够反映出产业结构和就业结构协同变动效果。

关于就业弹性的测算，学者们从不同角度探索出不同的方法。陆梦龙认为，当前的研究集中于就业弹性的静态测算和走势分析，在动态考察经济增长的规模效应和结构效应的背景下，其运用基于面板数据的固定影响变截距模型进行测算和分析。[③]吕民乐认为，隐性失业对真实就业弹性值的影响较为显著，因此其在测算隐性失业的基础上计算真实就业弹性值。[④]张小利使用柯布-道格拉斯生产函数进行回归计算得出旅游业就业弹性情况。[⑤]张济荣等选择就业人数所占比例份额和

---

① 朱轶,熊思敏.技术进步、产业结构变动对我国就业效应的经验研究[J].数量经济技术经济研究,2009,26(5):111.
② 毛其淋,许家云.中间品贸易自由化与制造业就业变动：来自中国加入WTO的微观证据[J].经济研究,2016,51(1):69.
③ 陆梦龙.经济演进与就业弹性测算：基于变截距模型的分析[J].经济与管理,2007(11):53.
④ 吕民乐.我国真实就业弹性的测算[J].统计与决策,2006(5):18.
⑤ 张小利.基于旅游业增加值测度的我国旅游就业弹性分析[J].经济经纬,2014,31(3):75.

弹性系数来分析文化创意产业发展对就业增长的贡献。① 关于就业结构偏离度的测算,夏建红等通过就业弹性系数和就业结构偏离度两个指标分析产业结构对就业结构的影响机制。② 杨震宇等在对战略性新兴产业的就业带动作用进行量化研究时,将就业弹性作为带动就业体量增长的测度指标,就业结构偏离度作为推动就业结构升级的测度指标。③ 樊士德等在此基础上,聚焦不同层次的劳动力,对战略性新兴产业的高端人才和中低端人才进行了区分。④

此外,大多数学者在选择就业弹性和就业结构偏离度的基础上,补充了其他指标进行具体测算。田洪川等在测算制造业产业升级对就业的吸纳能力时,根据产业升级和制造业的特点,补充了制造业资本、劳动替代弹性和曼奎斯特指数等指标。⑤ 景建军在评价产业结构与就业结构协调发展状况时,选取比较劳动生产率等指标来体现两者的协调性。⑥ 赖德胜等基于投入产出表,将就业创造分为直接就业、间接就业和引致就业3个部分⑦,然而,这一研究范式忽略了产业发展过程中的就业破坏效应,针对这一问题,莫瑞蒂等直接通过回归的方法测算美国贸易部门对不可贸易部门的就业创造乘数。张佰瑞在此基础上,对北京市旅游就业乘数进行了分析。⑧

2. 就业效应的测量模型

柯布-道格拉斯生产函数是衡量不同生产要素与总产出关系的计量经济和数理经济分析工具,利用柯布-道格拉斯生产函数建立不同模型进行分析的方法较为普遍。毛伟等基于柯布-道格拉斯生产函数,利用拉格朗日函数研究了中国海洋产业对就业的影响,发现海洋产业即期和长期均衡就业弹性都较大,海洋产业能够有

---

① 张济荣,张梦岩.文化创意产业发展对就业增长贡献分析:以北京市为例[J].现代传播(中国传媒大学学报),2011(5):144-145.
② 夏建红,矫卫红.产业与就业结构演变路径及耦合效应分析:以山东省为例[J].经济问题,2018(10):65.
③ 杨震宇,史占中.战略性新兴产业对就业带动作用的测度研究[J].现代管理科学,2015(9):24-25.
④ 樊士德,费振东.战略性新兴产业的就业效应与政策研究:基于对不同层次劳动力分解[J].产业经济评论,2017(1):28.
⑤ 田洪川,石美遐.制造业产业升级对中国就业数量的影响研究[J].经济评论,2013(5):72-74.
⑥ 景建军.中国产业结构与就业结构的协调性研究[J].经济问题,2016(1):60.
⑦ 赖德胜,高曼.地区就业岗位的创造:制造业对服务业的就业乘数效应[J].中国人口科学,2017(4):29.
⑧ 张佰瑞.北京旅游就业效应和就业乘数分析[J].北京社会科学,2010(1):40-41.

效地促进就业。①朱晓琼等结合定性与定量的方法,对我国第三产业促进就业的效应进行了分析,在定量层面通过柯布-道格拉斯生产函数计算就业吸纳弹性,直接考察发展第三产业对促进就业的作用大小。②李莺莉等采用柯布-道格拉斯生产函数作为理论模型基础,构建回归模型分析外商直接投资对中国各省市就业数量、就业结构、就业质量的影响程度,以及对就业结构转移的影响。③田洪川等在进行产业升级对就业影响的研究时,从宏观到微观3个层次分别对产业升级进行分析,通过柯布-道格拉斯生产函数构造产业发展与就业的基础模型,并依次加入不同变量探究产业发展、产业结构变动、产业升级对就业的影响,进而得到产业升级对就业的影响机制。④

此外,学者们对其他分析模型在就业研究领域的应用做了有效的探讨,向量自回归模型(VAR)、灰色关联模型等应用也被广泛使用。VAR模型能够将单变量自回归模型推广到由多元时间序列变量组成的向量自回归模型。⑤唐睿等利用VAR模型探讨了浙江省旅游业发展、产业结构升级和就业增长之间的关系。⑥刘宏等根据我国1985—2010年的时间序列数据,构建VAR模型对外商直接投资(FDI)、经济增长以及就业这3个变量进行动态计量分析。⑦灰色系统分析理论认为系统参考序列和比较序列的变化不同并体现时滞性,灰色绝对关联度能够恰好地反映系统参考序列曲线与比较序列曲线几何形态之间的相似程度,这种模型经常被用于研究产业结构与就业结构的关系。孟凡杰等运用灰色绝对关联度模型、选取K结构变动值和摩尔(Moore)结构变动值来反映和比较就业结构与产业结构二者变动速度,探

---

① 毛伟,赵新泉.中国海洋产业就业效应研究[J].统计与决策,2014(1):137.
② 朱晓琼,付春光,林冠婷.第三产业发展与就业增长之间的关系:基于河南第三产业产业数据[J].纳税,2018(12):145.
③ 李莺莉,王开玉,孙一平.东道国视角下的FDI就业效应研究:基于中国省际面板数据的实证分析[J].宏观经济研究,2014(12):98.
④ 田洪川,石美遐.制造业产业升级对中国就业数量的影响研究[J].经济评论,2013(5):69.
⑤ 王小泳,孔东民,李尚骜.现金分红的连续性、投资效率与公司价值:基于面板结构VAR模型的实证分析[J].中国管理科学,2014,22(3):104.
⑥ 唐睿,冯学钢.浙江省旅游业发展、产业结构升级与就业增长:基于VAR模型的检验[J].哈尔滨商业大学学报(社会科学版),2017(5):119.
⑦ 刘宏,李述晟.FDI对我国经济增长、就业影响研究:基于VAR模型[J].国际贸易问题,2013(4):105.

究产业结构演进中就业结构的滞后性。[①]（表1-1）

表1-1 就业效应评估模型汇总

文献	模型	变量	数据来源
机器人的就业效应：机制与中国经验	多元线性回归模型	1.企业机器人使用的代理变量 2.控制变量：企业年龄、企业资本、劳动密集度、企业平均工资水平、企业进口贸易、企业出口贸易、赫芬达尔指数 3.虚拟变量：企业所有制类型 4.控制企业、行业、地区、年份的固定效应	1.采用工业机器人进口数据作为机器人使用的衡量标准 2.采用莱文索恩-佩特林（LP）方法测算企业全要素生产率 3.中国海关贸易数据库、中国工业企业数据库
	中介效应模型	中介变量：企业全要素生产率、产出规模、市场份额	
	替代效应	引入机器人使用与企业平均工资的交叉项，间接识别机器人应用对劳动力的替代效应	
人才配置与全要素生产率——兼论中国实体经济高质量增长	实证模型	1.全要素生产率 2.地级市人才配置 3.控制变量：城市变量包括经济发展水平、产业结构、人力资本、实际使用外资、是否省会城市以及是否计划单列市；企业变量包括注册类型、规模、资本密度	1.使用自相关函数（ACF）方法计算被解释变量企业全要素生产率 2.使用金融业、制造业人均受教育年限反映人才配置
人力资本密度对我国区域创新的影响——基于我国省级数据的实证分析	以柯布-道格拉斯生产函数为表现形式的创新模型	1.因变量：将专利申请授权量作为创新产出的指标 2.自变量：人力资本密度分为人力资本地理空间密度、人力资本人口结构密度 3.控制变量：物质资本存量、高等院校数量、研究与实验发展（R&D）经费投入强度、产业结构 4.工具变量	两阶段最小二乘法

---

① 孟凡杰，郭晓春，张博.产业结构演进中就业结构调整的滞后性研究：基于内蒙古数据的灰色绝对关联度模型分析[J].数学的实践与认识，2018，48(19)：93.

续表

文献	模型	变量	数据来源
中间品贸易自由化与制造业就业变动——来自中国加入WTO的微观证据	基准倍差法模型	1.对照组:加工进口企业、时间虚拟变量 2.处理组:一般进口企业、时间虚拟变量 3.因变量:就业创造、就业破坏、就业净增长 4.控制变量:企业工资增长率、企业进口、企业出口、企业销售额增长率、地区实际GDP增长率、地区——行业层面的赫芬达尔指数、非观测的行业和地区特征	1.企业层面的生产数据 2.产品层面的海关贸易数据
	异质效应模型	1.企业相对生产率 2.两两交叉项 3.三重交叉项	
中国城市制造业就业对服务业就业的乘数效应	多元线性回归模型	1.被解释变量:服务业就业 2.解释变量:制造业就业 3.控制变量:政府预算内支出占GDP比重 4.年份虚拟变量	1.利用工具变量对模型进行估算 2.利用2004—2013年的《中国城市统计年鉴》,构造中国282个地级城市就业的面板数据
机器人的兴起如何影响中国劳动力市场?——来自制造业上市公司的证据	基准回归模型	1.基准回归模型1: (1)被解释变量:年末员工人数 (2)解释变量:工业机器人渗透度 2.基准回归模型2: (1)被解释变量:员工平均薪酬 (2)解释变量:工业机器人渗透度 3.控制变量:行业控制变量、企业控制变量、城市控制变量	1.员工平均薪酬区分为高管平均薪酬和普通员工平均薪酬 2.工业机器人数据来自国际机器人联合会(IFR)
	简约式回归模型	将渗透度指标作为工具变量,在基准回归中替换 $\ln CHF\ exposure\ to\ robots_{jit}$ 进行回归分析	
就业替代与劳动力流动:一个新的分析框架	多元线性回归模型	1.被解释变量:劳动力的迁移(人口净迁移率) 2.解释变量:地区收入水平(人均GDP)、就业机会(就业增长率)	人口普查口径的就业数据

续表

文献	模型	变量	数据来源
最低工资对中国就业和工资水平的影响	多元线性回归模型结合固定效应模型	1. 被解释变量：人均工资 2. 解释变量：企业特征、企业不随时间变化的个体特征、地区固定效应、地区随时间变化的特征	1. 工业统计报表制度数据 2. 企业特征变量：企业经营状况指标、企业性质与规模的变量 3. 地区固定效应以及地区随时间变化的特征：市GDP、市总就业人数、市平均工资以及市总人数 4. 普通最小二乘法（OLS）回归
中国财政支出与财政支出结构偏向的就业效应	结构向量自回归模型	1. 政府生产性支出数据、政府投资性支出数据、政府服务性支出数据、城镇就业人数 2. 滞后项	1. 中经专网统计数据库 2. 用平方根法（Cholesky）分解方法进行实证分析
贸易开放与人力资本配置——基于公共部门与私人部门就业选择的视角	多元线性回归模型	1. 被解释变量：公共部门就业虚拟变量 2. 解释变量：贸易开放的代理变量 3. 个体和城市层面控制变量	1. 个体数据来自国家统计局2005年1%人口抽样调查的五分之一随机样本 2.《中国城市统计年鉴》2001—2004年数据
	异质效应模型	交互项 $trade_c \times edu_{ic}$ 作为核心解释变量	双重差分法、三重差分法以检验异质性影响
需求变化与中国劳动力就业波动——基于全球多区域投入产出模型的实证分析	全球多区域投入产出（GMRIO）模型	1. 劳动投入系数行向量 2. 世界最终需求向量 3. 里昂惕夫逆矩阵	世界投入产出数据库
	结构分解模型	中国劳动力就业波动分解为劳动投入系数变动效应、生产分工变动效应和最终需求变动效应	
数字经济促进就业的机理与启示——疫情发生之后的思考	概率单位（Probit）模型	1. 被解释变量：是否处于就业的状态变量 2. 解释变量：就业决策虚拟变量 3. 控制变量：外生性、内生性 4. 虚拟变量：年份虚拟变量 5. 工具变量	1. 中国家庭追踪调查（CFPS）数据库 2. 选取家庭所在地区与杭州的球面距离以及家庭所在地区与省会的球面距离两类工具变量 3. 利用工具变量Probit（IV Probit）模型处理模型可能存在的内生性问题

续表

文献	模型	变量	数据来源
数字经济与高质量就业：理论与实证	行业需求模型	1.被解释变量：城镇所有单位整体就业、制造业和服务业就业 2.核心解释变量：数字经济规模 3.解释变量：行业总产出、人均工资、人均受教育年限 4.控制变量：行业固定效应、年份固定效应	1.差分处理以消除产业的特殊固定效应 2.《中国劳动统计年鉴》《中国第三产业统计年鉴》和各年度投入产出表
延迟退休年龄、就业率与劳动力流动：岗位占用还是创造？	变时间期限的两期世代交叠模型	生产函数采用常资本劳动替代弹性（CES）函数形式	1.精算平衡替代率和实际替代率两种方法计算替代率 2.《人力资源发展报告（2011—2012）》《中国统计年鉴（2013）》

注：多元线性回归模型，是计量回归模型中的一种，包含实证模型、随机效应模型等。

（三）产业发展对就业效应影响因素的相关研究

产业发展对就业具有明显的拉动作用，但是作用的大小受到多种因素的影响。国内学者一般通过实证从宏观层面入手对影响就业的因素进行分析与研究，使用的方法较多。从单个产业整体看，毛雁冰等使用协整检验模型、VAR模型、脉冲响应分析等实证方法，着重从投入到产出和结构变化的角度分析上海市的就业变动情况。[①]OLS模型可以分析多个就业变量与就业的相关性，从而有助于揭示一个或多个解释变量对就业的影响，如杨胜利等使用OLS回归分析的方法，对各宏观经济指标与就业水平的相关性进行实证分析。[②]张抗私等通过文献总结和偏最小二乘通径分析，构建影响因素指标体系。[③]从产业内部看，不同行业的就业状况呈现不同特点。郭建科等针对海洋传统部门与新兴部门之间就业状况的不同，通过分析就业弹性与比较劳动生产率，发现造成这些差异性的主要原因是经济增长、技术进步、产业结构和就业结构。[④]从产业发展促进就业的影响机制来看，田洪川等认为产业发展主要从3个路径影响就业，即产业规模扩大影响劳动就业弹性、产业结构

---

① 毛雁冰,张龙生.上海市就业变动的实证分析：基于VAR模型[J].华东经济管理,2014,28(8):13.
② 杨胜利,虎朝阳,杨钦栋.产业发展视角下的经济增长与就业的相关性研究：以山东省为例[J].云南财经大学学报,2018,34(12):38.
③ 张抗私,王振波.中国产业结构和就业结构的失衡及其政策含义[J].经济与管理研究,2014(8):45.
④ 郭建科,邓昭,许妍,等.中国海洋产业就业结构变化及其影响因素[J].地域研究与开发,2018,37(2):39.

升级推动劳动力结构变化、产业价值链改变技术效率。[①]（表1-2）

表1-2 影响产业发展的就业效应因素与模型汇总

文献	模型	变量	数据来源
财政政策扩张、异质性企业与中国城镇就业	结构向量自回归模型	1.GDP 2.财政投资支出 3.国有企业就业人数 4.民营企业就业人数	1.中经网宏观数据库 2.用Cholesky分解方法识别财政政策冲击
	动态随机一般均衡模型	1.包含4个部门：居民、国有企业、民营企业和政府 2.居民方面的参数为主观贴现率 3.企业和劳动力市场方面的参数：劳动力市场、不同企业的基本特征 4.政府支出：公共资本的生产性、折旧程度、持续性和标准差	使用贝叶斯方法对模型参数进行估计
产业结构变动与经济周期波动——基于劳动力市场视角的分析与检验	一般均衡模型	1.家庭对商品的消费 2.厂商劳动生产率 3.厂商人均工资	21个经济合作与发展组织（OECD）国家1970—2006年的年度产出和就业数据
	动态因子模型	劳动力市场指标：各省份的城镇单位就业人员实际人均工资同比增长率、城镇单位就业人员数量同比增长率	运用渐近主成分分析法进行公共因子与载荷系数的估计
	贝叶斯空间计量模型	1.被解释变量：人均工资、就业人数和经济周期波动的协动性 2.解释变量：产业结构变量 3.控制变量：人口密度、人力资本、经济发展水平、开放度 4.具体建立空间自相关模型（SAR）和空间误差模型（SEM）	1.差异值由时间序列均值与截面均值相减获得 2.贝叶斯估计
市场化转型、就业动态与中国地区生产率增长	多元线性回归模型	1.被解释变量（地区就业动态）：就业净增长、就业创造、就业破坏 2.解释变量：市场化指数 3.控制变量：地区平均工资增长率、地区进口渗透率、地区出口开放度、地区实际GDP增长率、地区销售额增长率 4.异质性影响：引入企业相对生产率、市场化指数和企业相对生产率三者的交叉项	1.《中国市场化指数：各地区市场化相对进程报告》 2.《新中国六十年统计资料汇编》 3.《中国科技统计年鉴》各期 4.历年的《中国统计年鉴》
	计量回归模型		

[①] 田洪川,石美遐.制造业产业升级对中国就业数量的影响研究[J].经济评论,2013(5):69.

续表

文献	模型	变量	数据来源
对外直接投资如何影响了母国就业？——基于中国微观企业数据的研究	多元线性回归模型	1. 企业是否有对外直接投资 2. 一阶滞后项 3. 控制变量：企业规模、资本密集度、企业成立年限、出口	1. 商务部《境外投资企业（机构）名录》 2. 国家统计局"中国工业企业数据库" 3. 中国海关"中国海关数据库" 4. 法国国际信息与前景研究中心数据库（CEPII）"世界贸易数据库" 5. 将企业进行划分，构造二值虚拟变量引入方程
出口、外商直接投资与中国制造业就业	劳动需求经验回归方程	1. 产出规模 2. 制造业生产效率 3. 生产要素的价格弹性	标准差分广义矩估计（GMM）方法进行估计
人随产动还是产随人走？——基于中国数据的实证分析与检验	区域调试模型	1. 二产发展水平（二产主营业务收入） 2. 三产发展水平（三产总产值） 3. 控制变量：商品房平均销售价格（地区的商品房销售总额与商品房销售面积之比）、教育支出比重（国家财政教育支出与GDP之比）、交通密度变化率、固定资产投资比率	1.《中国统计年鉴》 2.《中国高技术统计年鉴》 3.《中国第三产业统计年鉴》 4. 各地区《统计年鉴》 5.《国民经济和社会发展统计公报》
信息化与中国企业就业吸纳下降之谜	计量回归模型	1. 被解释变量：劳动收入占比、劳动力需求数量 2. 解释变量：企业的信息资本相对投入 3. 控制变量：企业的规模、出口、工会势力以及其他影响劳动投入因素 4. 行业虚拟变量、城市虚拟变量	国家统计局2004—2013年规模以上工业企业年度调查数据
数字经济、人口红利下降与中低技能劳动者权益	双向固定效应模型	1. 被解释变量：工资性收入、福利水平 2. 解释变量：中低技能劳动者、数字经济、城市人口红利 3. 机制变量：产业智能化、地区生产率、法制效率和监管质量 4. 其他控制变量：个体、城市、省级 5. 时间与城市固定效应 6. 核心解释变量：低、中技能劳动者与数字经济的交互项	替换核心解释变量

续表

文献	模型	变量	数据来源
异质性劳动力与岗位的匹配研究：基于纳什均衡对我国失业与用工荒问题的解读	拓展的数据管理平台(DMP)模型	1.企业利润的选择 2.劳动力的选择 3.均衡的工资水平与就业	1.中国人力资源和社会保障部就业网站公布的季度监测数据报告 2.中国社会保障部就业网站的季度调查数据 3.模型估计使用最大代理似然估计(MPLE)方法
	比例风险回归(COX)模型	1.时变变量：经济增长、劳动力受教育程度 2.控制变量：岗位学历要求、劳工关系、求职时期 3.失败变量：已经发生的失业者数量 4.删减变量：该季度的求职者	
出口对就业、工资和收入不平等的影响——基于微观数据的证据	计量回归模型	1.被解释变量：制造业就业占经济活动人口比重的变化 2.解释变量：地区加权人均出口额变化量 3.控制变量：可能影响制造业就业的地区社会经济特征	1.第五次人口普查的0.95‰微观子样本和1%人口抽样调查的20%微观子样本 2.联合国国际贸易统计数据库(UN Comtrade)

（四）产业发展对新就业岗位和灵活用工模式的相关研究

伴随着移动互联网、大数据、云计算等信息技术的广泛运用，新经济、新技术、新产业、新业态在我国迅猛发展，带动出现了各类不同于标准雇佣模式以及传统非正规就业模式的新就业形态。[①]与此同时，随着社会的发展，新旧职业不断更替，社会需求日益升级，新职业不断涌现。[②]新就业岗位和灵活用工模式吸收带动了大量的就业，是相关领域学术研究的热点之一。综合国内外学者对这一主题的研究，可概括为新就业岗位和灵活用工模式的内涵、新就业岗位和灵活用工模式的类型、新就业岗位和灵活用工模式的影响、新就业岗位和灵活用工模式的规制等方面，为本书探究体育产业吸纳就业的新形势、新变化提供了借鉴。

1.新就业岗位和灵活用工模式的内涵

国外学者一般用"非典型雇佣（Nonstandard employment）"一词描述区别于传统雇佣模式的新就业形态。著名经济学家弗里德曼提出，非典型雇佣形式的就业者

[①] 张成刚.就业发展的未来趋势，新就业形态的概念及影响分析[J].中国人力资源开发，2016(19):86.
[②] 戚聿东，丁述磊，刘翠花.数字经济时代新职业发展与新型劳动关系的构建[J].改革，2021(9):66.

往往在工作时间、工作地点及工作内容方面都具有不确定性。[1]维恩斯-图尔斯认为非典型雇佣是工作期限的缩短和就业的不确定性引致的结果。[2]

在我国,"非正规就业"一词被用于指代非典型的雇佣形式,且国内学者赋予了非正规就业更多的含义。胡鞍钢认为当前中国社会的就业结构是包括农村农业就业、乡镇企业就业、城镇正规就业、城镇非正规就业的四元结构[3],除正规就业外,城镇还存在大量的非正规就业。中国的非正规就业部门有其独特的形成机理,是多项公共政策综合作用和主动选择的结果。[4]但随着社会的发展,非正规就业不再广泛适用于中国语境下的就业形态发展。

因此,党的十八届五中全会公报和2016年政府工作报告提出"新就业形态"的概念,引起了学术界与社会各界的广泛关注。张成刚提出,新就业形态可从生产力和生产关系两个角度进行解释。从生产力角度来说,新就业形态描述了在新一轮工业革命带动的生产资料智能化、数字化、信息化环境下,通过劳动者与生产资料互动,实现虚拟与实体生产体系灵活协作的工作模式;从生产关系角度来说,新就业形态指伴随着互联网技术进步与大众消费升级而出现的去雇主化、平台化的就业模式。[5]这一解释得到了学界的广泛认同。

也有部分学者进一步对"新就业形态"概念进行了补充。例如,朱松岭提出,新就业形态是新时代催生出来的新经济形态在就业领域的反映,是传统产业在互联网条件下延伸而产生出来的、尚未完全转化成独立新形态的就业样态[6];王娟认为新就业形态是新"技术—经济范式"下的新就业模式。[7]在新职业方面,近年来多个政府文件都出现了新职业的相关表述,但严格来说,政府层面始终未对新职业概念进行明确界定,学界在不同文献中对新职业的概念也有不同理解。从社会分工角度来说,邓忠奇等认为,从广义上来说,新职业是指社会分工深化所引起的,为满足

---

[1] FELDMAN D C.Reconceptualizing the nature and consequences of part-time work[J].Academy of management review,1990,15(1):105.

[2] WIENS-TUERS B A.There's no place like home.the relationship of nonstandard employment and home ownership over the 1990s[J].The American journal of economics and sociology,2004,63(4):883.

[3] 胡鞍钢.中国特色城镇化新在何处:"四化"同步破解"四元结构"[J].人民论坛,2013(4):22.

[4] 闫海波,陈敬良,孟媛.非正规就业部门的形成机理研究:理论、实证与政策框架[J].中国人口·资源与环境,2013,23(8):81.

[5] 张成刚.中国新就业形态发展:概念、趋势与政策建议[J].中国培训,2022(1):85.

[6] 朱松岭.新就业形态:概念、模式与前景[J].中国青年社会科学,2018,37(3):8.

[7] 王娟.高质量发展背景下的新就业形态:内涵、影响及发展对策[J].学术交流,2019(3):131.

不断提升的社会生产生活需要而产生的各种工作岗位。①从经济角度来说,咸奎东等注意到新职业的异质性,指出新职业既包括传统雇佣关系没有改变的新职业,又包括数字技术快速发展背景下新业态和新商业模式催生的新就业形态。②从统计角度来说,我国将新职业界定为《中华人民共和国职业分类大典(2022年版)》(以下简称"《职业大典》")中未收录的,社会经济发展中已有一定规模从业人员,且具有相对独立成熟专业和技能要求的职业。③

2.新就业岗位和灵活用工模式的类型

目前新就业形态在我国的发展较为迅速,但国际学界、政府机构等对新就业形态的划分尚未形成统一的标准。参考欧洲改善生活与工作条件基金会所划分的雇佣分担(Employee sharing)、岗位分担(Job sharing)、临时管理工作(Temporary management)、临时工作(Casual work)、基于信息和通信技术的移动工作(ICT-based mobile work)、基于凭证的工作(Voucherbased work)、组合工作(Portfolio work)、众包就业(Crowdsourcing employment)、合作就业(Cooperative employment)9种分类,以及休斯根据职业地位、工作模式、工作地点、就业状况、最终客户等5个维度总结的7种新就业形态类别④,张成刚将我国的新就业形态分为创业式就业者、自由职业者、多重职业者以及其他新业态下的就业模式。⑤方长春根据劳动方式和劳动关系的"新",将新就业形态分为以去雇主化为典型特征的新就业形态(Ⅰ型)、以多雇主化为典型特征的新就业形态(Ⅱ型)、以标准劳动关系下劳动方式的新型化为特征的新就业形态(Ⅲ型)。⑥

对于新职业来说,我国定期更新的《职业大典》构建了一套完善的职业分类体系,对于不断纳入的新职业具有明确的分类原则。2022年,我国所有职业被划分为8个大类、79个中类、449个小类、1636个细类(职业)、2967个工种⑦,这8个大类分

---

① 邓忠奇,程翔,张宇.中国新职业发展现状及从业者工作满意度研究:基于双维度微观调查数据[J].经济学动态,2021(12):54.
② 咸奎东,丁述磊,刘翠花.数字经济时代新职业促进专业化发展和经济增长的机理研究:基于社会分工视角[J].北京师范大学学报(社会科学版),2021(3):61.
③ 国家职业分类大典修订工作委员会.中华人民共和国职业分类大典(2022版)[M].北京:中国劳动社会保障出版社,2022:154-155.
④ 张成刚.新就业形态的类别特征与发展策略[J].学习与实践,2018(3):15.
⑤ 张成刚.就业发展的未来趋势,新就业形态的概念及影响分析[J].中国人力资源开发,2016(19):86.
⑥ 方长春.新就业形态的类型特征与发展趋势[J].人民论坛,2020(26):56.
⑦ 《中华人民共和国职业分类大典(2022年版)职业工种目录》编写组.中华人民共和国职业分类大典(2022年版)职业工种目录[M].北京,中国劳动社会保障出版社,2022:前言2.

别为国家机关、党群组织、企业、事业单位负责人,专业技术人员,办事人员和有关人员,商业、服务业人员,农、林、牧、渔、水利业生产人员,生产、运输设备操作人员及有关人员,军人,特殊职业的其他从业人员。

3. 新就业岗位和灵活用工模式的影响

作为全新的劳动力资源分配方式,新就业岗位和灵活用工模式对经济社会产生了巨大的影响,这也是目前学界讨论新就业形态时无法回避的重要议题。部分学者认为,新就业形态不仅创造了更多的就业岗位,增加了弱势群体的就业机会,还有助于社会阶层流动,更有利于劳动者个体的技能发展。丁述磊等提出,新职业改变了企业用工模式,促使灵活就业盛行发展,也使得如今就业市场的劳动关系、劳动形态以及劳动者的劳动技能、劳动收入和劳动保障产生了显著变化。[①]此外,王娟提出新就业形态有助于缓解当前的就业矛盾,对实现更高质量和更充分就业的目标有重要意义,即新就业形态是化解我国当前社会主要矛盾的手段之一。[②]除了上述积极影响外,赵昱名等也看到了新就业形态隐藏的消极影响。他们认为,新就业形态正在对既有的劳动法律关系带来挑战,存在恶化低技能服务业劳动者的劳动力市场地位并降低其工资和福利水平的趋势。[③]正因如此,文军等提出,平台数字劳动在缓解劳动力市场矛盾和传播公共价值方面产生了影响,并且正在推动劳动法规与劳动保障制度的升级。[④]

4. 新就业岗位和灵活用工模式的规制

党的二十大报告提出,要加强灵活就业和新就业形态劳动者的权益保障。将支持和规范发展新就业形态这一主题提升至新的战略高度。徐新鹏等深刻剖析了新就业形态劳动群体所处的困境,指出大部分灵活就业群体实际上处于企业和社会"双重体制保障"之外的状态,同时,他们也是享受城市公共产品资源的体制外群体。[⑤]杨思斌提出了此类劳动群体遇到的一系列突出的现实问题,如劳动权利保障缺失、社会保险保障不足、职业发展空间受限、权利难以获得救济等。[⑥]因此,加强

---

① 丁述磊,戚聿东,刘翠花.数字经济时代职业重构与青年职业发展[J].改革,2022(6):91.
② 王娟.高质量发展背景下的新就业形态:内涵、影响及发展对策[J].学术交流,2019(3):136.
③ 赵昱名,黄少卿.创造抑或毁灭:数字技术对服务业就业的双向影响[J].探索与争鸣,2020(11):160.
④ 文军,刘雨婷.新就业形态的不确定性:平台资本空间中的数字劳动及其反思[J].浙江工商大学学报,2021(6):92.
⑤ 徐新鹏,袁文全.新就业形态下灵活就业群体劳动权益保障研究[J].中州学刊,2023(1):61.
⑥ 杨思斌.加强灵活就业和新就业形态劳动者权益保障[J].行政管理改革,2022(12):12.

新就业岗位和灵活用工模式就业群体的劳动权益保护成为社会各界的共识。张成刚等从协同治理模式的角度出发,提出应当探索建立公共就业服务机构与新就业形态平台企业相互配合的协同治理模式,形成政府、平台企业、劳动者三方获利的共赢模式。①还有更多学者从不同角度有针对性地提出对新就业岗位和灵活用工模式发展的相关建议。例如,谢增毅提出,国家应该确保符合劳动者标准的工人得到劳动法保护,并为一般平台工人提供平等就业、职业安全卫生、工资、工时、加入工会和集体协商等基本劳动权益保障②;鲁全认为,我国当前的社会保险制度应当按照分类施策的原则纳入新业态的劳动者③;唐矿等提出工会组织应当高度关注新就业形态劳动者权益保障问题,并通过提升管理能力、加强内部培训、制定劳动标准等方式改进现有的工作模式。④

三、体育产业发展促进就业的效应研究

学界从不同角度对体育产业促进就业进行了广泛研究,分别主要集中在体育产业就业效应的影响因素、体育产业结构优化与就业关系、体育产业就业相关政策和路径等方面的研究,这些成果为本书深入理解体育产业与就业之间的关系,以及提出制定相应政策的建议提供了有益的参考。

(一)体育产业就业效应的影响因素研究

体育产业发展状况和体育产业就业人数之间存在着一定的联系,有部分学者针对影响二者之间关系的因素进行了探究。何珍文等以北京体育大学毕业生为样本,分析了体育本体产业结构与体育学专业毕业生就业结构的关系,指出体育本体产业的发展状况和结构布局将直接影响到体育院校毕业生,特别是与体育本体产业关联度较高专业的毕业生的就业率、就业质量和就业结构。⑤常媛媛将学生群体扩大

---

① 张成刚,辛茜莉.让政府、平台、劳动者三方共赢:以公共就业服务融合新就业形态为视角[J].行政管理改革,2022(2):79.
② 谢增毅.平台用工劳动权益保护的立法进路[J].中外法学,2022,34(1):104.
③ 鲁全.生产方式、就业形态与社会保险制度创新[J].社会科学,2021(6):12.
④ 唐矿,郑琪.新就业形态中的劳动者权益维护与工会工作模式选择[J].学术研究,2022(5):75-81.
⑤ 何珍文,赵冰,蔡旭东,等.论体育本体产业结构与体育学专业毕业生就业结构的关系[J].北京体育大学学报,2009,32(12):79-80.

到所有专业的高校大学生,发现就业观念、就业市场规范化和大学生素质培养等因素对高校毕业生从事体育产业存在一定影响。[1]魏浩等选用计量回归模型研究我国体育用品制造业出口对就业的效应,采用逐一加入自变量进行回归的方法,发现出口、总产值、工资水平、汇率等是影响体育用品制造业就业人数的重要因素。[2]杨倩从产业结构的增长速度、产业贡献率以及就业结构等方面将我国体育产业结构与总体产业结构进行对比,发现体育服务业从业人数环比增长速度远大于体育制造业及建筑业[3],体育产业结构变动会影响体育产业就业人数。此外,郭恩恺等将劳动力就业作为中介,证明了我国体育产业示范基地通过促进劳动力和人才就业的中介效应,从而推动区域经济增长。[4]还有部分学者注意到数字经济对创造体育产业就业岗位的重要作用,但针对数字经济与体育就业二者结合的研究多集中在相关报告中,并散见于数字经济推动体育产业高质量发展[5]、数字体育助力体育强国建设[6]、数字经济赋能体育产业现代化[7]以及数字经济与体育产业融合[8]等相关文献中,将二者置于统一框架下进行定量分析的研究尚为空白,亟须进一步实证检验数字经济发展对体育产业就业的多维影响及影响机制。

(二)体育产业结构优化与就业关系的研究

随着我国体育产业进一步发展,部分学者对体育产业在结构优化过程中对就业产生的影响进行了研究。任波等认为体育产业就业结构失衡是体育产业结构性失衡的重要表现形式,并从经济体制对体育体制的决定性、体育发展战略规划、大众体育需求等方面分析了结构性失衡的原因,提出从供给侧入手破解体育产业就业失衡的局面,从而增强我国体育产业发展促进就业的能力,改善各体育产业业态

---

[1] 常媛媛.体育产业发展对大学生就业的影响研究[J].教育理论与实践,2015,35(12):16.
[2] 魏浩,李超,刘士彬.中国体育用品制造业出口就业效应的实证分析[J].北京体育大学学报,2013,36(10):22-23.
[3] 杨倩.基于统计数据的我国体育产业结构及其效益分析[J].天津体育学院学报,2012,27(1):27-30.
[4] 郭恩恺,王兆红,李静,等.国家体育产业示范基地对区域经济增长的促进作用研究[J].武汉体育学院学报,2023,57(9):45.
[5] 任波,黄海燕.数字经济驱动体育产业高质量发展的理论逻辑、现实困境与实施路径[J].上海体育学院学报,2021,45(7):24.
[6] 杨海东,李彩霞.数字体育助推体育强国建设的价值、困境与路径[J].体育文化导刊,2021(12):1.
[7] 任保平,李婧瑜.数字经济赋能我国体育产业现代化的逻辑与路径[J].体育学研究,2023,37(2):1.
[8] 任波,黄海燕.中国数字经济与体育产业融合的动力、机制与模式[J].体育学研究,2020,34(5):55.

吸纳就业人数的比例分布。[①]郭荣娟等利用非线性门槛模型对体育产业结构升级与失业率进行平稳性检验,发现中国体育产业结构、经济发展对劳动力就业具有长期影响[②],当经济处于高速发展期时,体育产业结构升级能够增强劳动力吸纳能力。在此基础上,夏铭娜等进一步运用就业弹性指标以及向量误差修正模型(VECM),从就业创造、就业破坏、长期均衡、短期影响等方面进行分析,得出了以下结论:随着体育产业结构趋向合理,体育服务业劳动力吸纳能力高于体育用品制造业;从短期来看,体育产业结构升级会造成就业人数的下降,但从长期来看,体育产业结构的不断优化对就业人数的提升产生明显的促进作用。[③]蔡朋龙等通过系统动力学研究方法,建立了体育产业结构优化动力系统模型,通过对比不同的优化路径,指出推动各产业的均衡发展可以实现体育产业结构优化的目的,进而实现体育产业稳定就业的目标。[④]

(三)体育产业就业相关政策和路径的研究

体育产业现已成为我国吸纳新生劳动力的重要途径,学界就如何更好发挥体育产业的就业吸纳能力开展了一系列研究。

有部分学者通过对比我国与发达国家在体育产业促进就业上的差异,针对我国体育产业就业现状,提出了建议。易剑东等比较我国体育产业与美国体育产业在就业路径上的差异,认为我国的体育产业就业信息平台和就业网站存在各自为政、就业信息收集不全面、岗位相关描述较少等问题,提出应当加强政府、行业、中介机构、利益相关者之间的联系[⑤],建立一个信息涵盖广泛的全国体育职业服务网站,增强体育岗位的匹配度。朱凯迪等将我国体育产业就业情况同发达国家体育产业就业情况进行比较,提出应该在将促进就业纳入体育产业发展评判体系、贯彻

[①] 任波,黄海燕.我国体育产业结构性失衡与供给侧破解路径[J].体育学研究,2020,34(1):49.

[②] 郭荣娟,苏志伟.中国体育产业结构升级影响失业率的机制分析与经验研究[J].中国海洋大学学报(社会科学版),2017(4):51-57.

[③] 夏铭娜,徐开娟,黄海燕.我国体育产业结构升级的就业效应:基于向量误差修正模型的实证分析[J].上海体育学院学报,2020,44(10):75.

[④] 蔡朋龙,王家宏.我国体育产业结构优化多驱动路径的仿真研究[J].西安体育学院学报,2023,40(1):44.

[⑤] 易剑东,任慧涛,朱亚坤.中美体育人才培养系统、就业路径的比较研究:从行业·专业·职业匹配与顺应的视角出发[J].武汉体育学院学报,2014,48(9):5-10.

就业优先战略、提高大众体育消费水平、大力发展运动项目产业4个方面加强政策工具的跟进落实。[①]

也有部分学者关注到体育产业不同业态的就业效应,并通过文献资料、实地调查、对比研究等方法探究不同业态的就业情况。杨磊等提出休闲体育产业显示出良好的规模效应、关联效应、结构效应和就业效应,认为应推动实现休闲体育产业的快速健康发展。[②]李相如等通过对比我国与欧美等国的休闲体育发展现状,发现澳大利亚有90%以上的体育和体育娱乐从业人员都在私营部门就业,而志愿者是实现澳大利亚体育产业就业的重要方式。[③]任波等提出英美休闲体育产业发展的特征之一便是强大的吸纳就业和促进经济增长能力,但我国休闲体育产业发展还有市场化水平不高、拉动经济作用不强、休闲体育产业结构不合理等不足[④],应尽快提升我国休闲体育产业的发展地位。程路明对体育产业中健美健身产业的就业与创业进行深入调查,提出对体育院校毕业生、退役运动员、社会转型人员以及各相关专业人才从事健美健身产业的路径建议。[⑤]张冰等指出我国体育场馆运营业的发展,不仅有利于满足人民群众多样化的体育需求、保障和改善民生,也有利于增加就业、培育新的经济增长点,还有利于增强国家文化竞争力。[⑥]吴洁提出目前我国体育用品制造业发展正处于第四次产业转移的浪潮中,应当充分发挥市场在这一过程中的作用,防止体育用品制造业的产业空洞化和就业流失。[⑦]

也有部分学者通过关注不同群体和不同职业在体育产业中的就业情况,提出针对不同群体就业质量的相应建议。杨益东着眼于高等体育院校学生的就业情况,指出当前政府在高等体育院校学生就业工作中存在战略意义认识不全面、职能定位偏差、履职目标与国家导向存在错位等问题,提出应当通过调适和完善学生就业中的政府职能,从而提升高等体育院校学生的就业质量。[⑧]张琪等基于积极老龄化的理念,研究体育对我国老年人群体健康发展的作用,提出体育促进积极老龄

---

① 朱凯迪,鲍明晓.体育产业促进就业:域外经验与本土启示[J].武汉体育学院学报,2019,53(11):10-14.
② 杨磊,时传霞.休闲体育产业的经济效应和演进规律[J].山东体育学院学报,2017,33(4):20.
③ 李相如,宝帝·古若米,凯伦·丹尼贾克,等.欧美国家休闲体育发展现状及其对中国的启示(英文)[J].成都体育学院学报,2017,43(4):16.
④ 任波,黄海燕.英美休闲体育产业发展特征与启示[J].体育文化导刊,2020(10):98.
⑤ 程路明.体育产业新政背景下健美健身产业的发展及路径选择[J].北京体育大学学报,2017,40(7):28-33.
⑥ 张冰,鞠传进,周洁璐.我国体育场馆运营业相关政策演变及建议[J].西安体育学院学报,2017,34(1):48.
⑦ 吴洁.从"阿迪达斯关闭中国工厂"事件看我国体育用品制造业如何应对产业转移[J].武汉体育学院学报,2013,47(6):36.
⑧ 杨益东.高等体育院校学生就业中政府职能的调适与完善[J].武汉体育学院学报,2023,57(5):95-100.

的价值理念是为老年人群体提供多方位的保障、促进老年人群体的健康发展,促进老年人群体的全面参与为老年人群体提供多方位的保障,应大力发展体育产业,释放体育产业解决老年人就业问题的潜力。[①]王进在对不同类型的体育企业进行深入调查的基础上,详细说明了体育经济与管理人才的职业能力和实训体系,对提升体育产业人才匹配效率具有一定的现实意义。[②]郑汉山等深入研究了政府和高校协同培养社会体育指导员的模式,提出高校应当拓宽社会体育指导员人才的就业路径,并指出应该建立适应我国体育产业发展需求的体育人力资源培养模式。[③]单凤霞分析了我国与国外发达国家体育旅游专业人才的培养模式,发现我国体育旅游专业人才的培养与英美等国在专业设置、主修课程、教学评价和就业方向等方面存在较大差异,应当改善我国此类人才的培养模式,以对接体育旅游专业人才的社会需求。[④]曹兰菊着眼于高校运动人体科学人才的培养,提出应适应体育产业化的发展需要,注重理论联系实际,培养专业型、复合型人才,充分体现专业人才培养目标的要求,并不断拓宽毕业生的就业路径。[⑤]

还有部分学者将体育的自身发展与就业带动发展相结合,提出通过推动体育产业吸纳就业来促进社会发展。赵轶龙等提出应当推动体育产业高质量发展,促进社会就业与带动社会创业,进而推动体育协同社会建设。[⑥]任波通过灰色关联分析证明了体育产业与经济社会发展之间关联关系的理论基础是产品与劳务、生产技术、劳动就业、投资等的联系,并主张提升体育产业与经济社会发展的关联效应。[⑦]黄海燕认为体育产业是典型的新经济、软产业,具有就业带动能力突出的特征,能够成为国民经济支柱性产业,在经济社会建设中发挥更大的作用。[⑧]

---

① 张琪,李根,蒋宇骏,等.我国体育促进积极老龄化:现状、价值理念与行动策略[J].体育文化导刊,2022(7):26.
② 王进.体育经济与管理专业人才职业能力模型及实训体系设计研究[J].苏州大学学报(哲学社会科学版),2020,41(6):96.
③ 郑汉山,蒋义丹.政府与高校协同培养社会体育指导员模式构建[J].体育文化导刊,2016(12):22.
④ 单凤霞.我国与英美等国体育旅游专业人才培养模式的比较[J].体育学刊,2015,22(4):66.
⑤ 曹兰菊.体育产业化与高校运动人体科学人才的培养[J].河南师范大学学报(哲学社会科学版),2011,38(6):255.
⑥ 赵轶龙,叶海波.新时代体育协同社会建设的逻辑理路与行动方略[J].体育科学,2022,42(3):3.
⑦ 任波.我国体育产业与经济社会发展关联关系测度研究[J].中国体育科技,2021,57(9):82.
⑧ 黄海燕.推动体育产业成为国民经济支柱性产业的战略思考[J].体育科学,2020,40(12):3.

四、研究评述

就业问题不仅关乎产业增长、经济进步,更关乎社会稳定、国家发展,一直是学者们关注的焦点。通过研究回顾可以看到,产业发展在促进就业的基本理论、影响因素、影响效应、分析工具等方面的研究已经初具雏形,并形成较丰富的知识体系,为本研究的开展提供了一定的理论基础和方法借鉴。但目前有关体育产业发展与就业的研究集中在宏观理论层面,大多关注体育产业发展的总体影响,并未涉及就业效应机制等具体层面的研究,尤其缺乏相关的定量和实证研究。同时,在就业效应、就业形态、人才培养等现实矛盾比较突出方面的研究成果明显滞后于实践要求。综上所述,随着体育产业迈向高质量发展阶段,体育产业发展的就业效应亟待从理论构建、实践验证、实施路径及长效机制的形成中寻求相应理论和实践空间,以丰富体育产业促进就业的相关理论体系。

第三节 研究目标、内容与方法

一、研究目标

总目标:系统探究体育产业发展促进就业的效应与政策。

分目标1:探索我国体育产业发展促进就业的现状。

分目标2:梳理国外体育产业发展促进就业的经验。

分目标3:厘清我国体育产业发展促进就业的机制路径和潜力分析。

分目标4:构建体育产业发展对就业影响的多重效应模型。

分目标5:探究数字经济发展对我国体育产业就业的多维影响。

分目标6:探究我国体育产业发展引致的新职业。

分目标7:剖析我国体育产业人才供需矛盾及深层原因。

分目标8:提出与新时代我国体育产业发展相匹配的就业促进政策。

二、研究内容

根据上述研究目标,我们将展开分析相关研究内容的安排。

一是,探索我国体育产业发展促进就业的现状。首先,对我国体育产业发展总体情况进行总结。其次,从产业规模、产业结构、产业主体、产业体系、产业基础等方面分析我国体育产业发展总体情况。最后,进一步从就业规模、就业结构、就业形势、就业岗位等方面探讨我国体育产业发展促进就业的现状,梳理我国体育产业发展促进就业面临的瓶颈。

二是,梳理国外体育产业发展促进就业的经验。从整体规模、就业结构、就业载体、细分领域、就业保护、重点群体等角度,梳理发达国家体育产业发展促进就业的经验,为我国体育产业发展促进就业提供参考。

三是,厘清我国体育产业发展促进就业的机制路径,并对我国体育产业发展促进就业的潜力进行分析。机制路径是从基础层、机理层和结果层3个层级,展示我国体育产业发展对就业规模、就业结构和就业形态3个方面的多维效应及机制传导路径。这里的潜力是指采用多种预测模型,研究我国体育产业吸纳就业的潜力。

四是,构建体育产业发展对就业影响的多重效应模型。结合体育产业就业数据,综合利用向量误差修正模型(VECM)等相关计量工具,构建体育产业发展对就业影响的多重效应模型,从定量视角探讨我国体育产业结构升级的就业影响机制,实证分析我国体育产业发展与就业增长之间是否存在长期均衡和短期非均衡关系。

五是,探究数字经济发展对我国体育产业就业的多维影响。本书结合我国体育上市公司数据,从数字基础设施、数字技术应用和数字产业发展等维度,探讨数字经济发展对我国体育产业就业的多维影响。

六是,探究我国体育产业发展引致的新职业。本书结合我国体育产业发展促进就业的发展趋势与新形式,使用网络爬虫工具,梳理我国体育产业发展引致的新职业类型,探讨我国体育产业发展引致的新职业类型与特点等,为我国体育产业扩充就业容量提供参考。

七是,剖析我国体育产业人才供需矛盾及深层原因,梳理与体育产业就业直接相关的人才要素发展情况。本书重点分析人才供给与就业市场需求之间的矛盾,并对人才供需矛盾及产生的深层原因进行剖析。面向供需矛盾根源施策,提出人才供给匹配体育产业就业需求的路径举措,全面促进我国体育产业人才的扩容提质。

八是，提出与新时代我国体育产业发展相匹配的就业促进政策。本书对我国体育产业就业的相关政策进行评估，设计了一套可持续扩大就业的制度预案，进一步促进我国体育产业的就业吸纳效应的释放。

三、研究方法

（一）文献资料法

通过图书馆、网络资源等，查阅和本书相关的体育产业发展、就业、产业发展与劳动力就业、体育产业就业等领域的文献资料，梳理研究的理论基础和分析工具；通过相关高校、研究机构与网络资源，获取美国、英国、韩国等国的体育产业发展及就业数据，梳理发达国家体育产业发展促进就业的经验；通过查阅相关统计年鉴及政府工作报告，分析我国体育产业的发展现状，并通过国外体育产业发展数据进行多维度、全方面的对比与分析，为下一步分析我国体育产业促进就业奠定良好基础。

（二）数理统计法

以国家统计局和国家体育总局联合发布的体育产业统计数据为基础，对我国体育产业就业规模、就业结构、就业弹性、就业结构偏离度的变化情况等进行统计分析，以对我国体育产业吸纳就业现状形成基本认识；以国外各官方协会、公报发布的体育产业统计数据为基础，对发达国家体育产业就业规模、就业结构、薪资情况等进行统计分析，以对国外体育产业发展促进就业的经验进行梳理和分析。

（三）计量分析法

通过曲线回归预测法、指数模型预测法、灰色系统预测法、标杆法等对2035年我国体育就业数量的区间进行预测，以获取我国体育产业发展的就业潜力；利用就业弹性和向量误差修正模型（VECM），对我国体育产业结构升级的就业影响机理进行实证检验，形成我国体育产业发展的就业效应机制；采用计量回归模型，对我国体育上市公司数据进行分析，实证探究数字经济发展对我国体育产业就业数量、就业结构、就业质量3个层面的多维影响。

（四）逻辑分析法

根据事件或事物所有已知的条件或关系，还有事件或事物之间所存在的内在联系,推理判断出未知事件或事物可能发生的结果的一种有效且科学的分析推理方法。通过梳理古典经济学、新古典经济学以及马克思主义经济学等流派中关于产业发展与就业的一般观点,结合产业演进规律、就业规模与结构效应等分析体育产业发展促进就业的机制,构建内容完整的、逻辑清晰的理论分析框架,从不同层面理解体育产业发展影响劳动力就业的复杂运行方式。

(五)比较分析法

选取具有一定发展基础和规模的相关产业,包括文化产业、旅游产业等"幸福产业",围绕近5年的就业数据,将其就业弹性和就业结构偏离度进行比较,探究体育产业在就业方面的扩张优势;针对体育产业与其他产业相同发展阶段的共性问题,吸取产业发展促进就业对体育产业的经验;对国外重点国家体育产业就业现状、体育产业就业效应、就业统计及发展对策进行深入研究,梳理发达国家在体育产业发展促进就业方面的经验。

(六)内容分析法

使用网络爬虫工具获取体育企业网络招聘岗位信息,并对新职业的类型和特点等进行探讨,研究选取国内主流招聘网站前程无忧、BOSS直聘、猎聘作为信息抓取对象,以"体育""体育产业""文体产业""体育运动"等关键词进行搜索,对2022年2月1日至2023年9月1日的体育企业招聘信息进行跟踪采集,以获取当前体育产业新职业发展的基本情况。

(七)访谈法

在研究体育产业发展促进就业的效应与政策过程中,召开若干次地方政府、有关部门、体育企业和行业专家参加的小型座谈会,以体育产业就业面临的主要问题、体育产业发展已有的经验和创新探索、体育产业人才、相关政策建议为主题展开访谈。同时,分别对国家体育总局,上海市、浙江省、江苏省、海南省等地区的体育部门相关负责人和业界专家进行深度访谈,针对未来体育产业促进就业的政策需求、突破点等方面进行讨论,以提升体育产业发展促进就业的实用性和有效性(具体访谈提纲见附件)。

第四节 研究思路

本书围绕新时代我国体育产业发展促进就业的效应与政策进行研究,针对体育产业发展促进就业的本土实践、域外经验、机制构建、实证分析、就业新形势、就业新变化、核心要素以及政策优化等方面进行详细论述。具体框架路线图如下图1-3所示。

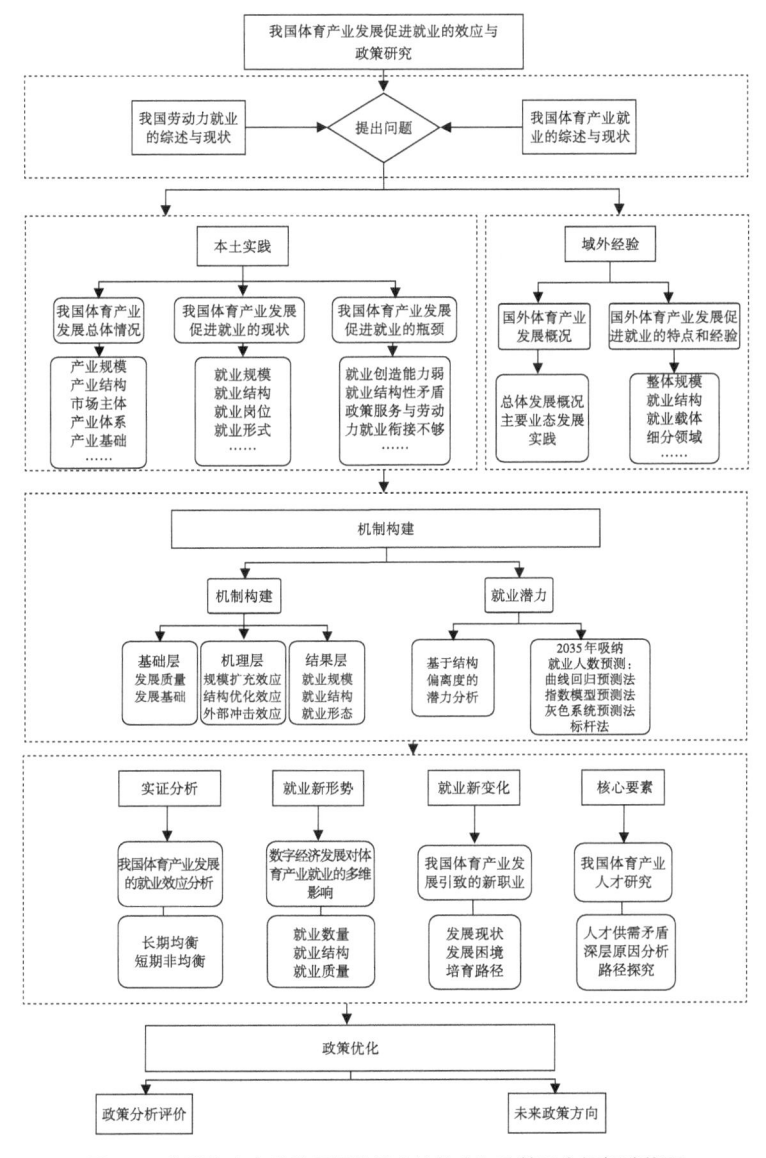

图1-3 我国体育产业发展促进就业的效应与政策研究框架路线图

第二章

本土实践：我国体育产业发展促进就业的现状

体育产业是"五大幸福产业"之一，也是绿色产业和朝阳产业。伴随着经济社会发展，我国体育产业呈现出快速增长态势。尤其是自《国务院关于加快发展体育产业促进体育消费的若干意见》发布以来，中国体育产业迎来了前所未有的发展机遇，产业规模屡创新高，高质量发展成果显著，产业发展效益不断提升，在国民经济中的地位逐渐提升。2012—2021年，我国体育产业增加值由3136亿元增加至1.2万亿元，产业增加值占同期GDP的比重从0.60%上升到1.07%，已于2021年达到金融产业的近1/8、文化产业的1/4、住宿和餐饮业的70%[1]，体育产业已经具备实现高质量发展的体量基础。

《体育强国建设纲要》明确提出，到2035年，将体育产业发展成为国民经济支柱性产业。国民经济支柱性产业不仅要在促进经济社会发展方面发挥作用，更要在民生领域发挥引领和示范效能。本章首先从产业规模、产业结构、产业主体、产业体系、产业基础等方面对我国体育产业的总体发展情况进行概述，然后再进一步分析当前体育产业发展情况下的体育产业就业情况，形成对我国体育产业发展促进就业情况的基本认知。

第一节　我国体育产业发展总体情况

一、体育产业规模稳步扩大，产业总量不断攀升

自2014年《国务院关于加快发展体育产业促进体育消费的若干意见》发布以来，体育产业的增加值和增速大幅增长，发展态势持续升高。2015年我国体育产业总规模约为17107亿元，体育产业GDP贡献率约为0.80%；2022年我国体育产业总规模约为33008亿元，体育产业GDP贡献率约为1.09%，体育产业GDP贡献率不断提升，体育产业作为经济新增长点的发展潜力和重要性日益凸显。(表2-1)

---

[1] 王辉.体育产业规模不断扩大 为经济发展增添动能[EB/OL].(2023-08-11)[2024-07-31].https://www.sport.gov.cn/n20001280/n20745751/c25878590/content.html.

表2-1　2015—2022年我国体育产业贡献率一览表

	2015年	2016年	2017年	2018年	2019年	2020年	2021年	2022年
GDP/亿元	688588	7463958	832036	919281	986515	1013567	1143670	1204700
体育产业总产出/亿元	17107	19011	21988	26579	294838	27372	31175	33008
体育产业GDP贡献率/%	0.80	0.87	0.94	1.10	1.14	1.06	1.07	1.09

数据来源：国家统计局、国家体育总局官网。(基于同期比较，未扣除价格因素)

2022年，我国体育产业总规模约为33008亿元，其中增加值达到13092亿元。与上一年相比，体育产业的总产出增长了约5.88%，而增加值增长了约6.90%。从增长速度来看，除2020年外，体育产业增速明显高于GDP增速，其规模增长较快，发展势头相当强劲。(图2-1)

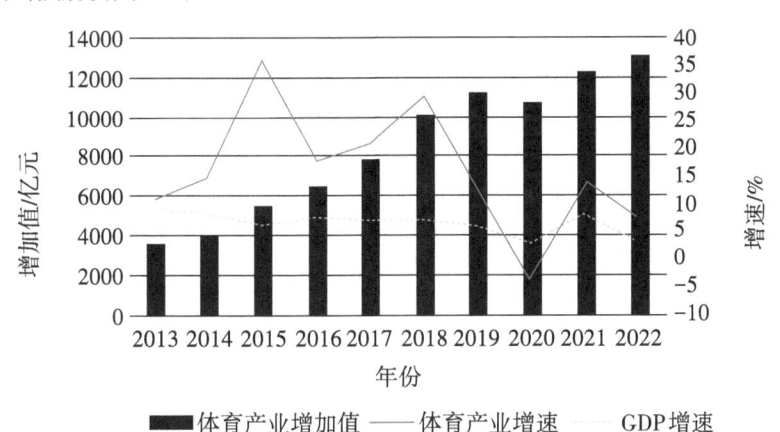

图2-1　2013—2022年我国体育产业增加值、增速及GDP增速

数据来源：国家统计局、国家体育总局官网。

与2021年相比，2022年的体育管理活动、体育竞赛表演活动、体育传媒与信息服务、其他体育服务、体育健身休闲活动、体育用品及相关产品制造、体育场地和设施管理的增加值都有所增长。

二、体育服务业占比不断提升,体育产业结构不断优化

伴随体育服务需求的日趋多元化及体育产业政策体系的不断完善,体育服务业占比不断提升,体育产业结构不断优化。从增加值占比情况看,2015—2022年,体育服务业增加值占体育产业增加值的比重从49.2%上升至70.1%,体育制造业增加值占体育产业增加值的比重从50.2%下降至28.2%,体育建筑业增加值占体育产业增加值的比重从0.6%上升至1.7%,体育产业内部各业态组合关系不断演进和变迁。(图2-2)

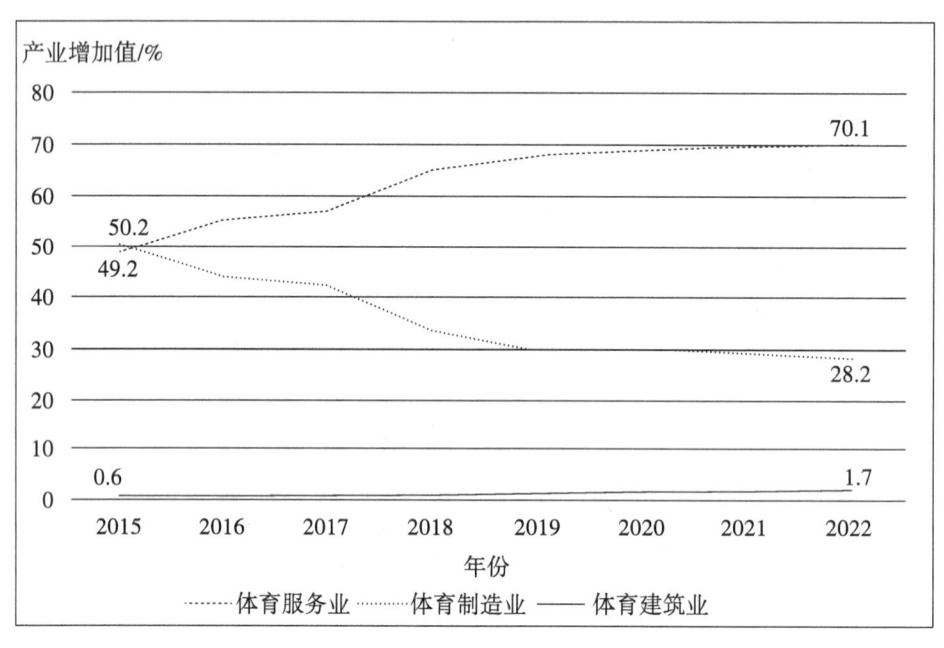

图2-2 2015—2022年体育产业结构三大行业增加值占比变化情况

从体育服务业内部结构来看,体育健身休闲活动总量占体育服务业总量的比重由2018年的约8.07%上升至2022年的约10.80%,体育传媒与信息服务总量占体育服务业总量的比重由2018年的约3.93%上升至2022年的约7.48%,占比均呈上涨态势,内部业态结构变化明显。但从整体来看,作为体育产业核心内容的体育竞赛表演活动占比水平依旧较低,仍存在较大的优化空间。(表2-2)

表 2-2　2018—2022 年我国体育服务业状况一览表

体育产业业态	2018年		2019年		2020年		2021年		2022年	
	总量/亿元	比重/%	总量/亿元	比重/%	总量/亿元	比重/%	总量/亿元	比重/%	总量/亿元	比重/%
体育服务业	12731	100	14930	100	14136	100	16593	100	17779	100
体育管理活动	747	5.87	866	5.80	880	6.23	975	5.88	1143	6.43
体育竞赛表演活动	292	2.29	309	2.07	273	1.93	343	2.07	388	2.18
体育健身休闲活动	1028	8.07	1797	12.04	1580	11.18	1877	11.31	1921	10.80
体育场地和设施管理	2632	20.67	2749	18.41	2149	15.20	2833	17.08	3046	17.13
体育经纪与代理、广告与会展、表演与设计服务	317	2.49	393	2.63	316	2.24	378	2.28	370	2.08
体育教育与培训	1722	13.52	1909	12.79	2023	14.31	2272	13.69	2338	13.15
体育传媒与信息服务	500	3.93	706	4.73	847	5.99	1045	6.30	1329	7.48
体育用品及相关产品销售、出租与贸易代理	4116	32.33	4501	30.15	4514	31.93	5145	31.01	5397	30.36
其他体育服务	1377	10.82	1700	11.39	1554	10.99	1725	10.40	1847	10.39

数据来源：国家体育总局官网。

注：由于在保留数据位数时四舍五入，一些细分领域的总量及比重和与体育服务业总量、比重不相等。

三、体育产业市场主体持续壮大，企业核心竞争力凸显

市场主体是体育产业发展的基石，更是吸纳就业的重要力量。伴随良好的产业发展态势，社会力量积极进入体育产业，体育产业市场主体迅速发展壮大。国家体育总局数据显示，我国体育产业法人单位数从2015年的11.6万个增长至2021年的45.2万个，从业人员从2015年的363.0万人增加至2021年的718.6万人[①]，分别增长了约289.66%和97.96%。（表2-3）

表2-3 2015—2021年我国体育产业法人单位数变动情况[②]

单位：万个

	2015年	2016年	2017年	2018年	2019年	2020年	2021年
体育产业法人单位数	11.6	14.2	19.7	24.0	28.9	—	45.2

从体育制造企业数量来看，2013年，我国体育用品企业的注册量为1298家。经过十年的发展，仅2022年上半年，就有4298家体育用品企业进行注册。[③]在我国体育产业总规模不断扩大的基础上，供给主体不断增加。

从区域分布来看，与2022年同期相比，2023年我国体育企业数量增长近80%。其中，海南省的体育商家数量全国第一，拥有近63万家体育企业。[④]体育企业数量与各地体育经济的发展前景和政策紧密相关。作为首批创建国家体育旅游示范区的省份，海南省"零关税、低税率、简税制"等自贸港政策优势，吸引了不少中小微企业涌入。

从企业分布领域来看，伴随户外及极限运动从小众推向大众，户外运动企业也呈现爆发式增长。2023年，我国户外及极限运动企业数量接近5万，较2022年同期增长约95.60%。[⑤]其中，青海省的户外及极限运动企业数量增长约275%，上海市、

---

① 丰佳佳.总结成绩 把握形势：努力推动体育产业高质量发展[EB/OL].(2023-05-26)[2023-12-05].https://www.sport.gov.cn/n20001280/n20067608/n20067635/c25636157/content.html.

② 徐开娟,何劲松,曾鑫峰,等.我国体育产业吸纳劳动力就业的现实困境、深层原因与未来路径[J].上海体育大学学报,2024,48(2):84.

③ 李鸿昕,李世平.建设全国统一大市场背景下我国体育用品制造业发展研究[J].体育文化导刊,2024(1):85.

④ 2023亚运及体育产业小微观察报告[EB/OL].(2023-11-28)[2024-07-30].https://www.vzkoo.com/read/2023112877b567ce81dd55d806f4ad25.html.

⑤ 2023亚运及体育产业小微观察报告[EB/OL].(2023-11-28)[2024-07-30].https://www.vzkoo.com/read/2023112877b567ce81dd55d806f4ad25.html.

福建省、北京市、西藏自治区紧随其后。广东省户外及极限运动企业数量最多,超过4000家,华东地区成为这一领域的重要发展区域,有着强大的发展潜力和众多的商业机会。

从企业规模来看,我国体育企业目前还是以中小微企业为主,体育制造业中的中小微企业占比约99.34%,体育服务业中的中小微企业占比约99.78%。[①]同时,专注于垂直细分领域、创新能力突出、具有"专精特新"特点的体育企业,以及长期深耕于特定细分市场、生产技术或工艺国际领先、单项产品市场占有率位居全球前列的体育企业均在国内逐渐涌现。2024年,国家体育总局体育经济司公布的2023年体育领域国家级"专精特新"企业名单中列出了80家代表性企业,较2022年名单增加了31家;2023年体育领域国家级制造业单项冠军企业名单列出了15家代表性企业,较2022年名单增加了6家。

作为体育中小微企业中的佼佼者,"专精特新"与单项冠军等企业的共同特质在于能够在细分市场或专业化业务上扎根多年,专注于提升产品性能或技术特性,按照精益化生产的要求精心设计、精心制造用户满意的产品,提供具有独特性能的服务或产品,在一定程度上代表了体育中小微企业的目标成长方向与理想运营范式。体育领域国家级"专精特新"与制造业单项冠军等企业数量的逐年累增,表明我国体育中小微企业愈发注重体育产品的创新性、先进性和新颖性等属性的演化趋势。不仅体育中小微企业的发展质量逐渐上升,而且以体育上市公司为代表的大型企业的创新投入也在不断增多,探路者控股集团股份有限公司、浙江大丰实业股份有限公司、三六一度国际有限公司等企业研发投入比增加到4%以上。直观体现为体育制造业上市公司总营收和净利润在2016—2021年间分别上涨了1.9倍和1.8倍。我国体育企业发展模式正逐渐由传统要素驱动向创新要素驱动转变,凭借自主创新促使核心竞争力的发展路径初步形成。

四、体育产业体系持续完善,逐步转向高质量发展

构建现代体育产业体系是国家培育新兴产业、建立现代化经济体系的重要支撑。2019年发布的《体育强国建设纲要》明确提出,培育经济发展新动能,打造现代

---

① 康露,金玮,黄晓灵,等.新质生产力赋能现代体育产业体系构建的理论逻辑与实现路径[J].体育学研究,2024,38(3):70.

体育产业体系。2021年印发的《"十四五"体育发展规划》提出,加快形成以健身休闲业、竞赛表演业等为龙头、高端制造业与现代服务业融合发展的体育产业体系。当前,中国体育产业正处在新的发展阶段,现代体育产业逐步完善。

体育服务业新技术、新模式、新业态不断涌现,提质增效成果显著。一方面,满足人民群众的新需求,适应居民消费新趋势的健身休闲、运动健康、户外运动、体育旅游等新兴生活性体育服务业迸发出超强的生命力,逐步形成了覆盖全年龄段人群、融入全生活场景、提供品质化服务的生活性体育服务供给体系。2015年我国体育健身休闲活动总产出约为276.9亿元,2022年我国体育健身休闲活动实现总产出约为1921亿元,涨幅达593.75%;2015年我国体育竞赛表演活动总产出约为149.5亿元,2022年我国体育竞赛表演活动实现总产出约为388.0亿元,涨幅达159.53%,以体育健身休闲活动和体育竞赛表演活动为龙头的体育服务业的发展模式正在逐步形成并初具规模。另一方面,体育金融服务、体育传媒与信息服务、体育设计服务、体育中介服务等生产性体育服务业的专业化、个性化发展趋势日益明显。以体育中介服务为例,初步形成了由经纪服务市场、咨询服务市场、监督服务市场等组成的市场体系,北京众辉国际体育管理有限公司、北京高德体育经纪有限公司、上海久事国际赛事管理有限公司、双刃剑体育文化传播有限公司等体育中介企业初具影响力和规模,且服务专业化趋势愈加明显。

体育用品制造业的技术含量和附加值不断提升,向高端化转型升级加速。我国体育用品制造业逐渐融入工业互联网、智能制造等新兴领域,依托物联网、大数据、人工智能等信息技术平台,不断打造数字体育、智慧体育等新型消费场景,积极推进体育用品制造业的高端化。河北省以张家口市参与筹办的第24届冬季奥林匹克运动会为契机,依托本省完备的制造业产业链优势以及国家体育用品质量检验检测中心等机构资源,在石家庄市搭建国际一流的国家体育用品质量检验检测中心冰雪实验室,以助力冰雪装备产业高端化发展。高端体育用品制造更强调关键技术的创新。以冰雪装备制造业为例,由于高端冰刀鞋上"冰刀"的生产工艺繁杂且成本高昂,国内的高端冰刀往往从德国或瑞士进口。对此,齐齐哈尔黑龙国际冰雪装备有限公司联合5所高等院校,依托6个国家及省部级重点实验室(基地),密切与国内材料学、运动人体科学、体育工程学等学科专家进行交流,创新优化冰刀结构设计和使关键材料国产化,致力于研制高端冰刀的"国产替代",以强化科技竞争力。

体育产业与文化、旅游、养老、健康、教育、金融等相关产业融合更广、更深、更实,催生出一批"体育+"消费新业态。体育旅游领域,"十一黄金周体育旅游精品线路""春节黄金周体育旅游精品线路"等陆续发布,满足人民群众节假日多样化的体育旅游需求,同时《海南省国家体育旅游示范区发展规划(2020—2025)》等相关文件的发布,在发挥体育旅游综合效益、示范引领产业发展等方面具有重要作用;体育文创领域,电子竞技、体育传媒、体育影视、体育动漫等迅速发展;体育会展领域,中国体育文化博览会、中国体育旅游博览会等逐步壮大,中国国际体育用品博览会已发展成为亚太区域规模最大的综合性体育用品展会;体育康养领域,体育在慢性病干预、健康促进等方面的作用不断凸显,社会资本开办的康体、运动康复等各类机构迅速增加。

五、体育消费水平不断提升,产业基础持续夯实

体育消费作为典型的新型消费、服务型消费和健康消费,是体育产业规模增长的重要支撑,在体育产业发展中占据基础位置。《关于加快发展体育产业促进体育消费的若干意见》发布以来,《体育强国建设纲要》《关于促进全民健身和体育消费推动体育产业高质量发展的意见》《"十四五"体育发展规划》《关于恢复和扩大体育消费的工作方案》等一系列政策文件相继发布,为激发体育消费营造了良好的环境。

国家发展改革委发布的信息显示,截至2021年底,我国居民体育消费总规模已突破2万亿元,相较2015年翻了一番。按照消费总规模2万亿元测算,2021年居民人均体育消费超过1400元,相较2020年的1330.40元增长超5%,相较2014年的926元增长超50%,占当年全国居民人均可支配收入的近4%,人均消费支出的近5.80%。与其他领域消费形势对比来看,2014年至2020年间,居民人均体育消费支出的增速超过同期生活用品及服务消费、教育文化娱乐消费支出的增速,受外部环境影响,2021年该增速有所放缓,但仍然高于居民衣着消费支出的增速,呈现出良好的发展前景。

从消费结构层面来看，我国实物型体育消费、服务型体育消费在人均体育消费支出中的占比分别从 2014 年的约 79% 和 21% 变化至 2020 年的约 64.80% 和 35.20%，居民体育消费结构持续优化。

从体育消费层级来看，我国体育消费层级呈现上升趋势。2020 年数据显示，我国居民人均体育消费支出主要集中在 2000 元以内，占比达 77.40%，高层级体育消费人数占比不断提升。

从省市层面来看，自国家体育总局开展国家体育消费试点城市工作以来，2021 年 40 个国家体育消费试点城市居民体育消费总规模约为 6362 亿元，比 2020 年增长约 10.01%，人均体育消费支出的平均值约为 2405 元，比 2020 年增长约 11.70%。体育消费整体能力和水平保持持续上升趋势，已逐步成为强化消费基础性作用、实施扩大内需战略的重要内容。

从赛事消费层面来看，我国体育赛事消费的增速提升，规模、辐射范围得到显著扩大，对扩大内需、培育新的消费点具有重要作用。据统计，2020 年体育参与型消费、观赏型消费在人均体育消费支出中的占比分别约为 20.60% 和 7.70%，较 2014 年分别提高了 13.70 个百分点和 2.50 个百分点。此外，同 2020 年相比，2022 年体育观赛消费支出增长约 14.48%。赛事引致的消费支出成为居民体育消费的重要一环，以赛事为引领，通过打造立体多维的赛事矩阵，最大程度地发挥赛事在促进消费中的杠杆作用。在赛事的直接消费方面，我国居民对体育赛事线下观赛的支付意愿呈现上升趋势，在赛事门票消费上表现出供不应求的特点。以杭州第 19 届亚运会为例，涵盖游泳、跳水等 30 个项目共计超过 300 万张的赛事门票在赛前全部售空，票务收入超过 6.10 亿元；在苏州市举办的 2023 年苏迪曼杯世界羽毛球混合团体锦标赛，开赛前票房已累计 3000 多万元，决赛门票不足一天就已告罄，创造"苏杯"票房历史。同时，赛事对关联消费的拉动作用不断凸显，成为增强经济活力的重要抓手。杭州第 19 届亚运会期间，杭州接待游客总量达 4345.90 万人次，日均约 271.60 万人次，带动杭州住宿、餐饮、零售消费约 489.60 亿元，比赛事前期增长约 15.60%，带来的 GDP 拉动量约 4141 亿元，财政收入拉动量约 1033 亿元，约为杭州全年总量的 1/5。与此同时，赛事通过体育搭台、文化唱戏、旅游创收，赋能乡村经济发展，有效带动了乡村旅游、餐饮、住宿等相关行业的消费，激活乡村振兴新动能。以"村 BA"赛事为例，在赛事的拉动下，2022 年贵州省台江县地区生产总值完成约

44.98亿元,同比增长约9%,增速居贵州省第一。2023年贵州省首届"美丽乡村"篮球联赛总决赛仅3天时间,就带动台盘乡接待游客约18.19万人次,实现旅游综合收入约5516万元。

六、体育产业"一体化发展"持续推进,区域竞争力不断提升

2021年《"十四五"体育发展规划》明确指出,推动体育融入国家重大区域发展战略,促进区域体育协调发展。区域体育产业一体化为深化区域协同发展战略、完善协作发展机制、形成体育产业发展增长极提供了重要机遇,成为区域一体化发展的重要尝试。

从整体来看,各区域围绕体育产业要素流动、体制机制、跨区域协作等方面进行了有益尝试。京津冀以举办冬奥会为契机,以主办地北京市为中心点辐射带动周边城市发展,完善场馆、交通等基础设施建设以促进周边经济增长,带动自身协同发展;粤港澳大湾区以联合承办2025年第十五届全运会为契机,推动粤港澳区域融合发展,实现共通、共融、共享;长三角是我国最早开展体育产业区域合作的地区,围绕体育产业协作共赢,三省一市在顶层设计、资源互通、平台搭建等领域勇于创新,以"高质量"为主题,引领区域体育产业一体化发展;成渝地区以公共服务融合发展为抓手,2020年签署了《推动成渝地区体育公共服务融合发展框架协议》,该协议明确提出要共建体育公共服务融合发展合作平台,共同推进建立两地体育部门结对或片区式、多主体参与的体育赛事活动举办模式,共建国家体育产业发展示范区等一系列重大合作项目,以项目合作的方式促进成渝地区体育产业的协同发展。

长三角是我国最早开展体育产业区域合作的地区。早在2012年,江苏省、上海市、浙江省体育局就长三角体育产业合作达成了共识,2013—2014年,上海体育学院、安徽省体育局相继加入,形成三省一市一院稳定的合作框架。长三角体育产业一体化已成为区域体育产业协作的典型模范。2021年,长三角体育产业总规模达到12956.10亿元,占我国体育产业总规模的比重约为41.56%;体育产业增加值达到4371.80亿元,占我国体育产业增加值的比重约为35.70%。2021年与2019年对比,长三角体育产业总规模、增加值的增长速度分别达到26.99%、14.05%,均高于全国平均增速。(表2-4)

表2-4　2019—2021年长三角体育产业总规模和增加值情况一览表

单位：亿元

类别	年份	长三角	上海	江苏	浙江	安徽
体育产业总规模	2019	10202.50	1780.90	4620.40	2614.80	1186.40
	2020	10479.20	1621.60	4881.80	2775.80	1200.00
	2021	12956.10	1737.80	5652.80	4272.00	1293.50
体育产业增加值	2019	3413.00	559.00	1570.90	845.50	437.60
	2020	3542.60	560.19	1641.80	880.58	460.00
	2021	4371.80	596.30	1915.10	1362.00	498.30

数据来源：长三角地区三省一市体育局。

从市场主体来看，2021年长三角地区体育产业市场主体超过11.5万个，占全国体育产业市场主体总量的1/4以上，目前已有20余家企业在A股或港股上市，占所有上市体育企业的40%左右。十多年来，三省一市一院各扬所长，精诚合作，进行了一系列有益的探索，形成了一系列成效与经验。

一是，长三角协作会议实行联席会议制度。联席会议成员由三省一市分管体育产业的局领导、上海体育大学分管领导、三省一市和上体相关职能部门人员组成。联席会议设轮值主席1名，由三省一市分管体育产业的局领导轮流担任，任期1年，按上海市、江苏省、浙江省、安徽省的顺序轮值。协作会秘书处设在上海体育大学，负责沟通联络，研究起草相关政策制度，推进联席会议重大决策等事项。这种创新合作模式，为长三角地区体育产业一体化发展提供了坚实的制度与组织保障。

二是，一体化制定协作政策。2020年，长三角三省一市体育局联合印发了《长三角地区体育一体化高质量发展的若干意见》，这是全国第一份区域性体育一体化发展的指导性文件。2021年，长三角三省一市又联合印发了《长三角地区体育产业一体化发展规划（2021—2025）》，为区域体育产业"一体化"和"高质量"发展擘画蓝图。此外，三省一市一院共同发布了体育产业一体化行动方案、三年行动计划，共同签署了《长三角体育一体化协作协议（2021—2025）》《汽车运动产业一体化发展战略合作协议》《长三角地区体育旅游合作纲要》，进一步提高了政策协同实施效率，为引领全国体育产业创新发展树立了样板。

三是，以切实有效的做法（即项目）为抓手。协作会上半年确定年度协作项目，下半年对确定的项目进行督办。近年来，共实施40多个协作项目，包括区域性赛事、体育旅游、体育人才培育、数字体育等多个方面。长三角已连续举办11届长三角运动休闲体验季、11届中国长三角国际体育休闲博览会，连续5年评定长三角地区旅游精品项目，自2014年起共发布了6册《长三角地区体育产业发展报告》。

综上所述,随着2014年国务院《关于加快发展体育产业促进体育消费的若干意见》的出台,我国体育产业规模不断扩大。体育产业在发展进程中,产业结构不断优化、产业体系不断完善,是具有典型正向外溢效应的朝阳产业。与此同时,面对巨大的就业压力,优先发展吸纳就业能力强的产业,培育就业新增长极成为我国经济领域的重点工作。体育产业不断创造新模式、产生新需求、衍生新业态,就业吸纳潜能也随之不断得到释放。

第二节 我国体育产业发展促进就业的现状

一、体育产业发展促进就业的规模和能力不断提升

如图2-3,若将产业活动单位、个体户从业人数考虑在内,2006—2019年我国体育产业吸纳就业人数从256.3万人增加至689.7万人。经测算,2019年我国体育产业吸纳就业人数达在我国就业人数总量的占比接近1.0%,呈现出良好的发展态势。

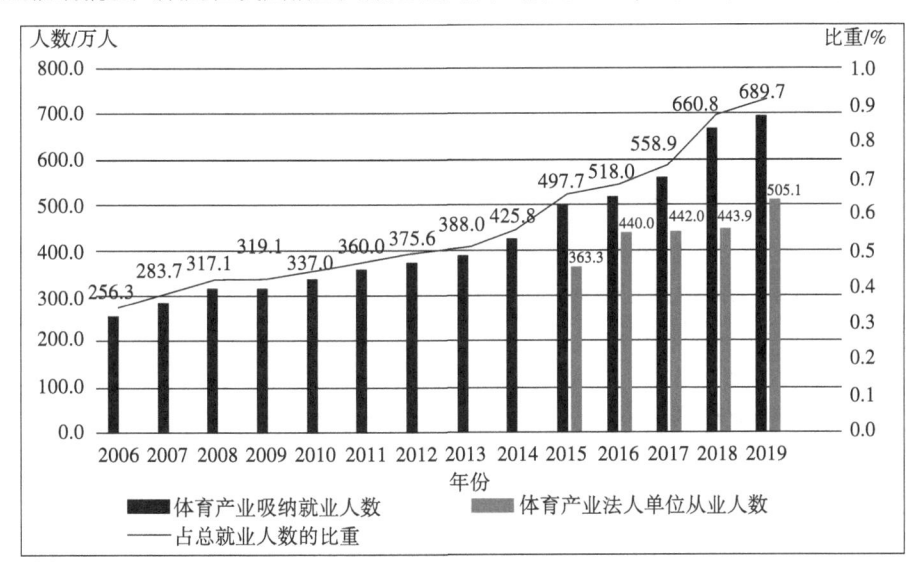

图2-3 2006—2019年我国体育产业吸纳就业统计图

数据来源:2006—2014年数据来自国家体育总局。2015—2019年不包括产业活动单位、个体户从业人数的体育产业从业人数来自全国体育产业机构名录库。2015—2018年全体从业人数引自黄海燕《推动体育产业成为国民经济支柱性产业的战略思考》一文,2019年全体从业人数依据劳动生产率推算得出。

为了更好地反映体育产业的就业吸纳能力,本书进一步采用就业弹性这一指标予以说明。就业弹性是衡量产业对就业带动作用的常用指标,是指一段时期内就业数量增加率与产业产值增加率的比值,就业弹性为正值且绝对值越大,表明该产业对就业拉动能力越强;就业弹性为负值且绝对值越大,表明该产业对就业的"挤压效应"越大,需要重新合理配置劳动力。[①]从图2-4可以看出,体育产业就业弹性均为正值,表明我国体育产业对就业的拉动作用明显,并且在2014年达到峰值,即体育产业产值每增加1个百分点,就业数量会上升0.73个百分点。另外,与我国非农产业就业弹性相比,2014年成为重要转折点。2014年之前,两者之间差距并不明显,但2014—2017年,我国非农产业就业弹性持续下降,明显低于同年体育产业的就业弹性,体育产业吸纳就业的能力和潜力依然具有较大空间。

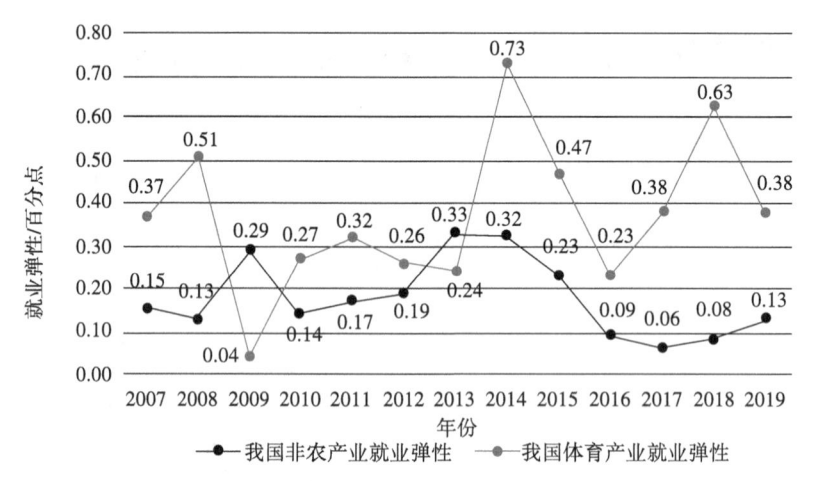

图2-4 2007—2019年我国体育产业就业弹性与非农产业就业弹性对比图

数据来源:国家体育总局发布的公告,图2-3中我国体育产业吸纳就业的相关数据以及《中国统计年鉴》中的宏观经济与就业数据计算所得。

二、体育产业结构升级带动就业结构调整

近年来,我国体育产业结构与就业结构呈现明显的同向发展趋势。随着我国体育产业结构的不断优化,体育服务业因其行业覆盖面广、关联性强等特征,在吸纳就

---

① 夏铭娜,徐开娟,黄海燕.我国体育产业结构升级的就业效应:基于向量误差修正模型的实证分析[J].上海体育学院学报,2020,44(10):77.

业方面发挥的作用日益明显。体育服务业吸纳就业占比约由2015年的43.76%上升至2019年的67.20%,提高了约23.44个百分点。体育服务业吸纳就业人数年均增长率约为20.78%,增长速度较快。体育制造业吸纳就业占比虽有所下降,但以大数据、物联网、人工智能为核心的数字技术不断推动体育制造业向多元化、智能化、信息化、个性化转变,创造出了以研发、运用高新技术为核心能力的新岗位。(图2-5)2017年国家体育产业示范基地中,体育类及相关高新技术企业吸纳从业人员约16.63万人,同比增长率约为14.12%,其中体育类高新技术企业吸纳就业人数同比增长率约为57.51%[①],在一定程度上弥补了体育制造业升级引致的技术性失业。

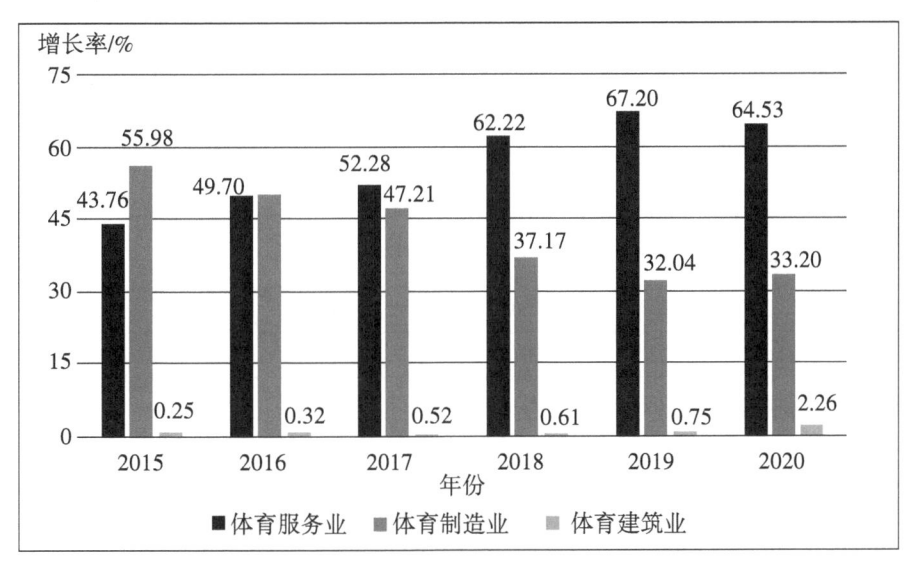

图2-5 2015—2020年我国体育产业吸纳就业的行业结构

从《体育产业统计分类(2019)》11个大类中的体育竞赛表演活动、体育健身休闲活动、体育场地和设施管理、体育教育与培训、体育传媒与信息服务、体育用品及相关产品制造、体育场地设施建设等9个业态来看,2015—2019年,法人单位从业人员涨幅最高的为体育经纪与代理、广告与会展、表演与设计服务和体育传媒与信息服务两大业态,涨幅分别约为619.23%和500%。从业人员占体育产业从业人员总数比重提升最多的是体育竞赛表演活动,体育用品及相关产品销售、出租与贸易代理,体育经纪与代理、广告与会展、表演与设计服务3个业态,分别约为3.88%、3.64%和

---

① 李颖川.国家体育产业基地发展报告(2017~2018)[M].北京:社会科学文献出版社,2019:4.

2.98%。从业人员占体育产业从业人员总数比重下降最多的为体育用品及相关产品制造、体育场地和设施管理这两类业态,分别下降了约5.46%、5.43%,由此可见,体育产业就业结构的变化方向整体上与体育产业结构的升级方向保持一致。(见表2-5)

表2-5 2015—2019年体育产业9个业态从业人员变化一览表

体育产业业态	法人单位从业人员/万人		从业人员占体育产业从业人员总数比重/%	
	2015年	2019年	2015年	2019年
体育竞赛表演活动	12.40	36.80	3.41	7.29
体育健身休闲活动	39.90	56.50	10.98	11.19
体育场地和设施管理	22.80	7.00	6.82	1.39
体育经纪与代理、广告与会展、表演与设计服务	2.60	18.70	0.72	3.70
体育教育与培训	10.10	18.00	2.78	3.65
体育传媒与信息服务	1.80	10.80	0.50	2.14
体育用品及相关产品销售、出租与贸易代理	66.70	111.10	18.36	22.00
体育用品及相关产品制造	165.50	202.50	45.55	40.09
体育场地设施建设	8.50	7.80	2.34	1.54

数据来源:《蓬勃发展的中国体育产业(2016—2020年)》。

三、体育产业发展催生诸多新就业岗位和新就业形态

随着产业的快速发展以及科学技术的广泛应用,体育产业对就业岗位的需求快速扩张。一方面,因体育产业自身发展、居民体育需求升级等,体育产业整体对复合型岗位、融合型岗位的需求快速增长(这些体育产业以前在国内的就业容量较为有限,现在出现了较为快速的增长)。比如,伴随着体育竞赛表演业的发展,产生了对职业体育经理人、经纪人、体育赛事经营管理及运营等岗位的需求;再比如,近年来快速兴起的航空运动、山地户外、水上运动、汽摩运动、冰雪运动等项目,成为吸纳就业的重要力量。另一方面,因为数字经济、虚拟经济等新技术、新科技、新理念的推动,体育产业发展所需的就业岗位也产生了巨大的变化,比如,随着5G技术、人工智能、"互联网+"、大数据等的发展,体育产业的新兴产品和业态不断涌现,智

能化体育装备生产与服务不断增加,各类体育直播、转播技术不断升级。大数据、云计算等新一代信息技术不断引入,催生了各类新兴体育产业人员,如智慧体育硬件与软件的研发推广岗、电子竞技从业人员、新技术领域的体育产品研发人员等,极大地扩大了体育产业对新就业岗位的需求。

除上述现象外,在数字经济的全面转型背景下,非正规就业这一新就业形态迅速兴起。具体来说,这种新就业形态在体育产业中包括以下形态:以物理形态和知识能力形态分离的方式与工作任务相匹配(如在家工作);以不同的技能模块、时间单位等与具体的工作任务相匹配(如体育行业内的兼职教练);以"一对多"的方式实现人力资本与工作任务的匹配(如平台健身直播);以固化的人力资本形态实现人力资本与工作任务的匹配(如体育视频或音频相关工作)。体育产业与互联网技术深度结合,产生数字化的现代体育服务,创造出体育产业新就业形态。但从总体来看,体育产业新就业形态仍处于发展的初级阶段,却影响着体育产业劳动者目前以及未来的就业选择。

四、体育产业发展成为地方就业新渠道

体育产业具有较强的空间融合性,通过充分利用冰雪、森林、湖泊、山地、沙漠等自然禀赋,以及公园绿地、建筑物屋顶、地下室、场地设施等空间资源,发展体育旅游、体育服务综合体、运动休闲产业集群等综合业态,能够实现对乡村、城镇等地方就业的整体拉动。借助引进体育赛事、发展体育产业、援建基础设施、开展大众健身等具体措施,不仅在一定程度上破解了就业难题,还通过体育旅游的方式将体育产业融入脱贫攻坚和乡村振兴工作。

为充分发挥体育在脱贫攻坚战中的优势,体育总局、国务院扶贫办于2018年联合印发了《关于体育扶贫工程的实施意见》,将体育扶贫纳入脱贫攻坚总体部署和工作体系,通过体育赛事、体育综合体、体育设施、体育企业、冠军、体彩扶贫六大行动计划予以实施。[①]增加就业是比较直接有效的脱贫方式,各地各部门通过构建就业

---

① 李雪颖.体育总局、国务院扶贫办联合印发关于体育扶贫工程的实施意见[EB/OL].(2018-07-30)[2023-12-18].https://www.sport.gov.cn/n10503/c867571/content.html.

扶贫政策体系,促使体育产业激发就业新活力。体育工作与扶贫工作的深度融合,极大地带动了当地人口就业,成为扶贫就业的新渠道,部分体育扶贫带动就业成效案例见表2-6。

表2-6 部分体育扶贫带动就业成效案例

名称	行动计划	基本做法	具体情况	取得成效
重庆市万盛经济开发区	体育赛事扶贫	体育赛事驱动体育旅游,拉动消费	体育旅游从业人数占总人数的约37.5%,农民体育旅游收入占比达24.4%	2018年上半年接待游客约1065.7万人次,实现旅游收入约66.8亿元
湖北省荆州市松滋洈水体育旅游区	体育综合体扶贫	建五星级汽车自驾运动营地	带动1600名建档立卡贫困人口脱贫	带动居民就业、创业5000余人,使该镇人均收入增加1000多元
贵阳市息烽南山驿站生态体育公园	体育综合体扶贫	美丽乡村改造,农体旅结合	已完成投资2亿元,帮助2000余贫困人口脱贫致富,带动长期及临时就业人数上千人	每年游客总量达30万人,为当地村民人均增加收入近3000元
太仓市天镜湖电子竞技小镇	体育企业扶贫	优质企业资源带动产业集群发展	核心电竞企业40家,集聚从业人员约500人	2019年末预计实现电竞产业营业收入约10亿元,小镇年税收收入约2亿元,新集聚电竞相关企业100家,新增就业岗位2000个
玉溪市通海县体育场改造工程	体育设施扶贫	城市体育设施改造,满足居民体育健身需求,带动就业	全业态增加就业岗位近700个	提高了县域城市健身、休闲、娱乐服务的供给质量,带动全县全民健身的广泛开展

数据来源:根据国家体育总局提供的材料整理。

未来,将有更多地区通过导入体育要素,践行"绿水青山就是金山银山""冰天雪地也是金山银山"发展理念,体育产业必将在关乎国计民生的重大领域不断释放自身活力。"十四五"时期,随着体育产业进一步融入区域协调发展、新型城镇化建设、乡村振兴、共同富裕等重大国家战略,体育产业将进一步打通城乡资源要素的流动渠道,为助力乡村居民就业创收作出更大贡献。

第三节 我国体育产业发展促进就业的瓶颈

一、体育产业市场主体就业创造能力相对较弱

企业是国民经济循环中供给、需求和就业的交汇点,激发市场主体的劳动需求,是实现产业就业增长的源头。我国体育产业市场主体就业创造能力相对孱弱,就业存量空间和增量潜力开发不足。

2015—2019年,我国体育产业法人单位数从2015年的11.60万个增加到2019年的28.90万个,增长了约149.14%,年均增速达25.63%。体育产业法人单位数占全国第二、三产业法人单位数的比重从2015年的0.79%上升至2019年的1.22%。不断壮大的市场主体队伍,有力支撑了体育产业发展促进就业的持续增长。但是从法人单位数与法人单位从业人员的对应来看,体育产业市场主体对就业的创造力、承载力呈现弱化趋势。2015年1个市场主体所对应的从业人数平均为31人,到2019年下降为约17人,下降了约45.16%。尽管数量上的对应关系并非完整的因果关系,但上述对应关系的变化能够较大程度地反映出体育产业市场主体的就业创造能力下降的事实。(图2-6)

图2-6 体育产业法人单位数与体育产业法人单位从业人员对应情况

我国体育产业市场主体的发展质量不高、盈利能力不强,无法长期保持较高的就业贡献率。从现实来看,中小微企业占体育市场主体的比重很高,承载着吸纳劳

动力就业的特殊使命。由于我国体育产业发展刚刚起步,大多数中小微企业还处于成长阶段,普遍存在高投入、低产出、变现期限长等特点,企业亏损现象较为普遍,因此,其吸纳劳动力就业的稳定性较弱。即使在产业基础领先全国的上海市,其体育企业的盈利能力也不能令人满意。2018年,上海市500强体育企业中约有36%的企业未实现盈利,其中体育服务业和体育制造业未实现盈利企业的比例分别达到了31%和40%。疫情之后,在体育企业经营停摆、刚性成本依然存在、现金流压力增大的情况下,存活下来的体育企业大多选择通过缩减招聘规模、支付较低薪酬、频繁轮替年轻员工、招聘"一专多能"职工等方式降低经营成本。可见,体育产业中的中小微企业整体上对就业吸纳的规模还有限,在发挥稳岗扩岗作用方面依旧有很大的提升空间。

二、体育产业转型升级加剧就业的结构性矛盾

就业的结构性矛盾成为我国体育产业发展促进就业的主要矛盾。体育产业劳动力市场的实际运行情况与经济高质量发展的逻辑预期相差较远,劳动力培养的速度、数量、结构、质量等与体育产业的人才需求不协调。表面上呈现"供不应求"的数量失衡情况,实际上是体育产业转型升级对劳动者技能素质提出了更高要求,满足产业发展需求的劳动力数量不足,而并非劳动力不足。

技术进步和产业变革必然引发劳动力供求结构的变化。一般来说,技术进步能够强有力地转化为新的生产力,对原有技术产生"颠覆性"的改变,促进产业结构转型升级,对劳动力市场需求产生实质性的变化。多次产业革命的历史经验表明,产业转型升级过程伴随的技术革命,会加深劳动力市场分化,存在就业破坏与创造机制。技术进步对就业产生"破坏"与"创造"双重效应,这种影响可通过体育市场的反馈得到证明。以上海市为例,员工人数最多的10家体育企业中,有9家与体育用品制造、销售有关。在A股体育上市公司中,以智能健康科技集团股份有限公司(简称奥佳华)、浙江健盛集团股份有限公司(简称健盛集团)以及深圳信隆健康产业发展股份有限公司(简称信隆健康)等为代表的体育用品制造企业常年位于员工总数排名的前列。随着"技术—经济范式"的变化,边际劳动生产率的提高,自动化、智能化和数字化等新制造技术在体育产业的应用,导致体育产业减少对非熟练

劳动力的需求,淘汰一部分低端劳动力①,体育用品制造企业吸纳的就业人数规律性减少。同样地,从技术进步对就业的补偿机制来看,技术进步将形成新的产品和部门,进而创造出新的就业机会。②但是,这并不一定意味着就业岗位的增加,就业岗位的增减取决于低端劳动力的淘汰数量与新创造的就业岗位数量的比较。

体育生产性服务业发展不充分,体育制造业服务化不足,影响着体育服务业就业效应发挥。《"十四五"体育发展规划》提出要发展体育中介服务、扩大体育产品和服务供给等体育生产性服务。目前我国体育中介服务、体育金融服务、体育传媒与信息服务、体育创意营销、体育产品研发设计等现代体育生产性服务业发展较为缓慢。2019年,我国体育传媒与信息服务和体育经纪与代理、广告与会展、表演与设计服务增加值约为2.50%和1.00%③,从业人数约为10.80万人和18.70万人,占比约为2.14%和3.70%。④我国体育生产性服务业发展规模不大、质量不高,就业带动效应无法有效释放。全球制造业发展趋势表明,制造业服务化是体育制造业高质量发展的方向之一。目前,我国体育制造业服务化程度无法有力支持体育制造业与体育服务业的互动融合,就业规模"乘数效应"尚未显现。

我国运动项目产业对吸纳劳动力就业的引领作用还未得到充分体现。从体育产业演进历程来看,运动项目的创新丰富、外延产业化及产业链的拓展是体育产业发展的"本元"。⑤围绕运动项目产业链形成的就业链具有极强的生命力。例如,以高尔夫项目为例,围绕高尔夫项目产业的管理运营、技术创新、产品研发、销路拓展、服务升级等各个环节,产生了材料科学家、球场设计师、项目评审员、撰稿人等众多岗位。再例如,伴随着奥运带动的冰雪热潮,国内冰雪消费需求飞速增长,现有的培养体系或职业技能教育却无法精准服务社会需要,雪场高级管理人才、造雪师、制冰员、滑雪救助员等各类专业技术人才供不应求。可见,应以构建运动项目产业链为纽带,进一步推动劳动力在链条上的配套,为运动项目就业市场提供更广

---

① 胡拥军,关乐宁.数字经济的就业创造效应与就业替代效应探究[J].改革,2022(4):45.
② 汤为本.浅议技术进步中的就业补偿机制[J].中国劳动科学,1996(12):14.
③ 体育经济司.2019年全国体育产业总规模与增加值数据公告[EB/OL].(2020-12-31)[2023-12-18]. https://www.sport.gov.cn/n315/n20001395/c20003924/content.html.
④ 国家体育总局体育经济司.蓬勃发展的中国体育产业:2016—2020年[M].北京:人民体育出版社,2021:37+43.
⑤ 胡佳澍,黄海燕.运动项目产业发展潜力的特征、来源及显化动力[J].体育学刊,2021,28(6):60.

阔的空间。我国运动项目产业头部企业大多集中在体育用品制造和销售领域,产业链下游的赛事、培训以及休闲等领域的产品和服务开发明显滞后,存在结构不完善、开发不充分、链条不完整等问题,造成运动项目产业链上的就业需求还未被有效激发,运动项目产业吸纳劳动力就业的引领性作用有待增强。

三、数字经济发展对提升体育产业就业的作用还不充分

数字经济发展对增加体育产业就业数量的作用有待提升。伴随着体育产业数字化特征愈加明显,体育场馆、健身休闲等行业的数字化改造对数字基础设施的依赖性增强。因此,体育领域新型基础设施不足、数字体育基础建设短板会制约体育产业数字化规模,减缓体育产业数字化进程,进而限制数字经济发展对体育产业就业数量作用的发挥。

数字经济发展对改善体育产业就业结构的作用不佳。从长期来看,随着数字经济发展方向的变化,为了进一步优化体育产业就业结构,需要体育生产性服务业发挥更多作用。目前来看,我国体育中介咨询、体育金融服务、体育传媒与信息服务、体育创意营销、体育产品研发设计等现代体育生产性服务业发展较为缓慢。其中,2022年我国体育传媒与信息服务和体育经纪与代理、广告与会展、表演与设计服务总产出仅占全国体育产业总产出的4.0%和1.1%,体育生产性服务业的供给和需求相对不足。作为信息产业基础的软件产业发展对体育产业的影响性不强,再加上体育产业本身创新投入不足、创新效率不高,使得软件业发展成果应用程度不深。

数字经济发展对提升体育产业就业质量的作用不充分。一方面,数字技术应用对体育产业就业质量具有积极作用,数字技术应用会引发劳动岗位更新,进而促使体育企业对人力资本的需求增加;劳动者也会通过提升自身技能水平以满足数字技术应用对岗位的新要求。另一方面,数字基础设施和数字产业发展的作用不显著,根据熊彼特创新理论,技术进步对产业发展的作用呈现波动式态势,就业率或者失业率同样会随之出现周期性的波动。①从体育产业发展实践来看,体育市场

---

① 肖林兴.国内需求与中国改革开放后的技术进步:基于熊彼特创新理论的分析[J].山东青年政治学院学报,2014,30(2):121.

仍以中小微企业为主,企业资金更多投向技术升级,对员工就业质量提升的投入相对不足。此外,体育产业所需数字人才存在很大缺口,无法满足体育产业数字化升级的人力资本需求;数字经济发展的就业滞后效应也会影响劳动者技能水平的提高,降低就业匹配度,从而影响体育产业就业质量提升。

四、对体育产业新就业岗位和新就业形态扶持不足

体育产业新就业岗位和灵活用工模式不断开辟体育产业就业市场新空间,正处于发展的关键时期,其发展速度与质量主要依托于公共政策扶持程度。相关部门的支持成为激发其活力的重要基础,但现有的扶持措施明显滞后于实践需要。

客观来说,体育产业新就业岗位和灵活用工模式的属性特征,在一定程度上影响了有关部门对其政策支持。国务院办公厅发布的《关于支持多渠道灵活就业的意见》和国家发展改革委发布的《关于支持新业态新模式健康发展激活消费市场带动扩大就业的意见》提到,完善统计监测制度,加强新业态新模式就业统计监测研究。然而,新经济下的新就业岗位和灵活用工模式具有责任主体模糊、劳动关系隐蔽、就业形势复杂多变等特点,使掌握其发展情况的难度增加,在一定程度上限制了对其规模、质量以及稳定性的预测,无法进行跟踪研判,不利于后续政策的跟进。

随着新就业岗位和灵活用工模式的发展,有关部门已经开始注意到公共政策扶持对就业的重要价值。例如,体育总局办公厅印发的《关于体育助力稳经济促消费激活力的工作方案》提到,要引导鼓励各级各类体育组织多渠道开发体育就业岗位,创新探索灵活就业方式,吸纳更多社会人才从事体育工作。广东省人力资源和社会保障厅、广东省体育局印发的《广东省深化体育专业人员职称制度改革实施方案》提出,对发展势头良好、评价需求旺盛的新兴体育职业,符合条件的增设为新的职称专业。但实际上,体育产业新就业岗位和灵活用工模式依旧被纳入传统的就业框架中。现阶段政府部门的体育职业技能提升服务主要面向传统就业岗位,在职业介绍、职业指导、技能培训、专项服务等方面忽视了多元化的新就业岗位和灵活用工模式,导致劳动者对体育领域的新就业岗位和灵活用工模式缺乏关注,降低了劳动者参与的意愿。

此外，目前与新就业形态有关的劳动关系认定、劳动权益保障等问题是学术研究和社会各界热议的重点。由于新就业岗位和灵活用工模式的用工模式大多不符合传统劳动关系认定的标准，现有的劳动关系制度、社会保障制度以及政策支持体系难以覆盖新就业岗位和灵活用工模式，导致劳动者权益无法得到有效保护，阻碍了新就业岗位和灵活用工模式在体育产业领域的进一步推广。发达国家在新就业形态的劳动权益保障方面进行了有益的探索。法国针对部分体育企业经营的季节性和不稳定性，劳动者面临灵活就业的短期性压力，为灵活就业人员提供了如滑雪教练、雪场引导员等岗位，推出"部分失业"机制，即只要雇佣就业人员的企业经济效益低于预期水平，便可由政府提供补偿。此外，法国还为灵活就业人员制定了单独的保险计划，使其能够享受同企业雇员一致的医疗保险[①]，有力地支持了新就业岗位和灵活用工模式的发展。

五、就业相关政策与服务未能充分衔接劳动力就业

体育产业的就业相关政策和基础服务不到位，无法充分衔接体育产业领域的劳动力就业，至少表现在4个方面：一是，"就业"等相关词语在体育政策文件中的出现频率显著增加，体育产业对吸纳劳动力就业的作用逐渐被业界关注，相关政策已有所重视。如2021年《"十四五"体育发展规划》提出实现体育产业从业人员超过800万人的目标。但就业政策如何落实、责任主体如何划分等关键问题，还未有下一步的实质性措施。二是，我国尚未建立起多主体协作的体育产业就业服务合作机制，还存在着就业需求预测概念不够清晰、数据基础不够稳固、工作体系不够健全、成果运用不够充分等问题。国内权威的体育企业劳动力需求调查和职位空缺调查较少，导致体育人才培养方对体育企业招聘需求、雇佣标准、企业偏好等方面的认知出现偏差。三是，现有的就业服务信息系统很难满足体育产业就业技术、就业模式、就业形势和就业手段变化的要求，就业服务方式缺乏创新，运用互联网和大数据能力不足，难以成为政策操作精细化的有力手段。四是，第三方组织、企业主体以及市场机构等社会力量在体育产业吸纳劳动力就业服务中的作用并不突

---

① 刘玲玲.法国积极推动灵活就业[EB/OL].(2022-03-21)[2024-08-19].http://world.people.com.cn/n1/2022/0321/c1002-32379362.html.

出。社会力量参与不足,严重影响了体育产业就业政策的服务效率。国外体育产业发达国家针对劳动力配置的全过程,从信息搜寻、劳动力培养和匹配等阶段入手,充分利用市场与政府的力量,推动劳动力供给与需求精准有效对接,可以为我国体育产业提供参考。

第三章

域外经验:
国外体育产业
发展促进就业的经验

体育是促进经济社会发展的重要动力,体育产业逐渐发展成为发达国家国民经济的重要门类和新的经济增长点。普华永道2019年发布的统计数据显示,全球体育产业在过去3—5年的平均增长率约为7.4%[①],成为全球范围内呈现逆势增长且具备巨大发展潜力的重要产业。2019年美国、德国、韩国、日本等国体育产业占GDP的比重均已超过3%,澳大利亚、德国、英国体育产业对劳动者就业的贡献率也均超过3%。[②]

发达国家体育产业吸纳就业已经发展到了较高水平,为我国提供了有益借鉴。本章先通过梳理国外体育产业发展概况,了解相关国家体育产业总体发展概况及主要业态发展实践。后通过各国官方协会、公报等途径,整理和分析体育产业及各业态总产值、体育产业增加值占GDP比重、就业人数、就业人员占比等相关数据,对国外重点国家体育产业就业现状、就业效应、就业统计及发展对策进行深入研究,系统总结发达国家在与体育产业促进就业方面相应的优势特点、主体建设、就业保护、就业引导、人才培育等方面的做法,为我国体育产业发展促进就业提供参考。

第一节　国外体育产业发展概况

随着全球经济发展,居民生活品质逐步提高,健康意识不断提升,体育产业快速扩张,逐渐成为全球经济的重要支柱。普华永道2019年发布的统计数据显示,2013年全球体育产值约为7.5万亿元,全球体育产业在2014—2019年的平均增长率约为7.4%,产业增长趋于稳定,预计2020—2025年全球体育产业平均增长率约为6.4%。从全球体育产业规模增长率情况来看,北美洲和欧洲的体育产业起步较早,目前发展较为完善,2014—2019年平均增长率分别约为8.0%和7.8%,未来增长趋于稳定;亚洲地区2014—2019年平均增长率约为8.4%,发展潜力较大,2020—2025年亚洲体育产业加速扩张,平均增长率达8.7%。(图3-1)

---

① 普华永道.2019年体育行业调查报告[EB/OL].(2019-12-19)[2024-07-30].https://www.waitang.com/report/26583.html.

② 黄海燕.新阶段、新形势:我国体育产业发展战略前瞻[J].上海体育学院学报,2022,46(1):22.

图 3-1　全球体育产业规模增长率

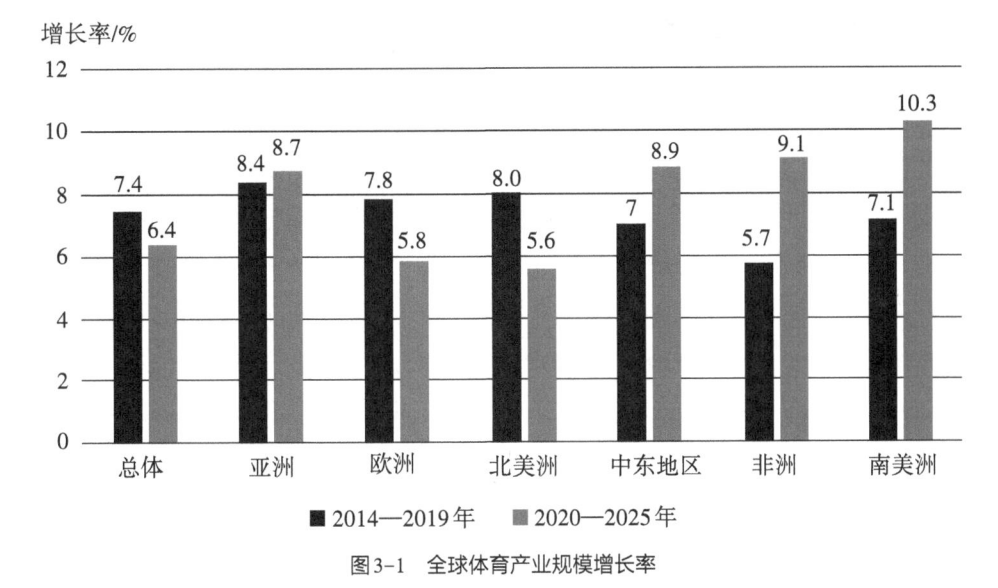

数据来源：普华永道《2019年体育行业调查报告》，其中2020—2025年数据为本报告中提出的预测值。

体育产业起源于英国，而后在欧洲大陆和北美地区不断发展。随着科学技术的不断进步以及国民经济的快速增长，体育产业在美国、英国、法国、德国、澳大利亚、西班牙、巴西、日本、韩国等国发展迅速，并表现出突出的体育产业贡献、健全的体育产业体系、高质量的体育产业发展水平、坚实的体育产业基础等优势。

一、体育产业贡献突出，带动国民经济发展

发达国家体育产业在带动相关产业发展方面起到举足轻重的作用，甚至成为国民经济的支柱性产业。2022年，美国体育产业规模约为5877亿美元，约占当年美国国内生产总值的2.28%。从细分领域来看，研究机构报告显示，美国户外运动产业总规模约为3743亿美元(2020年)，健身行业市场总规模为320亿美元(2020年)，体育用品批发销售额约为1117亿美元(2021年)，四大职业联赛的总收入约为266.40亿美元(2020年)。据法国体育部公布的数据，2016年，法国体育产业增加值达到486.63亿美元，占当年GDP的2%。2020年，法国体育产业从业人员18.37万人，占法国从业总人数的0.70%。2018年，德国体育产业产值约为1240亿欧元，增加值达到670亿欧元，占其GDP总值的1.70%。

二、体育产业体系健全,关联产业深度融合

发达国家体育产业体系已经发展得较为健全和成熟。一方面,形成了较为齐全的体育产业门类,现阶段发达国家基本形成以体育竞赛表演活动、体育健身休闲活动为核心层,以体育场馆服务、体育中介服务、体育培训服务等为外围层,以体育制造、体育建筑等为相关层的产业门类体系。另一方面,体育产业各业态保持着均衡与强劲的发展态势,发达国家体育产业各门类保持着均衡的发展格局,在每个细分领域都诞生了一批具有国际影响力的龙头企业,并且产业先发优势奠定了各业态在全球范围同领域的领先发展地位。以四大职业联赛为代表的美国职业体育发展迅猛,并极大地带动了体育用品制造业、健身休闲业等相关业态的发展;英国最早开始尝试创建俱乐部的经营体制,拥有世界一级方程式锦标赛(F1)、温布尔登网球公开赛、英国高尔夫球公开赛和英格兰足球联赛等国际著名的赛事,在运作职业赛事方面积累了丰富的经验;澳大利亚的悉尼、墨尔本等城市是全球具有广泛影响力的赛事之都,每年举办世界一级方程式锦标赛(F1)、澳大利亚网球公开赛等一系列国际顶级赛事。而美国安舒茨集团(AEG)、斯迈格(北京)国际贸易有限公司(SMG)两家体育场馆服务管理企业,占据了全球优质场馆资源的半壁江山。

产业融合是体育产业高质量发展的重要方向,也是发达国家体育产业发展的新增长点和新动能。随着发达国家体育产业的纵深发展,体育产业与旅游、文化、互联网、网络游戏、医疗、金融、传媒等领域的相互交叉、相互渗透、相互重组,催生出了一系列新兴业态。发达国家体育产业融合模式主要有产业渗透和产业交叉两类。产业渗透是指融合导致体育产业边界模糊和新兴产业涌现,通过产业渗透,能创造出新产品和新服务,形成新的经济增长点。[①]随着数字经济蓬勃发展,体育与数字技术相结合形成的"虚拟体育"成为发达国家体育产业的重要内容,通过新技术在体育行为中的综合运用,虚拟体育空间和现实体育空间融合交互,满足人们对体育运动的多重需求。例如,国际奥委会通过"虚拟体育"这一重要抓手吸引更多年轻用户,推动了传统赛事的赛事体系建设。[②]产业交叉是指通过不同产业的功能互补和延伸形成更具竞争力的融合型产业新体系。例如,体育产业与制造、文化、

[①] 汪逢生,王凯,李冉冉,等.体育产业与健康产业融合发展思考[J].体育文化导刊,2023(11):87.
[②] 黄谦,王欢庆,李少鹏.体育未来发展的逻辑重构与实践展望:从元宇宙概念谈起[J].西安体育学院学报,2022,39(2):131.

旅游、保健等相关产业交叉，构建了发展有序、特色鲜明的体育产业结构体系。例如，英国牛津郡的赛车谷，从举办职业赛事到吸引多支顶级车队在周边落户，并形成产业集群，带动了整个区域的发展。

三、体育产业结构合理，市场主体持续壮大

体育产业结构高级化是发达国家体育产业高质量发展的重要标志之一，体育服务业已经占据了发达国家体育产业发展的主导地位。从体育产业发展的缘起来看，发达国家体育产业大多以竞赛表演业为起点，进而带动整个体育产业的发展。从日本体育产业的缘起来看，本土的相扑、柔道与外来的棒球、网球、足球等共同缔造了其体育产业的发展逻辑，校际体育比赛和职业体育联赛推动了日本体育产业的发展。从体育服务业的规模占比来看，当前美国、英国、法国、德国、澳大利亚、日本与韩国等国的体育服务业在体育产业中的占比均超过了60%，美国与英国体育服务业占比甚至超过了80%。从体育服务业的产业贡献度来看，2017年西班牙仅足球相关产业的总规模已达GDP的0.9%，其中职业赛事中的西班牙甲级联赛达到84亿美元，韩国的电竞产业已成为韩国的支柱产业之一，相关产业链的价值甚至超过了汽车业。

同时，发达国家的体育产业依赖于先发优势，在每个体育产业细分领域均诞生了具有国际影响力的世界级龙头企业。在体育用品制造业领域，发达国家率先摆脱了对自然资源禀赋的单一依赖，完成了由劳动力、土地、天然资源等初级生产要素到人才资源、科研机构、科学技术、营销网络等高级生产要素的升级，形成了本土研发、全球制造，本土品牌、全球代工，本土产品、全球销售的生产贸易格局，完成了对体育用品制造业全球价值链自上而下的掌控。例如，为民众所熟知的运动服饰品牌耐克（Nike）、阿迪达斯（Adidas）、安德玛（Under Armour）等，近年来随着自行车运动爆火而进入大众视野的顶级自行车品牌禧玛诺（Shimano）、崔克（Trek）、闪电（Specialized）等，以及高端健身器械品牌汉臣（Harison）、必确（Precor）、乔山（Johnson）等均是海外品牌。在竞赛表演业领域，奥运会、世界杯、F1等世界三大体育赛事，以及享誉全球的欧洲足球五大联赛、美国四大职业体育联盟等职业体育赛事均起源于国外，其体育赛事公司的规模与商业模式也处于世界领先地位。与体育竞赛表

演相关的细分业态中，不论是体育馆的场馆管理、体育传媒、体育中介、体育经纪，还是职业体育俱乐部的运营，发达国家体育市场主体在国际化发展方面也占据了主导地位。

其他业态中，场馆服务业管理企业全球设施管理和场馆服务公司（ASM Global）、体育传媒企业国际管理集团（International Management Group，简称IMG）、体育中介企业创新艺人经纪公司（Creative Artists Agency，简称CAA）等也分别是各自体育产业细分业态中的全球标杆企业。此外，国外体育产业中的瞪羚企业，以颠覆性创新不断向体育产业的无人区进军，拓展着当代体育产业的边界，并以超快的增长速度发展壮大。如方正Found和移动健身应用HealthifyMe推出的能够根据用户身体数据，从医疗、运动等多个方面制定个性化专业减肥计划的健康应用程序，迅速覆盖了美国37个州。海博艾斯（Hyperic）是一家运动康复设备制造公司，其通过不断提升筋膜枪、震动泡沫滚轴等产品的科技含量，借助品牌声誉营销快速扩大市场占有率。以欧美体育企业为主的国际体育企业，正主导着全球体育产业的发展方向，引领着体育用品及体育竞赛表演等领域的变化革新。而伴随着新兴体育产业业态的出现，欧美体育企业又会率先完成布局，并一步步发展壮大成为新兴业态中的龙头企业，形成市场与企业共同增长的良性循环，呈现市场主体不断发展壮大的发展趋势。

四、体育产业基础坚实，消费动力作用凸显

体育人口是拉动体育消费和体育产业发展的重要基石，发达国家不仅体育人口数量庞大，而且大众体育人口"质量"也较高。从经常参加体育锻炼的人数比例来看，2020年我国经常参加体育锻炼的人数比例约37.20%[1]，同年美国约75.60%[2]，英国约63.10%，与发达国家相比，我国经常参加体育锻炼的人数比例还比较低，体育消费的基础还不够坚实。从运动项目的掌握情况来看，发达国家大多数国民擅

---

[1] 林剑.数说全民健身[EB/OL].(2022-08-08)[2023-12-18].https://www.sport.gov.cn/n20001280/n20001265/n20067533/c24555995/content.html.

[2] 美国全民健身报告发布：运动人口达五年新高，户外赛道火热[EB/OL].(2021-09-09)[2023-12-18].https://k.sina.cn/article_5136739626_1322c6d2a02000yehk.html?from=sports&subch=osport.

长多项运动项目,并掌握较高的运动技能。日常除了各类跑步、骑行活动以外,足球、橄榄球等对场地设施、运动技能要求相对较高的项目,其参与比例也比较高。

庞大的体育人口在一定程度上支撑了发达国家较高的体育消费水平。数据显示,2018年,英国人均体育消费已达820.70美元,德国约818.90美元,澳大利亚、韩国、法国也均已超过600美元。2018年西班牙家庭体育消费约70亿欧元。体育运动已成为发达国家国民普遍的生活方式之一,大多数家庭均有常规的体育消费支出。

在消费结构方面,发达国家体育消费以参与性消费为主,服务型支出高于实物型支出,体育服务业占据发达国家体育产业发展的主导地位。美国、英国、法国、德国、澳大利亚、日本、韩国等国,体育服务业在体育产业中的比重均超过了60%,部分国家体育服务业比重甚至超过了80%。我国体育服务业比重逐年增长,但总体上体育产业结构的高级化水平与发达国家仍有差距。(表3-1)

表3-1 部分发达国家体育服务业在体育产业中的比重

国家	年份	体育产业产值/亿美元	体育服务业产值/亿美元	体育服务业比重/%
美国	2015	5000.00	4110.00	82.20
英国	2016	487.25	415.14	85.20
法国	2012	527.87	501.48	95.00
德国	2012	1384.50	1205.00	87.00
澳大利亚	2011	129.31	90.43	69.93
日本	2006	948.55	751.51	79.22
韩国	2017	657.77	564.37	85.80

第二节 国外体育产业发展促进就业的特点与经验

就业规模与就业结构是产业发展吸纳就业水平的基本体现。从就业规模来看,发达国家体育产业吸纳的就业规模较大且依然保持稳定增长。欧盟统计数据显示,2015—2020年间,欧盟27个成员国体育产业吸纳就业人数超过130万人,2020年总就业人数比2015年增加了约10万人次,体育产业吸纳就业率增长了约8.40%。其中,有21个国家的体育产业就业贡献逐渐增加,意大利、西班牙、希腊和德国体育产业吸纳就业均超过10万人。此外,英国、美国、韩国等国,体育产业吸纳就业人数占其总就业人数的比重均超过1%,个别国家甚至接近了2%。(表3-2)

表3-2　部分国家体育产业吸纳就业情况一览表

国家	年份	体育产业吸纳就业人数/万人	体育产业吸纳就业占总就业人数比重/%
英国	2019	42.46	1.30
美国	2019	194.81	1.20
韩国	2016	39.80	1.50
澳大利亚	2016	22.00	1.80
西班牙	2019	21.65	1.10
中国	2019	505.10	0.65

从就业结构来看,发达国家的体育服务业是吸纳就业的主要业态。2017年,韩国体育服务业吸纳就业占比达89.77%,占据了绝对重要的位置。2014年,美国体育竞赛表演业提供就业机会接近体育行业的25%,从事体育健身休闲产业的人数高达125.30万人。体育产业特别是体育服务业已经成为发达国家社会运行的重要组成部分,为促进劳动力就业做出了巨大贡献。

一、体育中小微企业是体育产业发挥就业效应的主要载体

体育中小微企业利用其多品种、小批量、短周期的灵活性生产模式,开辟了与大企业截然不同的市场空间。近年来,部分国家体育中小微企业数量不断扩大,产业分布更趋合理,在吸纳失业职工、临时工、社会兼职等方面呈现出一定的优势。据统计,截至2017年,俄罗斯约有300家体育产品生产商,其中大型、中型、小型、微型企业在企业总数中的比重分别约为2%、25%、27%和46%[①];韩国体育产业五年计

---

① 杨娟,张大超,王豪爽.《俄罗斯联邦2035年前体育产业发展战略》解读及对我国的启示[J].中国体育科技,2023,59(3):92.

划(2019—2023)显示,95.90%的体育企业是不超过10人的小型企业;英国在2021年,体育器材零售企业、体育用品制造企业、体育娱乐企业、健身设施企业雇佣人数在0—4人的占比分别约为57.06%、73.63%、60.99%、77.63%(表3-3)。目前及未来一段时间,体育中小微企业依然是发达国家体育市场的重要组成部分,在稳定就业方面发挥着重要作用。

表3-3　2021年英国体育企业员工雇佣规模

员工数量/人	企业类型及占比							
	体育器材零售企业/家	占该类型企业总数比例/%	体育用品制造企业/家	占该类型企业总数比例/%	体育娱乐企业/家	占该类型企业总数比例/%	健身设施企业/家	占该类型企业总数比例/%
0—4	4670	57.06	670	73.63	25000	60.99	2915	77.63
5—9	1750	21.38	115	12.64	6140	14.98	540	14.38
10—19	1055	12.89	60	6.59	4560	11.12	185	4.93
20—49	625	7.64	45	4.95	3405	8.31	65	1.73
50—99	65	0.79	15	1.65	1205	2.94	25	0.67
100—249	15	0.18	5	0.55	540	1.32	15	0.40
250以上	5	0.06	—	—	140	0.34	10	0.27

数据来源:欧盟统计局相关数据整理所得。

各国为充分发挥体育中小微企业的就业吸纳能力,采取了诸多举措。美国、俄罗斯、韩国等国通过有关立法规定为体育中小微企业主动提供贷款和帮助,在生产、融资、销售等方面给予优惠,使体育中小微企业在市场中降低经营风险、维持正常生产和扩大投资,从而创造出更多的就业机会。例如,韩国文体部在首尔奥林匹克公园内新建了体育产业综合支援中心,内部设有体育创业企业培育区、法律和专利综合咨询区、资金支持商谈区和新产品展示区等不同服务区,对体育小工商业者的专利申请实施具体援助和提供咨询服务。仅2020年韩国文体部就给予38亿韩元的资金支持,大部分用于体育产业综合支援中心和体育俱乐部的发展,鼓励体育中小微企业创新,进一步扩大了就业市场需求。

二、注重青年等重点群体在体育产业发展促进就业效应中的作用

青年群体成为部分国家体育产业劳动者的重要来源。近年来,欧洲受次贷危机影响长期处于调整期和恢复期,青年失业问题格外突出。欧盟统计报告显示,2020年4月,欧盟青年失业率达13.9%,是整体社会失业率的两倍多,西班牙、意大利等国的青年失业率均接近30%,而希腊青年失业率更是高达49.8%。2022—2023年,欧盟体育产业的就业吸纳量实现了约2.2%的增长,2023年,体育产业所吸纳的就业人数已经超过了同一年龄段总就业人数比例的两倍之多。2019年,约35%的体育产业从业人员年龄在15—29岁,几乎是青年总就业人口数量占全社会就业人数比例约17.5%的两倍(表3-4)。其中,西班牙从事体育相关行业的青年比例是青年在总就业比例的2.7倍。可见,体育产业作为发达国家吸纳青年就业的重要渠道之一,在促进青年就业中扮演着重要角色,有效缓解了青年就业压力。

表3-4 2019年欧盟国家体育产业吸纳就业人员情况

年龄组别	就业人数/千人	占体育产业就业人数比例/%	占全社会就业人数比例/%
15—29岁	473.0	34.6	17.5
30—64岁	854.4	62.6	80.0
65岁以上	38.4	2.8	2.5

数据来源:欧盟统计局相关数据整理所得。

三、体育产业发展效益转换为体育劳动者的收益

相较于物质资源要素,劳动力资源要素具有一些特殊性。一方面,劳动力作为一种资源要素或人力资本,凝结着知识、经验、技能和健康,是一种持续累积且有叠加放大效应的智力资本。另一方面,劳动力是具有主观能动性和情绪情感的独立个体。近年来,发达国家体育产业的经济社会效益突出,进一步促进了高质量的中等收入群体的形成,劳动力的合理收益得到有效保障,成为体育产业就业系统得以健康运行发展的基础。

国外体育产业发展效益转换为体育劳动者的收益,根本表现在体育劳动者的

收入有保障,最基本和直接的表现在于体育产业劳动者的薪酬及福利待遇迅速提升。以美国为例,美国劳工统计局统计数据显示,2020—2030年间,最具吸引力的20个职业中,体育产业相关职业占了6个(艺术家、表演者及运动员的代理人和业务经理,运动教练和团体健身教练,运动员和运动选手,杂技艺人和表演者、体育和相关工作者,物理治疗师,职业治疗助理)。职业治疗助理2021年工资中位数达61730美元。其中,娱乐和体育职业就业率在2020—2030年间增长约22%,就业人数将增加约16.06万人,远高于所有职业就业率水平。此外,美国经济分析局统计数据显示,2019年美国户外娱乐经济占GDP的2.1%(4598亿美元),总就业人数达516万人,而该群体的工资薪金占全国总数薪资比例已经达到2%。可见,美国体育产业相关劳动者的可支配收入水平明显占优势,对于发挥体育产业的吸纳就业效应具有直接作用。(表3-5)

表3-5 美国最具吸引力的20个职业增长率及工资中位数一览表

职业	增长率/% (2020—2030)	2021年工资中位数/美元
电影放映员	70	29350
风力涡轮机服务技术人员	68	56260
引座员、大堂服务员和售票员	62	24440
执业护士	52	120680
太阳能光伏安装人员	52	47670
厨师	49	30010
艺术家、表演者及运动员的代理人和业务经理	46	78410
服装服务员	44	47850
运动教练和团体健身教练	39	40700
模型制造商	39	60780
运动员和运动选手	38	77300
化妆师、戏剧表演者	37	134750

续表

职业	增长率/% (2020—2030)	2021年工资中位数/美元
职业治疗助理	36	61730
统计学家	35	95570
娱乐服务员和相关工作人员	35	24170
物理治疗师	35	61180
动物看护人	34	28600
杂技艺人和表演者、体育和相关工作者	34	—
信息安全分析师	33	102600
电影和视频编辑	33	62680

数据来源：美国统计局官网。

体育产业发展效益转换为体育劳动者的收益，也体现在体育劳动者的心理回报率极高。人性需求从传统"经济人"发展至"知识人"，这一变化带来了管理思想的变革和发展。"知识人"并非完全追求经济收入，工作与生活的平衡逐渐成为其核心需求。基于此，体育相关职业被认为是一个能够提供丰富、有趣、有挑战性和充实性的工作，也属于职业道路的高增长产业。民众对体育非常虔诚，从而激发了其特殊的心理回报效应，形成了民众自觉从事体育职业的良好氛围。

根据已有的研究，对体育的热爱会影响人们选择与体育相关的职业，并且体育职业为劳动者带来了自豪感。澳大利亚是一个典型的体育爱好者国家，约80%的澳大利亚人认为体育运动是澳文化和生活的重要组成部分，超过90%的成年人对体育感兴趣，每年有约840万成年人和约300万儿童参与体育运动。与宗教活动相比，澳大利亚人对体育更加虔诚，其平均每周在家观看体育比赛的时间约为2小时22分钟，参加体育运动和户外活动的时间约为2小时27分钟，是从事宗教活动的时间约35分钟的4倍。人们普遍认为体育产业的增长会造福所有澳大利亚人。英国、美国、德国、西班牙等国，也普遍认为人们从事体育相关职业的心理回报率很高，造就了体育产业强大的吸引就业的力量，这也是体育产业能够持续吸引和留住劳动力的内在魅力。

四、重视开发与保护体育产业新就业形态

随着互联网相关平台和新技术的发展，体育作为生活性服务业的重要领域，不仅释放了大量的常规就业岗位，还向社会提供了比以往更多的灵活就业机会。发达国家在保护体育产业非正规就业、提高就业质量等方面进行了诸多探索。

近年来兴起的非正规就业等新模式，为欧美发达国家体育产业扩大就业提供了多样化途径。2022年，欧盟在体育产业的兼职者占体育产业全部就业人员的比重约为41.40%，约107万人从事体育运动与健身相关职业，其中以兼职形式参与就业的比例达到46.80%。[1]现在，非正规就业模式在体育行业中更为普遍，并且趋势越来越明显。美国调查数据显示，有约26%的人才计划选择那些与场所可以分开的工作，在自己愿意选择的地方生活、工作，雇主也乐于这种流动方式，褪去了搜寻成本和迁移成本，从世界任何地方找到"最好的"人才。[2]更灵活的兼职工作已成为欧美体育部门人才工作的特点，出于对稳定就业、促进就业以及保护劳动者权益等方面的考虑，部分国家的政府部门采取增设保障性岗位、提供补助资金等方式帮助体育企业和劳动者。2021年冬季，法国著名滑雪旅游目的地夏慕尼的各大滑雪场人气依旧不减，与2020年冬季相比，滑雪教练、雪场引导员、滑雪场安全员、配套设施服务员等季节性非正规就业人员的数量大幅上涨。为最大限度地保障滑雪季节性的非正规就业，法国政府针对旅游、文化及体育等行业的季节性非正规就业提出，只要雇佣季节性工人的企业经营效益低于预期水平，即可适用"部分失业"机制，申请政府资金补偿[3]，支付季节性工人的大部分薪酬。对社会整体而言，这些措施有效降低了不可抗力因素导致的由阶段性失业和摩擦性失业转变为结构性失业的发生率，保障了体育产业内灵活就业劳动力的权益。

---

[1] European fact sheet:latest statistics for the european sport and physical activity labour market[EB/OL].[2024-08-21]. https://www.eose.org/wp-content/uploads/2024/04/European_Fact_Sheet_2023-Data-2022-Mag.pdf.
[2] 汪怿.新时代人才强国战略：格局、变局、布局[J].南京社会科学，2021(12):2.
[3] 刘玲玲.法国积极推动灵活就业[EB/OL].(2022-03-21)[2023-12-18].http://world.people.com.cn/n1/2022/0321/c1002-32379362.html.

五、扩充运动项目产业等社会需求旺盛的体育产业就业模块

运动项目既是体育的形式，又是体育的内容。运动项目产业是体育产业的本体产业，几乎所有体育产业的发达国家和地区都有其特色的运动项目产业体系，且围绕其运动项目链，形成了具有极强生命力的就业链。[1]

以美国为例，2019年户外运动项目产业总产值约4.59亿美元，占国内生产总值的2.10%[2]，提供就业岗位约520万个，占总就业人数的2.50%，薪资总额达2.26亿美元，占国家总薪资的2%。从具体运动项目看，2016—2021年，露营、赛车、滑雪、高尔夫、瑜伽等运动项目产业吸纳就业的人数不断上升，美国调研机构宜必思世界（IBIS World）预测，2026年赛车项目企业吸纳就业人数将以2.90%的年增长率增长至27万人；滑雪行业吸纳就业人数将以4.03%的年增长率增长至7万余人；瑜伽行业将继续向东南部和五大湖地区等相对未开发的市场进行拓展，预计到2026年将以3.30%的年增长率增长至4890家公司，将以每年2.30%的增长率增长至4.6万人。运动项目产业已经成为发达国家吸纳就业的中坚力量，在发挥体育产业的就业效应方面作出了突出贡献。

此外，各发达国家依据其经济、文化及受众等条件，发展了各具特色的运动项目产业，对于充分发挥运动项目产业的就业带动效应具有重要作用。据统计，2020年，日本高尔夫球场工作员工数量达到最高值，员工总数约为9.36万人；赛马运动项目每年对欧洲直接经济贡献约120亿欧元，提供就业岗位约5.50万个。2019年，英国赛马运动项目产业总产值约为34.50亿英镑，创造税收约3亿英镑，提供就业岗位约1.74万个，成为英国第二大运动项目。同时，诸多国家以运动项目产业链为纽带，推动在具体就业链条上的就业配套。例如，在高尔夫项目产业中，国外将高尔夫运动过程中的相关消费环节，如休闲、赛事、经纪、交通、购物、餐饮、住宿等联结

---

[1] 殷子骏,刘东升,史曙生.运动项目产业创新发展的理论意涵、动力机制与推进策略[J].体育学研究，2023,37(2):96-105.

[2] Outdoor Recreation Satellite Account，U.S. and States，2019[EB/OL].(2020-11-10)[2024-08-21]. https://www.bea.gov/sites/default/files/2020-11/orsa1120_0.pdf.

在一起,围绕管理运营、技术创新、产品研发、销路拓展、服务升级等各个环节,形成高尔夫产业就业生态上游、中游、下游体系,构成精细化的就业链条。(图3-2)

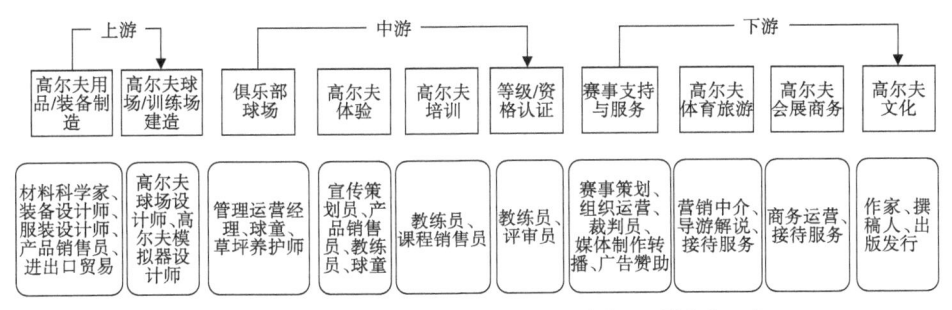

上游		中游				下游			
高尔夫用品/装备制造	高尔夫球场/训练场建造	俱乐部球场	高尔夫体验	高尔夫培训	等级/资质格认证	赛事支持与服务	高尔夫体育旅游	高尔夫会展商务	高尔夫文化
材料科学家、装备设计师、服装设计师、产品销售师、进出口贸易	高尔夫球场设计师、高尔夫模拟器设计师	管理运营经理、球童、草坪养护师	宣传策划员、产品销售员、教练员、球童	教练员、课程销售员	教练员、评审员	赛事策划、组织运营、裁判员、媒体制作转播、广告赞助	营销中介、导游解说、接待服务	商务运营、接待服务	作家、撰稿人、出版发行

图3-2 高尔夫产业就业生态上游、中游、下游体系及其就业需求

六、前瞻性预测和布局引导新兴体育就业市场的就业升级

随着科学技术的快速发展和体育生产要素市场化程度的不断提高,体育市场形态和市场体系更加丰富,相应的劳动力就业需求也日益多元化。发达国家政府通过对体育就业市场进行前瞻性预测和布局,出台多项引导和扶持政策,不断提升体育产业人力资本水平,持续加强对体育就业市场的指导。

国外高度重视对未来体育产业就业需求进行的预测,推动体育产业就业工作科学有效开展。美国劳工部根据体育市场发展趋势和就业现状,建立了体育职业分类的动态调整机制。美国医改不断推进,新的微创技术的进步以及对高肥胖率的日益关注,将进一步激发人们对运动医学服务的需求。2019年,美国劳工统计局的数据分析显示,当前对运动理疗师的总需求约在26万人,经模型预测大约存在3.4万人的劳动力短缺。除此之外,不同国家、不同层级、不同机构的专业人员对体育产业的不同领域、不同类别的就业需求数量、结构等均开展了预测。(表3-6)例如,美国调研机构IBIS World合理预测了体育产业目标年份的人均产值、就业数量需求等,预见性地进行了劳动力市场状况和变化信息的统计与分析,明确了诸多运动项目的就业缺口和职业岗位紧缺问题,为劳动力流向体育产业发展体系紧缺部分提供了指导,这些预测在体育产业就业中具有基础性、先导性和全局性作用。

表3-6 部分国家对体育产业就业需求预测统计一览表

国家	主体	单位性质	涉及行业	研究内容
美国	太平洋十二校联盟	体育组织	露营、垂钓等户外运动	就业数量、人才缺口、薪酬、行业机构数量、增长率、利润率、企业规模;产业链
	美国调研机构	商业咨询机构	体育康复、运动医学;体育经纪人等;运动场馆设计、建造等;瑜伽、赛车、户外、搏击、高尔夫、滑雪等运动项目	体育康复劳动者数量、未来行业人才缺口、未来行业人才发展趋势、行业薪酬、行业企业数量、利润率、IVA影响、行业发展趋势、行业竞争者
加拿大	加拿大调研机构	商业咨询机构	健身房、健身工作室	健身行业劳动者数量、薪资、未来行业人才数量、薪酬预测、行业企业数量、利润率等
英国	英国赛马管理局	单项体育运动协会	赛马、赛狗	赛马产业劳动者数量、薪酬、培训情况
德国	德国联邦经济事务和能源部	政府机构	体育产业	体育制造业、体育服务业等业态劳动者数量、附加值等信息
日本	笹川体育财团	企业	高尔夫球场、健身俱乐部等体育运动项目	高尔夫、篮球等运动项目劳动者数量、薪酬、培训情况

数据来源:相应国家的各机构网站。

发达国家同样注重对体育产业新兴就业市场进行布局。如韩国文化体育观光部2016年发布的《沟通与共感的游戏文化振兴计划》和2020年发布的《振兴游戏产业综合计划》,开展以扩散游戏文化、挖掘游戏价值、构筑合作型游戏预防体系为宗旨的"游戏Literacy培训"[①]。以影响游戏行业的人力资本增量为基础,向游戏产业布局劳动力,吸引人才流入游戏产业,2019年游戏行业创造了约8.7万个工作岗位。研究显示,2022年全球体育人工智能市场规模约为22亿美元,预计2032年将达到297亿美元,2023—2032年的年均复合增长率约为30.1%。针对这一趋势,一些知名体育企业不断探索相关人员的培养与开发途径,加大对体育人工智能市场的人才关注力度,提供大量的体育人工智能解决方案,以期在市场上占得先机。

---

① 朴京花.基于文化资本理论的文化产业人才培养:对韩国经验的借鉴[J].山东大学学报(哲学社会科学版),2019(6):61.

七、以多元化的体育产业人才培养模式助力体育产业发展的就业效应发挥

国外体育产业的发展水平决定了其对劳动力的需求旺盛程度,特别是对掌握体育产业知识、了解体育产业内涵等相关人才的强烈需求。政府、企业、院校、协会、人才本身等多个主体参与,共同围绕体育产业就业和人才发展这个大系统运作。各主体之间没有主次之分,而是相互关联和相互依赖,并根据体育产业人才的不同阶段、不同需要,而具有不同的功能。

政府一般运用其核心优势(如组织能力、制定政策的能力)来维持和促进体育产业人才的发展,并对国家体育产业就业环境的发展状况进行追踪和分析,进而调整相关政策,促进体育产业人才的可持续健康发展。市场主体既是人才的需求主体和就业的主要角色,也是人才服务与发展的核心载体,国外众多企业都十分注重对体育产业人力资本的开发和利用。

院校作为体育产业人才培养的起点,通过科学定位专业特色、优化人才培养方案、强化师资队伍建设等举措,为体育产业就业提供合格人才储备;社会组织作为中介组织,参与体育产业人才培养,以体育行业发展需求引领政府与院校建立长效对话机制。各主体之间没有明确的边界,形成多主体相互支撑的工作架构,市场机制贯穿其中,推动体育产业人才要素联结从直线模式逐步变成网络模式,打破人才资源分布的条块分割状态,搭建体育产业人才培育的多元模式与平台,促进多元主体互利共赢。在长期的培养实践中,形成的企业—院校—人才、政府—社会组织—人才、政府—社会组织—院校、社会组织—院校—人才等不同运作模式,在一定程度上提升了人才培养的适用性,提高了就业市场的供需匹配效率。(图3-3)

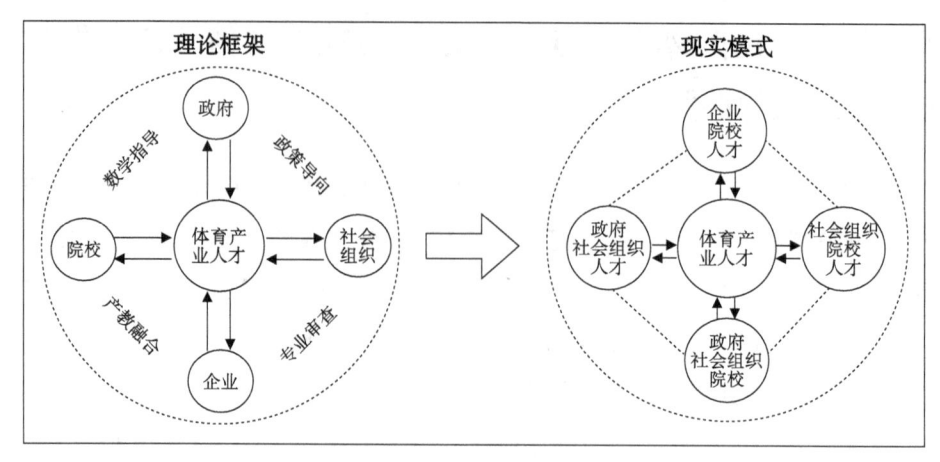

图3-3 国外体育产业人才开发理论框架和现实模式

企业—院校—人才。体育产业发达国家通过发挥高等教育和职业教育的双重作用,将企业融入体育产业人才培养过程,有效提升了人力资本对于体育产业就业的适配性。例如,美国将院校助教和企业实践均作为衡量体育管理实践能力的基本标准,并以学分形式硬性规定了实践能力要求,大幅度提升了学生的体育实践能力。[①]

政府—社会组织—人才。国外部分国家政府与社会组织在体育产业人才培养战略、决策和制度等方面形成目标一致性,达成双主体资源深度融合,从而提升人才培养效用。如英国低地步行和探险人才培养体系是由英国教育与就业部和体育资格证认证机构联合制定的,涵盖劳动者技能框架、教学标准与考试大纲,形成政策与专业融合、协同作战的模式。

政府—社会组织—院校。社会组织推动体育产业人才培养由"点—点"单向诉求转向"面—面"多元共生,将合作内涵拓展为包括专业建设、人才培养、师资队伍培养、文化融合以及体育人才规范等在内的全局性、系统性的深度合作。例如,德国奥林匹克体育联盟设计发布"双元制"户外人才具体培养内容与执行方案,体育院校和企业联合执行方案,为山地户外产业输出适应企业需求的人才。[②]

---

① 周良君,陈小英,梁少霞.美国、德国与我国部分高校体育经济专业本科人才培养方案的比较[J].广州体育学院学报,2008,28(6):110-114.

② 张毅荣.综述:德国"双元制"职业教育让学习和实践紧密结合[EB/OL].(2021-04-23)[2023-12-18]. http://world.people.com.cn/n1/2021/0423/c1002-32086020.html.

社会组织—院校—人才。社会组织与院校两主体在体育产业人才培养体系搭建形成联动,形成权利的统一与让渡。在社会组织与院校协同育人的机制下,院校培养人才呈现"统一标准下的独特性"的特征。例如,全美运动与体育协会和北美体育管理协会合作,成立体育管理学培养方案修订工作委员会,此委员会通过制定、发布体育管理专业标准和审查协议,解决高校体育管理专业课程设置混乱,培养体系脱离市场的现状。[①]

[①] 尚宏明,刘慧青.美国体育管理学培养方案的解读及启示[J].首都体育学院学报,2013,25(2):134-135.

第四章

机制构建：我国体育产业发展促进就业的机制路径与潜力分析

伴随着经济社会的发展,我国体育产业呈现出快速增长态势,尤其是自国务院印发《关于加快发展体育产业促进体育消费的若干意见》以来,体育产业规模屡创新高,在国民经济中的地位逐渐提升,成为国民经济新支柱性产业的潜力日益显现,高质量发展成果显著,产业发展效益不断提升。相应的,体育产业的吸纳就业规模快速增长,就业结构得到进一步优化,新就业形态不断涌现。

对体育产业发展促进就业的机制与潜力进行梳理和分析,是分析体育产业发展促进就业效应的基础,具有重要的现实意义和长远意义。从现实角度来看,2019年体育产业吸纳就业人数达689.67万人,在全国就业人数总量的占比接近1%,体育产业的快速发展为就业市场提供了大量的岗位,但在体育学界缺少相对完整、合乎逻辑的内在机理分析,体育产业发展对就业影响的传导路径还不甚明了。从长远角度来看,《"十四五"体育发展规划》提出,到2025年我国体育产业从业人员将超过800万人,按照这一目标,我国体育产业就业市场预计年均增幅需要保持在10%左右。未来,体育产业将继续保持稳步增长的态势,必将在实现更高质量和更充分就业方面发挥更加积极的作用。进入新时代,为了更好地发挥体育产业在促进就业方面的独特作用,有必要对体育产业发展促进就业的机制进行讨论,对体育就业潜力进行研判,系统刻画体育产业发展促进就业的现实与未来。

第一节 我国体育产业发展促进就业的机制路径讨论

为了更好地理解体育产业发展促进就业的效应,既要从数量和结构层面考虑体育产业发展对就业的影响,也要从职业类型等就业形态层面探讨体育产业领域就业的新变化。因此,构建一个内容完整、逻辑清晰的理论分析框架,有利于从不同层面理解体育产业发展影响劳动力就业的复杂运行方式。

以体育产业发展的本质和实践为依据,搭建我国体育产业发展促进就业的机制分析框架。总的来说,机制分析框架由整体到部分、由数量到质量、由现象到本质对体育产业发展促进就业的内在机理进行逻辑解构,从基础层、机理层和结果层

3个层级展示体育产业发展对就业规模、就业结构和就业形态3个方面的多维效应及机制传导路径。(图4-1)

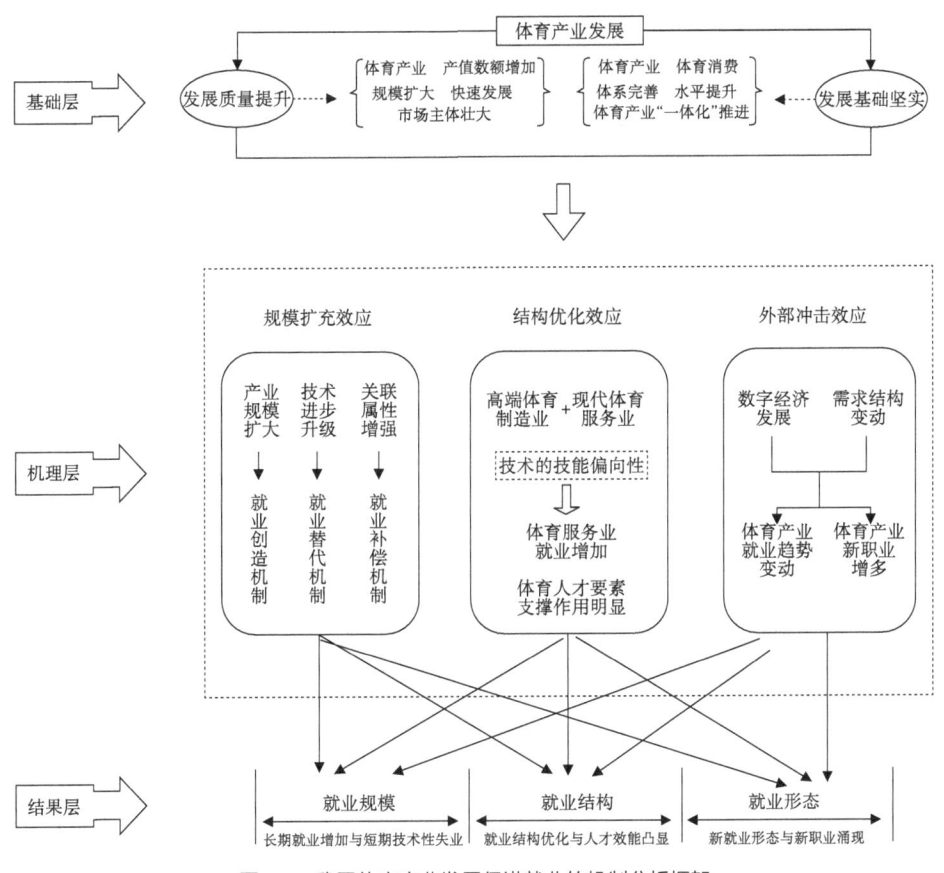

图4-1 我国体育产业发展促进就业的机制分析框架

一、基础层：体育产业发展质量与发展基础

一般来说，产业发展的特征主要包括产业结构的演进规律、产业生产组织的演变规律和产业发展的成本优化规律3个层次。而对于体育产业来说，其产业发展也主要包含3个层次：一是产业规模的扩大化，即体育产业规模的扩大和产值数额的增加；二是产业结构的高级化，即体育服务业逐渐成为推动体育产业发展的主导力量；三是产业价值的高端化，即体育产业价值创造能力的显著提升，市场主体占据全球体育产业价值链中的高端环节，以及体育产业劳动生产力、技术效率的提高。

此外，体育产业发展过程并非严格遵循产业发展的演进规律，还会受体系建设、布局分布、消费需求、战略引导等外部发展基础的影响，发展基础的变动也会在一定程度上影响体育产业发展的方向与进程。

二、机理层：规模扩充效应、结构优化效应与外部冲击效应

部分学者在研究后认为，体育产业发展对就业的促进效应包含3条路径，具体如下。

第一，规模扩充效应。体育产业发展最直观的体现就是产业规模的扩大和产值数额的增加。2015—2022年，我国体育产业总产出从17107亿元增长到33008亿元，增长了约92.95%。而产业规模的变化通过劳动就业弹性影响着劳动力需求数量。如前文所述，我国体育产业就业弹性始终为正值，体育产业规模的扩大带动了其就业吸纳能力的提升。但在古典经济学、新古典经济学以及马克思主义经济学等流派中，关于产业发展与就业的一般观点却认为，产业发展所蕴含的业态更迭换代、技术进步升级，相应地带来生产率提高、旧岗位淘汰等现象，这在一定程度上减少就业需求，对劳动力就业产生"结构性"就业替代机制。因此，从数量角度来说，一方面，体育产业发展对劳动力就业所产生的就业创造机制和就业替代机制，会从"正负"不同方向对就业规模产生双重影响。另一方面，体育产业链上游、中游、下游比较复杂，与旅游、文化、健康等产业关联密切，能够在产品生产和服务消费等方面与多个产业部门产生联系。[①]产业规模扩大会使体育产业与其他产业的关联属性增强且复杂，特别是随着"体育一体化"战略的深入推进，资源要素流动壁垒逐渐被打破，这势必会带来体育产业内部业态更新及新兴行业的兴起，从而对劳动力就业产生就业补偿机制。

第二，结构优化效应。体育产业发展加快了各生产要素在不同部门之间的调配，推动了产业结构升级，而产业结构变动直接影响了就业结构变动。一方面，在体育产业结构高级化的过程中，即体育产业由低级部门向高级部门过渡，体育服务业快速发展并在体育产业中占据主导地位的过程中，体育服务业就业效能将得到

---

① 刘芳枝,陈洪平,潘磊.高质量发展背景下我国体育产业的关联效应与关联动力研究：基于投入产出数据的实证分析[J].武汉体育学院学报,2021,55(8):58.

有效释放,体育领域就业重心也必将转移到体育服务业上。事实上,我国体育产业就业结构的实际变动状况也证明了此规律。另一方面,在建设现代体育产业体系的过程中,无论是体育制造业,还是体育服务业,都需要通过现代先进技术往高端化、价值链效率化方向跃升。[1]在技术的技能偏向性影响下,拥有高技能的体育制造人才、体育赛事运营人才、数字体育人才等愈加成为影响体育产业发展的重要创新要素,成为产业就业的核心要素,从而使得人才支撑作用更加凸显。但在此过程中,也会出现一系列结构性矛盾,影响体育产业就业吸纳能力的整体水平。例如,由于体育产业需求结构调整快于体育产业就业结构调整,劳动力技能结构与市场需求不匹配的现象会愈加严重。若体育产业劳动者所掌握的专业技能不能满足产业转型升级需求,会使得人才要素支撑效用无法得到充分发挥,造成一定程度上的人力资源浪费,体育产业劳动力市场整合的积极效应也会大打折扣,这通常也是产业结构升级过程中必然相伴的就业结构性问题。值得注意的是,这种矛盾本质上是人才供给与就业需求衔接不畅、不匹配所造成的。对于这一问题,有关部门所推广的企业援助、相关政策、法律保障等制度化手段将起到显著作用。[2]因此,应充分发挥政府在解决体育产业转型与就业结构性矛盾过程中的调控作用。

第三,外部冲击效应。当下,我国体育产业发展正处于重要战略机遇期,发展环境面临着新变化,新的生活理念、消费模式、技术应用、传播方式的形成以及乡村振兴、新型城镇化、区域一体化等战略的实施,将深刻影响我国体育产业发展的范式,进而引发体育领域就业形态的变化。目前,我国数字经济发展正迈向全面扩展期,体育产业与数字经济的深度融合将催生新业态、新模式,体育产业发展动能不断增强,也对我国体育产业就业领域产生了重要影响,带来了一系列新变化、新矛盾。此外,社会消费需求是一切生产活动得到有效循环的重要一环,从根本上决定了产业发展以及产业结构优化的方向。[3]现阶段,我国消费结构、需求结构及发展趋势的变化,既保证了体育产业发展规模、就业空间的不断扩充,也推动了体育产品与服务向个性化、差异化及品质化发展,产生了一系列符合消费结构变化要求的体育产业新职业。

---

[1] 康露,黄晓灵,黄海燕,等.新质生产力赋能现代体育产业体系构建的理论逻辑与实现路径[J].体育学研究,2024,38(3):64-73.
[2] 孙秋枫,唐庆会.欧洲资源型城市发展中的政府作用及启示[J].经济纵横,2007(11):54.
[3] 徐瑾,潘俊宇.产业结构优化视角下的人口老龄化与我国经济增长[J].经济问题,2020(9):62.

三、结果层：就业规模、就业结构与就业形态

从结果来看，体育产业发展对就业的影响主要包含就业规模、就业结构和就业形态3个层面。

第一，体育产业发展对就业规模的影响本质上是就业需求的变化，主要表现为就业需求减少的替代效应和就业需求增加的创造效应。体育产业发展是带动就业规模扩大，还是造成就业规模缩小，需要从时间层面权衡判断体育产业发展对产业内部劳动力的配置以及就业分布的动态影响。从相关实践与现有理论推演来看，体育产业发展与就业增长之间可能存在着长期均衡和短期非均衡的关系。

第二，体育产业发展对就业结构的影响本质上是就业结构匹配的变化，主要表现为就业产业的差异和就业技能的差异。从就业产业的差异来看，我国体育产业结构面临体育服务业比重上升、体育制造业比重下降的变动，就业结构与产业结构呈现出明显的同向发展趋势，体育服务业逐渐成为吸纳劳动力就业的"主渠道"。此外，体育产业结构与体育就业结构的变化实际上是一个互动的过程。从产业经济学和劳动经济学的理论中可以看出，产业结构和就业结构互为因果，即产业结构变动会导致劳动力在产业间的重新分配，就业结构变动会通过改变需求结构进而引发产业结构调整。[①]在体育产业中同样遵循此互动逻辑：体育产业结构的变动引起劳动力投入的重新配置，从而牵动体育就业结构发生转变；体育就业结构的变动引起体育产业需求结构的变动，从而推动体育产业结构发生转变。同时，体育产业结构的变化不仅影响体育就业结构的变化，由于不同部门对劳动力的就业吸纳能力不同，体育产业结构调整也会影响体育产业吸纳劳动力就业的总量。从就业技能的差异来看，体育产业发展的主要特征之一是价值链向高端跃升，以高技能劳动者为代表的体育产业人才需求会快速增加，对低技能劳动者的需求减少，造成就业技能差异，因此，人才成为实现体育产业发展与就业良性循环的关键。

第三，外部冲击等对体育产业发展的影响，会进一步扩大对就业形态的影响，其本质是体育产业新就业形态与新职业的涌现。数字经济和平台经济的发展催生了灵活的新就业形态，创造了弹性的工作环境和高效的求职环境，从而又对就业规

---

① 刘志东,李钦,荆中博,等.高铁开通与制造业就业结构[J].管理评论,2024,36(4):2.

模、就业结构、就业质量、就业形态等多维度产生了新变化、新矛盾。同时,由消费需求新趋势引领的新业态、新模式,是推动体育产业新职业发展壮大的根本动力。我国体育产业新职业数量和规模的不断扩大,得益于体育产业新业态迭出、多业态融合的快速发展,是体育产业发展质量不断提升的表现。

第二节　我国体育产业吸纳就业的潜力分析

从长期来看,体育产业发展是解决体育产业就业创造能力相对较弱、就业结构性矛盾加剧等问题的根本途径。在体育产业发展过程中,由于产业内和产业间存在结构关联,在有些产业增加投入,可直接创造大量的就业机会;在有些产业增加投入,虽然给本产业直接创造的就业机会不多,但它会直接或间接消耗其他产业的产品,引致其他产业或部门的从业人员增加,最终带动整个体育产业的就业增加。

从短期来看,在保持体育产业健康发展的基础上,调整体育产业结构是解决体育产业就业问题的重要途径,通过调整产业结构对体育产业系统内部产业结构进行优化,可以使体育产业内部各行业吸纳的劳动力达到最多。因此,我国体育产业吸纳就业的潜力在很大程度上是由产业结构和就业结构偏离度来决定和体现的。

同时,《体育强国建设纲要》明确提出,到2035年体育产业将更大、更活、更优,成为国民经济支柱性产业。届时体育产业在吸纳就业方面应该会释放更大效能。发达国家的实践经验也表明,体育产业能够在创造就业岗位、优化就业结构、提高就业质量等方面担当更大作为。但若按照现阶段我国体育产业的发展态势,能否在2035年如期达到国民经济支柱性产业所具有就业效应的要求?对这一问题的回答还处于空白状态。因此,应系统探讨我国体育产业吸纳就业的潜力,为扩大我国体育产业的就业效应提供数据参考。

一、基于结构偏离度的我国体育产业吸纳就业的潜力分析

以往研究常采用结构偏离度这一指标来对就业潜力进行分析。[1][2]本书也采用该指标来分析我国体育产业及内部不同业态吸纳就业的潜力。

结构偏离度是指某一产业的就业比重与增加值比重之差。一般来说,结构偏离度与劳动生产率成反比,结构偏离度绝对值越大,说明就业结构与产业结构越不平衡,产业结构的效益越低。当结构偏离度大于零(正偏离)时,表明该产业的就业比重大于增加值比重,意味着该产业的劳动生产率较低,存在劳动力转出的可能。反之,当结构偏离度小于零(负偏离)时则意味着该产业的劳动生产率较高,存在劳动力转入的可能。设置下式为计算我国体育产业的结构偏离度公式。

$$\beta = E_m/E - G_m/G$$

公式中,β为结构偏离度,E_m为我国体育产业吸纳就业的人数,E为我国总就业人数,G_m为我国体育产业增加值,G为我国国内生产总值。当$\beta>0$时,意味着该产业的就业比重大于该产业的增加值比重,该产业对劳动力可能存在挤出效应;当$\beta<0$时,意味着该产业的就业比重小于该产业的增加值比重,该产业对劳动力具有"吸引"效应。2015—2020年我国体育产业结构偏离度的计算结果如表4-1所示。

表4-1 2015—2020年我国体育产业结构偏离度

年份	体育产业吸纳就业人数/万人	总就业人数/万人	体育产业增加值/亿元	国内生产总值/亿元	体育产业结构偏离度/%
2015	497.7	77451	5494	689052	-0.15
2016	518	76245	6475	743585	-0.19
2017	558.9	76058	7811	820754	-0.22
2018	660.8	75782	10078	919281	-0.22
2019	689.7	75447	11248	986515	-0.23
2020	641.9	75064	10735	1013567	-0.20

从表4-1中的数据可知:2015—2020年我国体育产业为负偏离状态,表明体育产业的劳动生产率较高,吸纳就业的能力较强,劳动力流入的可能性较大,具有较

---

[1] 车放,刘昊.城市生产性服务业就业效应及其影响因素分析[J].统计与决策,2019,35(10):145.
[2] 朱相宇,乔小勇.北京第三产业就业潜力与调整升级:基于产业结构偏离度的国际比较与分析[J].经济体制改革,2014(2):64.

大的就业增长空间。从系数的变化趋势来看,2015—2020年我国体育产业结构偏离度整体呈扩大趋势(图4-2),表明体育产业就业空间的增长速度正逐渐加快,吸纳就业的能力逐渐增强,仍然具有一定的就业增长潜力。

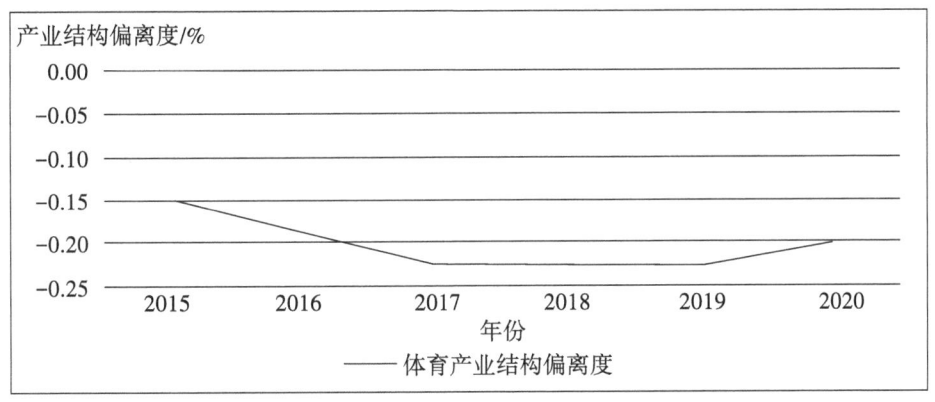

图4-2 2015—2020年我国体育产业结构偏离度变化图

进一步代入结构偏离度公式,计算出我国体育产业内部体育服务业和体育制造业的结构偏离度,计算结果如表4-2、表4-3所示。

表4-2 2015—2020年我国体育服务业结构偏离度

年份	体育服务业吸纳就业人数/万人	总就业人数/万人	体育服务业增加值/亿元	国内生产总值/亿元	体育服务业结构偏离度/%
2015	218	77451	2704	689052	−0.11
2016	257	76245	3561	743585	−0.14
2017	292	76058	4449	820754	−0.16
2018	411	75782	6529	919281	−0.17
2019	463	75447	7615	986515	−0.16
2020	414	75064	7374	1013567	−0.18

表4-3 2015—2020年我国体育制造业结构偏离度

年份	体育制造业吸纳就业人数/万人	总就业人数/万人	体育制造业增加值/亿元	国内生产总值/亿元	体育制造业结构偏离度/%
2015	280	77451	2790	689052	−0.04
2016	261	76245	2914	743585	−0.05
2017	267	76058	3362	820754	−0.06
2018	250	75782	3549	919281	−0.06
2019	226	75447	3633	986515	−0.07
2020	228	75064	3361	1013567	−0.03

由表4-2、4-3中数据可知，2015—2020年我国体育服务业与体育制造业为负偏离状态，表明我国体育服务业与体育制造业在此期间吸引劳动力进入的可能性较大，就业吸纳能力较强。从具体系数大小及变化趋势来看，2015—2020年体育服务业数值的绝对值始终大于体育制造业，且差距不断扩大，表明我国体育服务业的就业吸纳能力稳步增强，其就业效应强于体育制造业。体育制造业结构偏离度数值在2015—2020年间不断减小，说明体育制造业的就业吸纳能力的发展速度正在放缓，增长空间正在收窄。（图4-3）

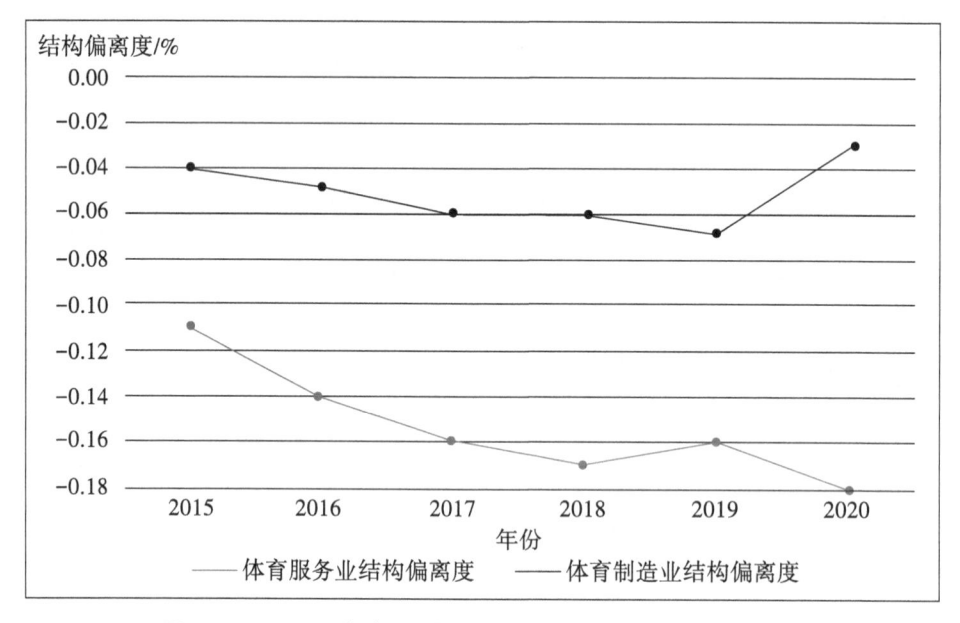

图4-3　2015—2020年我国体育服务业与体育制造业结构偏离度变化图

总体来说，2015—2020年我国体育产业始终处于负偏离状态，对劳动力具有吸引效应，同时也具有较大的就业增长空间，就业吸纳能力不断增强。尤其是体育服务业在此期间就业吸纳能力增强，就业空间较为广阔。而体育制造业作为传统劳动密集型产业，就业人数较多，增长空间有限，且呈现收窄趋势。

二、我国体育产业吸纳就业的潜力预测

为了进一步定量分析我国体育产业吸纳就业的潜力，本书结合2006—2019年我国体育产业吸纳就业的人数、国外发达国家体育产业发展概况等，预估2035年我

国体育产业吸纳就业人数。主要遵循趋势外推预测和潜力预测两种思路,采取曲线回归预测法、指数模型预测法、灰色系统预测法、标杆法等,对2035年我国体育产业吸纳就业人数进行预测,具体结果如下。

方法一:曲线回归预测法,是指在分析自变量和因变量之间的相关关系的基础上,建立变量之间的回归方程,并将回归方程作为预测模型,根据自变量在预测期内数值的变化来预测因变量的数值。

如表4-4所示,二次模型的R^2值为0.985,整体拟合效果较好,具有较强的解释力;P值小于0.001,二次模型拟合具备统计学意义。根据所得参数可以得出如下拟合方程:

$$y=-1.447x+2.201x^2+278.974$$

将预测期数值代入方程,可预测出2035年我国体育产业吸纳就业人数约为2088.10万人,95%置信区间为[1748.98410,2427.21547]。

表4-4 二次模型拟合结果及检验

模型汇总和参数估计值								
方程	模型汇总					参数估计值		
	R^2值	F值	df_1值	df_2值	P值	常数	b_1值	b_2值
二次模型	0.985	362.236	2	11	0.000	278.974	-1.447	2.201

方法二:指数模型预测法,是指利用指数方程对未来就业人数进行测算的方法。若以一定时间间隔为1期计算就业增长,则就业人数与时间的关系为等比增长函数。当计算就业增长的时间间隔无限缩短,而间隔数目无限增多时,即当把就业人数视为不断增长时,就业人数与时间之间可建立起指数方程。

如表4-5所示,指数模型的R^2值为0.974,P值小于0.001,整体拟合效果较好。根据所得参数可以得出如下拟合方程为:

$$y=236.705e^{0.073x}$$

将预测期数值代入方程,可预测出2035年我国体育产业吸纳就业人数约为1957.47万人,95%置信区间为[1607.00163,2384.37980],相较于二次模型预测结果更为接近,指数模型预测结果的置信区间更宽。

表4-5 指数模型拟合结果及检验

模型汇总和参数估计值							
方程	模型汇总					参数估计值	
	R^2值	F值	df_1值	df_2值	P值	常数	b_1值
指数模型	0.974	456.977	1	12	0.000	236.705	0.073

方法三：灰色系统预测法，是指一种对含有不确定因素的系统进行预测的方法。灰色系统预测法通过鉴别系统因素之间发展趋势的相异程度，首先进行关联分析，并对原始数据进行生成处理来寻找系统变动的规律，形成有较强规律性的数据序列，然后建立相应的微分方程模型，最后预测事物未来发展的趋势。该法运用等时距观测到的反映预测对象特征的一系列数量值构造灰色预测模型，预测未来某一时间的特征量，或达到某一特征量的时间。此外，灰色系统预测法是基于"贫信息、小样本"数据类型的预测方法，不仅预测结果较为准确，而且对数据量的要求也不高，目前已广泛应用。

通过对2006—2019年体育产业吸纳就业人数的计算发现，拟用来预测的模拟序列的级比均满足在原始序列（$\frac{-2}{e^{n+1}}, \frac{2}{e^{n+1}}$）的范围内，可用于灰色预测GM(1,1)建模。（图4-4）

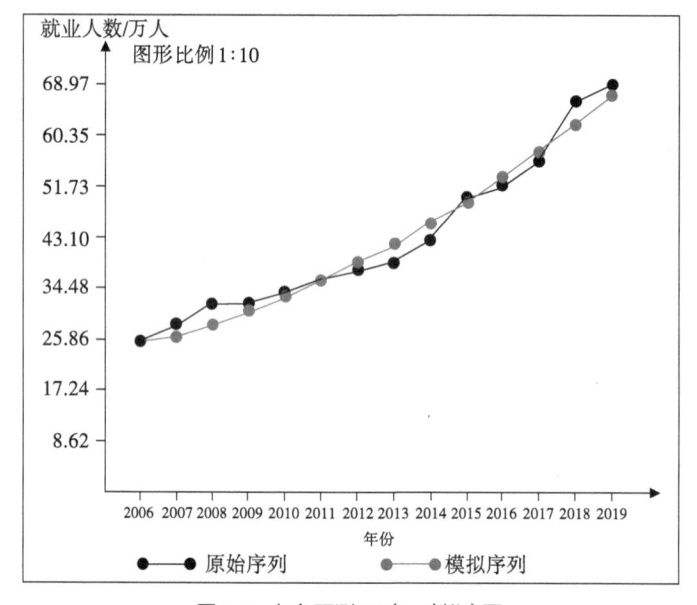

图4-4 灰色预测GM(1,1)拟合图

从图4-4的分析结果来看，发展系数 a 的绝对值为0.078，小于0.300；平均相对误差为4.39%，小于10%，预测精度等级达到一级，可用于中长期预测。将预测值代入可预测出2035年我国体育产业吸纳就业人数约为2356.78万人。

方法四：标杆法。由于知识、技术、科技等未来因素对我国体育产业吸纳就业的影响无法被忽视，因此可以参考其他发达国家的发展经验，做出我国体育产业吸纳就业的潜力预测,即"标杆法"。从劳动生产率的角度,2012年第二次欧洲体育经济价值研究数据显示,按照1∶8的汇率计算,德国体育产业劳动生产率约为47.56万元/人,法国约为54.81万元/人,西班牙约为45.78万元/人;而2019年我国体育产业劳动生产率仅约为16万元/人,但保持着较为稳定的增长态势。到2035年我国体育产业将成为支柱性产业,占GDP比重约为4.0%。英国伦敦大学宏观经济研究中心预测,到2035年我国GDP年均增速约为5.8%,届时我国GDP总量将预计达到35万亿美元,相应体育产业的增加值总量达到98000亿元(汇率按照1∶7计算)。劳动生产率参照上述发达国家的水平,保守估计若以50万元/人的劳动生产率计算,那么到2035年体育产业吸纳就业人数可能达到1960.00万人。

上述4种方法汇总得出我国体育产业吸纳就业人数的预测结果汇总表。(表4-6)

表4-6 我国体育产业吸纳就业人数的预测结果汇总表

预测方法	预测值/万人
曲线回归预测法	2088.10
指数模型预测法	1957.47
灰色系统预测法	2356.78
标杆法	1960.00

在通过上述4种方法得出预测结果后,邀请了5名相关领域的专家,对上述方法开展论证。专家指出:2035年的人数预测,不可控因素较多,增长的转折点难以预测,因此本身难度较大,但是通过目前的预测方法,可以给出一个相对合理的预期目标。专家们比较了各种方法的优势与劣势,最后认为用二次回归和指数模型预测的结果可能更为合理,同时得出,到2035年我国体育产业吸纳就业的人数能达到2000万人的预期目标的结论。

第五章

实证分析：我国体育产业发展的就业效应分析

就业是民生之本、稳定之基、发展之源。中国面临着巨大的就业压力，特别是在国家进入全面提质增效的新阶段，需要依靠更多崛起的新兴产业创造新型就业岗位，缓解就业压力。近年来，我国体育产业正面临着重组与升级，体育产业内部结构调整愈发明显，体育产业的成长释放更多红利，在促进就业和改善民生等方面发挥着重要作用。与此同时，在体育产业发展的过程中，资本有机构成不断优化，部分传统行业如体育制造业不可避免地出现结构性、摩擦性、技术性失业等问题。那么，现阶段中国能否凭借体育产业的发展缓解整体就业压力？体育产业发展和整体就业增长之间是否具有长期的均衡关系？体育产业发展在带来"就业创造"的同时是否存在短期的"就业破坏"效应？这些问题的探究对优化当前和未来一段时间内国家宏观调控政策具有重要意义。

基于此，本章从实证分析角度探究体育产业发展对产业内部劳动力的配置以及就业分布的动态影响，并从"就业创造"和"就业破坏"两个角度揭示体育产业发展的就业效应。从就业弹性的角度分析体育产业不同业态吸纳就业的异质性特征。通过构建向量误差修正模型（VECM），实证分析体育产业发展与就业增长之间可能存在的长期均衡和短期非均衡关系，并进一步探讨体育产业发展对就业的影响机制，为充分释放体育产业发展的就业创造效应、促进体育产业就业增长的动力转换提供理论依据。

第一节　理论溯源

一、产业发展的就业效应研究

近年来，国内学者对产业发展的就业效应进行了大量研究，所得出的结果主要集中在两个方面。一方面，有部分学者认为产业结构与就业结构呈现"同向"发展趋势，即产业结构调整特别是增量结构快速调整对于就业有显著的促进作用。因为根据配第-克拉克定理，产业结构调整通过生产要素从低生产率部门向高生产率部门转移和流动的资源再配置效应加速新兴行业的发展，进而增加行业对劳动力的需求。段炼对我国生产性服务业的内部结构调整所产生的影响进行了计量分析，发现生产性服务业的内部结构具有"自稳定"效应，产业结构的不断优化有助于解决我国的就业问题①；左冰引入嵌套型旅游生产函数发现，我国旅游产业结构升级通过规模扩张和结构变动总体上对就业具有促进作用②；段莉通过对文化产业统计数据分析发现，文化产业的快速发展带来就业人数增长和结构调整，产业结构调整倒逼人才转向③；喻莎莎通过VAR模型检验得出文化产业就业率与产业结构的合理程度存在密切联系，文化产业就业人数的长期增长需要以产业结构的不断优化为依托。④另一方面，也有部分学者证实了产业结构调整会产生就业破坏效应。产业结构的调整会使得部分旧产业部门衰退，同时技术进步会显著提升资本有机构成，使得产业的就业容纳能力下降，产生"技术替代"。⑤田洪川等通过对我国制造业的就业弹性和结构偏离度的变化过程进行分析，认为我国制造业正不断向以技术为导向的高端价值链转变，使得产业结构优化反而导致就业弹性下降，与实际情况中劳动力由第一产业向第二、三产业转移过程中的新增劳动力不断下降是相符的。⑥朱轶等通过引入交互效应模型，发现伴随着产业升级过程，产业结构的剧烈变动所引起的结构性失业会对就业产生显著的负面效应。⑦

另外，还有部分学者从就业弹性和就业结构偏离度的角度展开深入研究。就业弹性是指产业的产值增长所带来的就业量的变化。蔡昉等注意到20世纪90年代虽然中国经历了经济的快速增长，但是并没有带来与之相应的就业的增长⑧；张彬斌等认为服务业的高就业弹性能够有效避免"无就业的增长"⑨，就业结构偏离度能反映产业结构与就业结构的协调程度。景建军研究发现中国就业结构的转换要

---

① 段炼.中国生产性服务业内部结构的经济效应[J].经济管理,2014,36(6):26.
② 左冰.效率提高会吞噬就业吗?旅游产业升级的就业效应研究[J].商业经济与管理,2018(12):87-88.
③ 段莉.我国文化产业就业与人才问题研究[J].华中师范大学学报(人文社会科学版),2017,56(2):83.
④ 喻莎莎.文化产业融合发展下就业拉动效应模型研究[J].商业时代,2014(18):128.
⑤ 夏铭娜,徐开娟,黄海燕.我国体育产业结构升级的就业效应:基于向量误差修正模型的实证分析[J].上海体育学院学报,2020,44(10):76.
⑥ 田洪川,石美遐.制造业产业升级对中国就业数量的影响研究[J].经济评论,2013(5):69.
⑦ 朱轶,熊思敏.技术进步、产业结构变动对我国就业效应的经验研究[J].数量经济技术经济研究,2009,26(5):107.
⑧ 蔡昉,都阳,高文书.就业弹性、自然失业和宏观经济政策:为什么经济增长没有带来显性就业?[J].经济研究,2004(9):18-25.
⑨ 张彬斌,徐运保,夏杰长.新中国70年服务业就业问题研究进程与展望[J].学习与探索,2019(9):123.

滞后于产业结构,其中第三产业发展的协调性最好,吸纳劳动力能力较强,产业结构演变与就业结构转换趋于同步。①

二、体育产业就业效应相关研究

在定性层面,部分学者从驱动因素的角度探讨了体育产业结构的变化对体育产业就业的影响。从内部驱动上分析,人们的消费需求、消费结构不断变化,在很大程度上影响了产业间要素资源的流动方向,推动了产业结构的优化升级和劳动力的资源配置。石岩指出目前居民对健身休闲的需求愈加旺盛,对体育服务产品的数量和质量都有更高的要求,进而不断推动体育产业结构优化,促使体育服务业就业人数持续增长。②从外部动因上分析,夏铭娜等认为在产业结构升级优化的过程中,国家可以通过制定产业政策、实施发展战略来加速特定产业的发展,从而加速产业结构调整和新旧动能转换。③2014年,国家陆续出台了一系列有利于体育服务业发展的产业政策、发展规划,这无疑会极大改善当时的体育产业结构和就业结构,缩短就业结构的演进周期。但同时,也有部分学者认为体育产业的结构升级会产生消极效应。他们指出产业结构的升级实质是要素禀赋的转移,在产业结构升级的过程中会带来新岗位、新就业,同时也会引起一部分技术替代性较强的岗位减少或消失,产生"技术性失业",造成产业结构调整的就业破坏。

在定量层面,部分学者对体育产业就业的研究开展得较晚。倪会忠以2004年全国第一次经济普查数据为依据,测算发现体育产业从业人员规模与住宿和餐饮业相近,高于房地产服务业,对吸纳就业人员的积极作用不可低估。④杨倩依据国家体育总局的相关数据,分别从产业结构的增长速度、产业贡献率以及就业结构等方面将我国体育产业结构与我国总体就业情况做了对比,发现体育制造及建筑业的从业人数占据绝对份额,体育服务业从业人员环比增长速度远大于体育制造及建筑业,体育服务业和体育制造及建筑业的劳动生产效率分别低于我国第二、三产

---

① 景建军.中国产业结构与就业结构的协调性研究[J].经济问题,2016(1):60.
② 石岩.体育产业新政背景下中国体育产业发展的机遇与挑战[J].体育学刊,2014,21(6):17.
③ 夏铭娜,徐开娟,黄海燕.我国体育产业结构升级的就业效应:基于向量误差修正模型的实证分析[J].上海体育学院学报,2020,44(10):76.
④ 倪会忠.扩大内需背景下加快我国体育产业发展的思考[J].北京体育大学学报,2010,33(4):3.

业的平均水平,体育制造及建筑业中已经存在大量的隐形失业。①郭荣娟等对1980—2015年间体育产业结构升级与中国失业率的稳定性进行检验发现,经济发展和体育产业结构调整对就业具有长期影响效应,而且经济发展越是处于高增长阶段,体育产业结构升级带动的国内整体就业效应就越高。②

通过梳理相关文献发现,在文化、旅游、制造业等领域,对产业发展与就业增长的关系已经进行了较为丰富的探讨,为本书提供了一定的思路;同时关于体育产业结构升级对就业的积极影响也形成了一些共识,但目前更深入、更细致的定量研究还不充分,对于产业结构升级的破坏效应也并未进行充分讨论。本书基于上述研究,将产业发展细化为产业结构升级,依据最新的产业就业数据,运用相关就业指标和计量模型,较为系统地讨论了体育产业结构升级影响体育产业就业增长的作用机制,从就业创造、就业破坏、长期均衡、短期影响等方面定量分析了两者的作用方向与机制,并将体育产业的就业效应从宏观总量层面分析推动至中观的结构分析,为进一步释放体育产业的就业潜力提供了理论基础。

第二节 我国体育产业就业吸纳能力探讨

就业弹性是衡量产业对就业带动作用的常用指标。就业弹性,即在一段时期内,就业数量增加率与产业产值增加率的比值。就业弹性为正值且绝对值越大,表明该产业对就业拉动能力越强;就业弹性为负值且绝对值越大,表明该产业对就业存在"挤压效应",劳动力需要重新合理配置。③国内诸多学者已利用就业弹性这一指标对产业吸纳就业的能力进行实证研究,例如,夏建红等运用就业弹性系数分析山东省经济发展对就业的拉动作用,以及不同产业在就业拉动作用上的异质性差异④;景建军选取结构偏离度、就业弹性和比较劳动生产率等指标,作为中国产业结

---

① 杨倩.基于统计数据的我国体育产业结构及其效益分析[J].天津体育学院学报,2012,27(1):28-30.
② 郭荣娟,苏志伟.中国体育产业结构升级影响失业率的机制分析与经验研究[J].中国海洋大学学报(社会科学版),2017(4):56.
③ 夏铭娜,徐开娟,黄海燕.我国体育产业结构升级的就业效应:基于向量误差修正模型的实证分析[J].上海体育学院学报,2020,44(10):76.
④ 夏建红,矫卫红.产业与就业结构演变路径及耦合效应分析:以山东省为例[J].经济问题,2018(10):65.

构和就业结构协调性的重要测度标准①;张车伟等选用就业弹性对"十三五"以及今后更长一段时期中国劳动供求变化展开了预测。②基于此,本书选择就业弹性这一指标,对我国体育产业就业吸纳能力进行探讨,具体公式如下:

$$\varepsilon_i = \frac{\Delta L_i / L_i}{\Delta Y_i / Y_i} \quad (1)$$

其中 L 代表体育制造业及体育服务业就业人数,Y 代表相应年份。

依据2007—2018年体育产业统计数据,得到2007—2018年我国体育制造业和体育服务业就业弹性对比图。(图5-1)

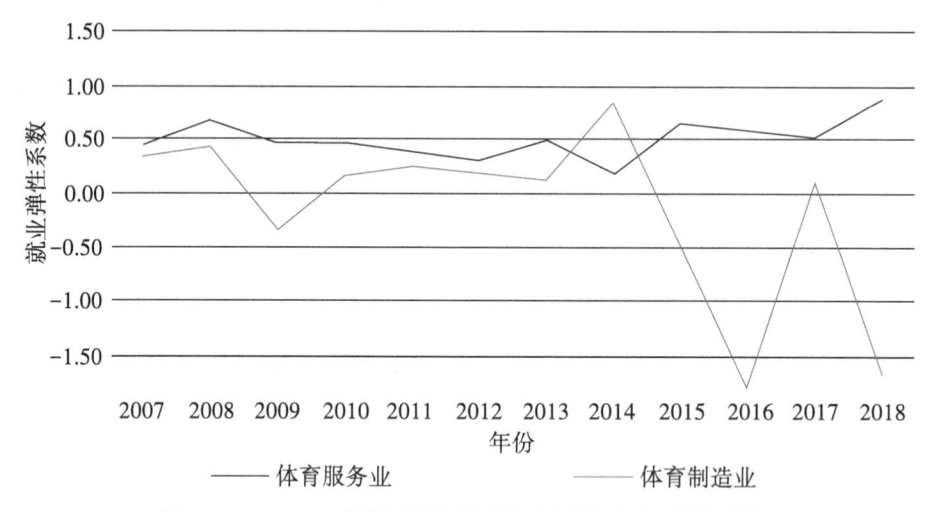

图5-1 2007—2018年我国体育制造业和体育服务业就业弹性对比图

从图5-1可以看出:从行业维度来看,我国体育服务业整体就业弹性要高于体育制造业,并且均为正值。这表明我国体育服务业对就业的拉动作用明显,体现了我国体育服务业目前正处于快速扩张的阶段,具有良好的吸纳就业潜力和增长空间,有利于释放体育产业结构升级的就业创造效应。从时间维度来看,"2008"和"2014"两个时间点值得注意。一是,2008年中国承办了北京奥运会,这种大型国际综合性赛事,关联性强、融合度高、社会参与程度高,刺激了包括体育服务业和体育制造业在内的就业需求,因此能在短期内创造出大量的体育就业岗位。2008年北京奥运会共新建和扩建了涉及102个奥运项目的相关体育场馆,为北京市提供了约

---

① 景建军.中国产业结构与就业结构的协调性研究[J].经济问题,2016(1):60.
② 张车伟,蔡翼飞.中国"十三五"时期劳动供给和需求预测及缺口分析[J].人口研究,2016,40(1):38.

180万个就业岗位。①但是这种体育就业岗位的产生具有明显的短期性和非市场性,更多的是由于举办北京奥运会而下达的行政任务,并不是由居民现实体育需求引致的岗位需求。因此,奥运会结束后,在2009年两类业态的就业弹性均出现明显下降。二是,2014年后,体育服务业的就业弹性整体呈上升趋势,而体育制造业出现了较大程度的浮动。这反映出2014年出台的《关于加快发展体育产业促进体育消费的若干意见》,对于整个体育产业结构以及体育服务业的升级具有促进作用,以"取消群众性赛事审批"为代表的多项具体政策充分释放了体育市场活力,积极调动了社会力量,有效提升了体育服务业的就业吸纳能力,展现出巨大的就业吸纳能力和潜力。与2008年不同的是,随着居民的健康意识和体育参与意识逐渐增强,居民对于体育服务产品和业态的需求日益旺盛,这种对体育产业就业的影响具有持续性。相较而言,体育制造业在2014年之前一直是吸纳体育从业人员的主要产业,但是随着我国体育产业结构的不断优化,就业结构也随之步入了升级轨道,同时体育制造业自身也正处于由以廉价劳动力为优势的价值链低端环节向以技术研发为核心的价值链高端环节的转型,部分技术含量低、标准化程度高的劳动者正逐步被机器人代替,使得产业对就业的吸纳能力减弱甚至出现负面影响。

第三节 模型设定与指标选取

一、模型设定

本书借鉴何景熙和古耀杰等的做法,构建向量自回归模型(VAR)或向量误差修正模型(VECM)来探究产业结构升级和就业人数之间的关系。②向量自回归模型(VAR),是研究多个经济变量之间关系的常用计量经济模型,它将模型中每一个内生变量作为系统中所有内生变量的滞后值的函数,从而将单变量自回归模型拓展至多元时间序列的VAR模型,其数学表达公式如下:

$$y_t = \Phi_1 y_{t-1} + \cdots + \Phi_p y_{t-p} + H x_t + \varepsilon_t \tag{2}$$

---

① 夏铭娜,徐开娟,黄海燕.我国体育产业结构升级的就业效应:基于向量误差修正模型的实证分析[J].上海体育学院学报,2020,44(10):78.

② 何景熙,何懿.产业-就业结构变动与中国城市化发展趋势[J].中国人口·资源与环境,2013,23(6):103.

其中y_t为内生向量，x_t为外生向量，p为滞后阶数，ε_t为随机误差项向量，Φ_p和H是被估计的系数矩阵。通过构建VAR模型，可以考查系统中单个变量是如何通过内在的经济联系对其他变量产生冲击和扰动的。

若VAR模型中所选取的变量并不平稳，但存在显著的协整关系，则可以在公式(2)的基础上通过协整关系构建VECM模型：

$$\Delta y_t = \alpha \text{ECM}_{t-1} + \theta_p \Delta y_{t-1} + \cdots + \theta_p \Delta y_{t-p} + \varepsilon_t \qquad (3)$$

其中ECM_{t-1}是模型的误差修正项，α表示调整参数，衡量变量短期偏离之后回到长期均衡状态的速度与方向。VECM模型既可以考查经济变量之间的长期均衡关系，也可以展现变量之间短期变动的程度，是研究经济变量的常用手段。

二、指标选取与数据说明

具体的指标选取如下。

指标一：体育产业结构高级化指数（JGGJ）。产业结构高级化的本质表现主要有两种：一是结构变迁，主要指规模报酬的差异引起产业间要素的流动，从而导致各细分产业间比例的变化；二是效率提升，主要指由于产业内部技术进步、制度优化、管理水平提升等引致的产业效率提升。本书综合考虑目前数据的可获得性以及体育产业所处的阶段，着重考察第一种情形，即体育产业软化过程对于就业的影响。体育服务业的发展程度往往是判断体育产业结构高级化的重要标志，也代表着体育产业结构变动的主要方向。因此，选取产业结构高级化指数来体现产业结构的升级，具体公式如下：

$$\text{JGGJ} = \frac{L_{3t}}{L_t} \div \frac{L_{2t}}{L_t} = \frac{L_{3t}}{L_{2t}} \qquad (4)$$

其中L_{3t}为体育服务业增加值，L_{2t}为体育制造业增加值。

指标二：体育产业就业人数（JYSL）。该项调查数据的统计仅从2006—2014年，后续没有再进行体育产业就业的专项统计。2016年我国体育产业就业人数440万人也只包括体育产业法人单位的人员，数据可能存在被少估的情况。因此，经过专家论证，本书采用劳动生产率进行就业人数的推算，即根据2006—2014年体育服务业和体育制造业的就业人数数据，计算出劳动生产率的平均增速，并以此推算出

2015—2018年体育服务业和体育制造业的劳动生产率,再依据2015—2018年的体育产业增加值计算出2015—2018年的体育产业就业人数,进而得出2006—2018年我国体育产业增加值。(表5-1、表5-2)

表5-1 2006—2018年我国体育产业就业人数

单位:万人

	年份												
	2006	2007	2008	2009	2010	2011	2012	2013	2014	2015	2016	2017	2018
体育产业	256.30	283.74	317.09	319.13	336.98	360.01	375.62	387.97	425.77	497.72	517.98	558.94	660.83
体育服务业	58.09	66.45	79.61	90.17	99.75	114.22	122.24	129.59	132.28	217.82	257.43	292.19	411.18
体育制造业	195.44	214.00	234.13	224.36	232.09	240.30	248.35	252.78	288.09	278.64	258.91	263.85	245.60

表5-2 2006—2018年我国体育产业增加值

单位:亿元

	年份												
	2006	2007	2008	2009	2010	2011	2012	2013	2014	2015	2016	2017	2018
体育产业	982.89	1265.23	1554.97	1835.93	2220.12	2689.06	3135.95	3563.69	4040.98	5494.40	6474.80	7811.40	10078
体育服务业	244.60	322.50	417.05	534.26	652.71	892.06	1085.11	1215.12	1357.17	2703.60	3560.60	44490	6529
体育制造业	705.12	898.10	1088.31	1224.23	1472.03	1673.03	1920.43	2189.57	2546.99	2755.50	2863.90	3264.60	3399

数据来源:国家体育总局相关数据。

注:表中数据采用基于经济产出与劳动效率关系的间接估算法,推算出体育产业就业人数。因受疫情影响,2020年以后的数据波动性较大,不宜用来做推算的数据依据。

第四节 实证结果与分析

前文从就业弹性的角度,在趋势层面分析了我国体育服务业和体育制造业目前吸纳就业的能力,以及体育产业结构升级可能引致的就业增长。接下来通过选取合理指标、构建经济模型,力图进一步从实证的角度来检验体育产业结构升级的就业效应,具体衡量两者之间的经济关系和作用方向。

一、单位根检验

非平稳的时间序列数据可能会导致"伪回归"现象,因此为了避免出现"伪回归"现象,应对每个指标的数据进行平稳性检验。本书采用单位根检验(ADF)法进行检验,其检验结果见表5-3。

表5-3 单位根检验(ADF)结果

模型	ADF统计量	10%临界值	检验类型(c,t,k)	结果
ln JYSL	-0.928	-3.388	$(c,t,0)$	不平稳
ln JGGJ	0.992	-2.713	$(c,0,0)$	不平稳
dln JYSL	-4.544	-3.460	$(c,t,1)$	平稳
dln JGGJ	-1.833	-1.602	$(0,0,0)$	平稳

注:检验类型(c,t,k)中,c为截距项,t表示含趋势项,k表示滞后阶数。

从上表5-3的检验结果可以看出,经过对数化处理后,ln JYSL、ln JGGJ两个指标原始数据的ADF值均大于10%显著性水平下的临界值,因此两个原始数据序列均为不平稳序列。但是经过一阶差分处理后,dln JYSL、dln JGGJ的ADF值均小于10%的显著性水平下的临界值,为一阶单整的平稳序列,即ln JYSL、ln JGGJ~I(1)。

二、协整检验

由于本书两个变量均为同阶单整,因此变量间可能存在协整关系。为了确保模型中变量之间的长期稳定性和防止"伪回归"现象,有必要对每个变量进行协整检验。检验协整关系的方法主要有时间序列之间的协整检验(E-G 两步法)和 Johansen 协整检验法,相较而言,Johansen 协整检验法不必严格划分内生、外生变量,并且检验功效更加稳定,因此本书选择 Johansen 协整检验法。

根据 VAR 模型的最优滞后期选择准则,选取似然比(LR)、最终预测误差(FPE)、赤池信息量准则(AIC)、施瓦茨信息准则(SIC)和汉南-奎因准则(HQIC)5 个统计量指标来确定最优滞后期。检验结果如表 5-4 所示,在滞后 2 期中有 4 个指标通过了检验,可以确定无约束 VAR 模型的最优滞后期为 2。但因为基于 VAR 模型的协整检验是对无约束 VAR 模型进行协整约束后得到的模型,其滞后期是无约束 VAR 模型一阶差分变量的滞后期,所以协整检验的模型滞后期确定为 1。结果如表 5-5 所示。

表 5-4 最优滞后阶数选择

LAG	LOGL	LR	FPE	AIC	SIC	HQIC
0	9.005000	NA	0.000960	−1.273636	−1.201292	−1.319239
1	28.42867	28.25262*	0.000060	−4.077941	−3.860907	−4.214750
2	34.18707	6.281891	0.000049	−4.397650*	−4.035927*	−4.625666*

注:*表示通过检验。LAG 表示滞后阶数。LOGL 表示对数似然函数值。

表 5-5 Johansen 协整检验结果

原假设	特征值	迹统计量	5%临界值	P 值
不存在协整关系	0.7110	16.3370	12.3200	0.0101
至多有一个	0.2150	2.6710	4.1290	0.1208

从上表 5-3、5-5 的结果可以看出,ln JYSL 和 ln JGGJ 之间存在一个协整方程,具体的标准化协整方程如下:

$$\ln JYSL = 0.788 \ln JGGJ + 6.770 + ECM \quad (5)$$

其中,ECM 为误差修正系数。

从协整方程可以看出,ln JYSL 前的系数为 0.788,表明体育产业就业人数与产业结构升级存在长期均衡关系,并且体育产业高级化指数(JGGJ)每提升 1%,体育产业就业人数(JYSL)会提高 0.788%。从长期来看,体育产业结构的不断优化对就业人数增长产生明显的促进作用,尤其在体育制造业不断调整升级的背景下,近年来体育服务业快速发展,不仅丰富了体育服务产品的供给,而且其辐射效应广、联动程度高的特征,使之成为体育产业吸纳就业的重要力量。随着体育产业结构的不断高级化,其带动的就业效应将不断凸显。

从产业禀赋的差异和产业的生命周期来看,体育产业结构升级能为体育产业就业规模的扩大提供更为持续的动力。目前体育制造业依然属于劳动密集型行业。在发展初期,劳动密集型行业依靠资本节约、从业门槛低的优势吸纳大量劳动力,但是随着体育制造业进入成熟期、转型期,一部分重复性工作被机器所替代,同时设计、研发、品牌营销等岗位有更高的从业门槛,导致结构性失业的发生。体育服务业相较于体育制造业而言,目前正处于产业发展的成长期。一方面,产业体系尚未健全,给予体育服务业从业人员的基本待遇和就业保障亟须提升;另一方面,既懂管理又懂体育的复合型经营人才非常匮乏,使得前期体育服务业对于体育产业就业的带动作用并不突出。但是体育服务业相较于体育制造业而言,拥有更高、更持续的就业创造力。随着体育服务业不断发展与完善,相关院校体育专业人才与社会对接越来越紧密,未来将具有更大的就业空间,体育产业结构升级的就业效应将会得到有效释放,体现出一种长期均衡的联系。

三、向量误差修正模型

协整关系反映了体育产业就业与体育产业结构升级之间的长期稳定关系,但无法捕捉两个变量间的短期影响。为了反映我国体育产业结构升级对体育产业就业数量的短期影响以及偏离后的修正机制,在前文协整关系的基础上,得到向量误差修正模型公式如下:

$$\Delta \ln JYSL = -0.187 ECM_{t-1} + 0.453 \Delta \ln JYSL_{t-1} - 0.247 \Delta \ln JGGJ_{t-1} \quad (6)$$
$$(0.05173) \qquad\qquad (0.27877) \qquad\qquad (0.08750)$$

注:括号内为标准误。

从公式(6)中可以看出,体育产业结构高级化指数(JGGJ)滞后一期的系数显著为负,表明体育产业结构升级对体育产业就业人数存在短期的负面影响。误差修正系数(ECM)显著为负,符合反向修正机制,表明当体育产业结构升级与就业人数存在短期非均衡关系时,误差修正项将以18.70%的速度将其拉回到均衡状态,但自我修正的速度并不快,这体现出体育产业结构升级在短期内存在"就业破坏效应"。体育产业结构不断高级化,在不断创造新岗位、吸纳就业的同时,也会因技术进步和产业升级而产生结构性失业,从而产生就业损害。

第五节 机制讨论

根据上文的实证结果,体育产业结构升级与就业人数之间既具有长期的均衡关系,也具备短期的破坏效应。本书依据目前我国体育产业结构升级的主要形势,结合目前产业发展的重点领域,进一步分析这两种效应的具体表现和未来潜力。

一、长期均衡:释放体育产业结构升级的"就业创造"

目前,我国体育产业结构升级的核心指标是体育服务业增加值的比重,其中体育用品及相关产品销售、出租与贸易代理依然占据主要份额,而体育健身休闲活动、体育竞赛表演活动等核心产业的规模依然较小,这也是造成目前体育产业就业的数量和结构相较于产业结构升级滞后的主要原因。体育产业结构升级的本质是产业内体育资源要素的合理流动和再分配,而体育用品及相关产品销售、出租与贸易代理这一业态的就业空间已经逐步趋于饱和,要想达到体育产业结构升级与就业数量的长期均衡,必须依靠体育服务本质特征更为明显的产业,通过产业规模的不断扩大,新需求、新岗位的不断产生,来充分释放产业结构升级的就业创造效应。

从影响路径的角度来看,体育产业结构升级对于体育产业就业具有直接和间接的长期影响。在直接效应方面,应充分发挥运动项目、竞赛表演活动等重点产业的直接带动作用。运动项目产业作为体育产业的核心产业,产业链长、联动效应强、融合度高,是体育产业结构优化的主要驱动力,也是目前以及未来一段时间吸纳就业的重要抓手。以水上运动项目为例,截至2018年底,我国潜水俱乐部数量达到400家,总从业人数约为2万人。此外,2018年,我国有马术俱乐部1802家,俱乐部从业人员平均35人,全国马术项目产业从业人员共约6万人。但和发达国家相比,我国运动项目产业依然存在较大的人才缺口。美国户外产业协会发布的《2017年户外休闲经济报告》显示,美国户外运动项目产业直接提供757万个就业岗位,露营、徒步及攀岩、水上运动3个项目提供的就业人数约占58.68%,即使这些就业人数中同时包含其他产业的就业人数,也足以说明国外运动项目就业对于整个体育产业就业具有支撑作用。(表5-6)因此,我国在进一步推进体育产业结构升级的过程中,要着力培育运动项目产业,围绕核心项目不断完善就业链,充分释放结构升级的就业带动效应。

表5-6 2017年美国户外运动项目就业和经济贡献情况

户外运动项目	总消费/亿美元	就业/万人	总收入/亿美元
露营	1668.6	144.3	506.8
垂钓	357.8	28.8	104.0
狩猎	273.8	19.5	74.2
摩托车骑行	641.6	48.0	183.7
汽车越野	515.2	38.6	155.0
冰雪运动	727.2	69.5	241.9
徒步及攀岩	2014.9	176.3	607.2
水上运动	1399.7	123.5	438.9
野外生存	30.2	23.5	82.1
自行车骑行	967.2	84.8	285.4
总计	8596.2	756.8	2679.2

数据来源:美国户外产业协会。

首先,应大力发展体育竞赛表演活动,延长体育赛事产业链。在体育产业结构升级的过程中,体育竞赛表演活动的成熟程度是判断体育产业的重要标志。体育赛事具有极强的外部性,涉及的部门多、社会参与性高,能有效串联体育场馆、体育传媒、体育中介、体育表演、体育会展等多个产业业态,形成完善的赛事产业链和就业链。我国目前虽赛事种类、赛事数量急速上升,但赛事质量、专业性、联动效应与国外相比依然存在一定差距。美国仅"场馆内体育表演类"就业岗位这一项在2010—2014年的增幅就超过30%,已成为赛事产业链中的重要就业来源。[1]因此,若要实现体育产业结构升级与产业就业的长期均衡,打造赛事产业的就业链将成为重要路径。

其次,应挖掘产业结构升级的间接效应,重视产业融合这一间接渠道。近年来,随着体育产业向纵深发展,体育产业与相关产业相互交叉、相互渗透、相互融合,推动了整个体育产业结构的高级化和服务化,催生出一批包括体育旅游专营人员、体育健康营养师等新兴体育岗位。因此,在文化、旅游、健康等相关产业快速发展的同时,已不断催生出新需求、新业态、新岗位,并通过产业关联、内部互动的方式间接带动了体育产业就业规模的扩大。例如,在体育健康领域,体育产业在推进健康关口前移、慢性病干预、生活品质提升等方面的作用逐步显现,社会资本开办的康体、运动康复等机构迅速增加。目前,社会对康复人才需求巨大,我国现阶段康复从业人员严重不足,康复医师占基本人群的比例约为1∶250万,该比例远低于发达国家(1∶2万)。因此随着大健康产业的快速发展,体育与健康产业的融合持续深入,相关就业岗位将会不断涌现。

二、短期破坏:缓解产业结构升级过程中的"结构性失业"

根据向量误差修正模型的结果,体育产业结构升级对体育产业就业同样存在短期的破坏效应,这主要是由于体育制造业的转型升级形成了"结构性失业"。如图5-2所示,以2014年为节点,我国规模以上体育用品制造企业平均用工人数在2014年之后呈明显的下降态势。因此在体育制造业领域,由于产业升级和技术进步而带来的就业损失效应要大于就业创造效应。近年来,越来越多的体育用品制造企业正由低效益、低附加值、同质化程度高的产业链低端向品牌化、国际化、科技

---

[1] 夏铭娜,徐开娟,黄海燕.我国体育产业结构升级的就业效应:基于向量误差修正模型的实证分析[J].上海体育学院学报,2020,44(10):80.

化、智能化的产业链高端转化,由劳动密集型向技术密集型、资本密集型攀升。[①]与此同时,技术进步、人工智能、大数据、互联网经济也对传统制造产业、生产模式以及就业形势等产生"破坏性打击",造成大量低端就业岗位的消失。

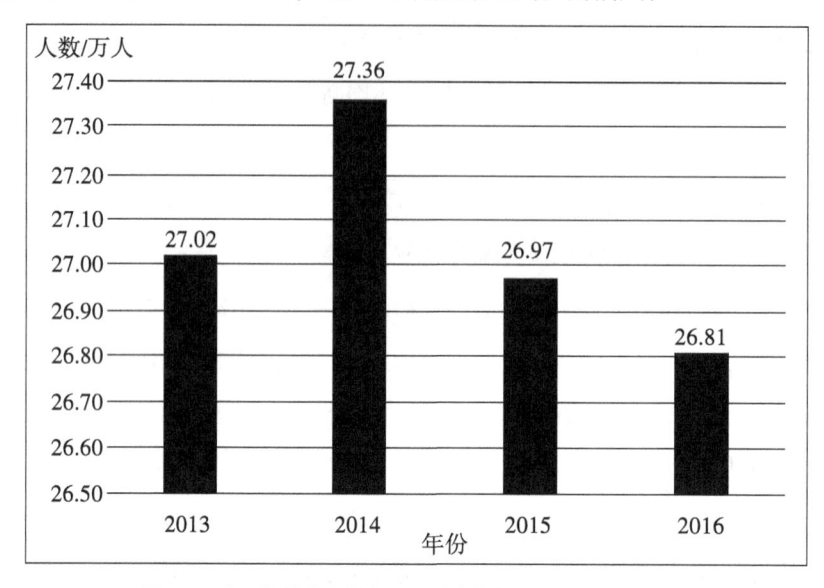

图5-2 我国规模以上体育用品制造企业平均用工人数

数据来源:《中国工业统计年鉴》。

有效提升人力资本是缓解"就业破坏"的关键路径。目前,我国体育制造业正处于转型升级、结构优化的关键时期,装备研发、体育产品专项设计等制造业科研人员的缺乏,导致部分高生产能力、高科技装备研发工作滞后;我国体育企业依旧存在招工难的问题,不是缺乏劳动者,而是缺乏高新技术人员,人力资本水平仍然偏低。因此,若要缓解结构性失业带来的冲击,必须不断提升体育制造业的人力资本水平,培养一批具有高新技术知识的专业化人才,以适应目前体育制造业岗位的需求变化,创造出新的就业补充点。

---

① 夏铭娜,徐开娟,黄海燕.我国体育产业结构升级的就业效应:基于向量误差修正模型的实证分析[J].上海体育学院学报,2020,44(10):81.

第六节 结论与建议

一、研究结论

本章节利用2006—2018年体育产业就业的相关数据,通过就业弹性指标以及向量误差修正模型,探讨了体育产业结构升级与体育产业就业人数的关系,主要结论有如下三点:

第一,我国体育服务业整体就业弹性要高于体育制造业,具有良好的就业潜力和增长空间,有利于释放体育产业结构升级的就业创造效应,并已经逐渐由大型赛事引致的临时性岗位转变为满足人民体育健康需求的、持续性的、多样化的就业岗位;体育制造业在2014年之前一直是吸纳体育从业人员的主要产业,但是随着我国体育产业结构的不断优化,以及体育制造业自身的技术升级和服务化转型,体育制造业对就业的吸纳能力减弱甚至出现负面影响。

第二,体育产业结构升级与产业就业人数存在长期均衡的关系,并且体育产业结构高级化指数(JGGJ)每提升1%,体育产业就业人数(JYSL)就会提高0.788%。长期来看,体育产业结构的不断优化对体育产业就业人数增长产生明显的促进作用,有利于不断创造新兴就业岗位、缓解社会就业压力。

第三,体育产业结构升级在短期内存在"就业破坏效应",体育产业结构的不断高级化,在不断创造新岗位、吸纳就业的同时,也会引起结构性失业,产生就业损害。误差修正系数(ECM)显著为负,符合反向修正机制,表明当体育产业结构升级与就业人数存在短期非均衡关系时,误差修正项将以18.7%的速度将其拉回到均衡状态,实现最终的长期均衡。

二、研究建议

第一,充分释放体育产业结构高级化的就业创造效应。从直接效应角度看,应以体育竞赛表演活动、体育健身休闲活动两大主导产业为引领,不断提高体育产业结构高级化的水平,通过配套政策大力扶持体育中小微企业的发展,不断扩大体育产业的就业吸纳空间。应着力培育运动项目产业,围绕运动项目产业重点打造场馆、咨询、策划、赛事服务等就业链。从间接效应角度看,应不断提升体育产业与其他相关产业的融合度,催生一批社会融合业态的新岗位。同时,相关院校应及时对接社会需求,培养更多具有交叉知识体系的复合型体育人才。

第二,兼顾缓解体育产业结构升级的短期就业破坏效应。首先,不断完善失业保障制度与再就业服务体系,建立与就业结构转变一致的失业率监测机制,加大对体育产业人力资本的投入。同时,政府应鼓励中小微体育企业的发展,不能过早否定劳动密集型产业在就业与经济增长中的作用。其次,将产业升级与产业地区间转移有机结合。将体育制造业等劳动密集型产业向中西部地区转移,在保持原有体育制造业优势的同时丰富中西部地区的产业结构,提高当地就业弹性。最后,进一步加强技术创新与促进技术进步,延伸体育产业链价值。体育企业应拓展新型业务领域,如高附加值的产品设计、品牌开发等,发挥技术创新升级对就业的"弥补效应",创造一批新型工作岗位以刺激就业规模增长,缓解结构性、摩擦性失业问题。

第三,构建"三位一体"的体育产业就业协同机制。"三位一体"是指针对体育产业就业问题,从政府、企业、人才3个方面进行考虑。首先,政府应充当好领头人的角色,出台更多有利于体育产业就业的政策,尤其是关于体育产业的就业保障措施,加强政企合作力度并扩大合作范围,提供更多就业岗位。其次,企业应积极响应政府政策导向,明确自身定位与社会责任,在实践中不断完善人才培养模式。同时,与相关院校合作,完善院校课程人才培养体系,增设专业性就业信息交流平台,吸引更多人才就业,提升体育产业从业人员的综合素质,以符合未来体育就业岗位的素质要求。最后,个人应提升自身专业技能水平与服务水平,树立创新意识,改变传统的体育产业就业观念,积极与其他相关产业人才开展合作交流,不断提升自身综合素质和就业能力。

第六章

就业新形势：数字经济发展对我国体育产业就业的多维影响

党的二十大报告提出,加快发展数字经济,促进数字经济和实体经济深度融合,打造具有国际竞争力的数字产业集群。数字经济的崛起与繁荣,赋予了经济社会发展的"新领域、新赛道"和"新动能、新优势",其正在成为引领中国经济增长和社会发展的重要力量。2021年,我国数字经济规模达45.5万亿元,同比名义增长16.2%,高于同期GDP名义增速3.4个百分点,占GDP的比重约为39.8%。数字经济作为目前我国经济发展中最为活跃的领域,深刻影响着我国就业市场的变革。2018年,我国数字经济领域就业岗位约为1.91亿个,约占当年总就业人数的24.6%,并催生了电竞数据分析师、虚拟现实(VR)产品指导师、云健身教练等新岗位、新职业。

随着数字产业化和产业数字化的深入推进,数字经济在推动体育产业提质增效方面表现出巨大的潜能。与此同时,体育产业在就业领域已表现出促进就业增长、缓解就业压力等重要价值,但仍面临着技术性、摩擦性、结构性失业突出,吸纳就业能力不强等现实问题,与《体育强国建设纲要》提到的"成为国民经济支柱性产业"目标相差甚远。从现实层面来看,数字经济对我国体育产业就业领域产生了深刻变革,带来了一系列新变化、新矛盾。如何在充分审视和规避矛盾制约的基础上,抓住数字经济发展机遇,赋能体育产业在扩大就业范围、调整就业结构、促进高质量充分就业等方面展现更大担当和作为,已经成为当前体育领域关注的焦点。从理论层面来看,体育领域有关数字经济与就业的研究较少。部分学者已经注意到数字经济对创造体育产业就业岗位的重要作用,但针对数字经济与体育就业二者结合的研究不足,多集中在相关报告之中,并散见于数字经济推动体育高质量发展、助力体育强国建设机理分析、赋能体育产业现代化以及促进数字经济与体育产业融合等的研究,将二者置于同一框架下进行定量分析的研究尚为空白,亟须进一步实证检验数字经济发展对体育产业就业的多维影响及影响机制。

数字经济发展对体育产业就业的影响及效应究竟如何?其背后的作用机制是什么?数字经济发展对体育产业就业数量、就业结构和就业质量等维度的影响是否具有异质性?上述问题的回答对于丰富体育产业就业领域的理论研究,促进数字经济与体育产业深度融合具有重要的现实意义。鉴于此,本章从数字基础设施、数字技术应用和数字产业发展3个维度,实证分析数字经济发展对体育产业就业数量、就业结构、就业质量的影响,以期为推动我国体育产业更高质量且更充分就业提供参考。

第一节 理论分析、研究假设与研究设计

一、理论分析与研究假设

数字经济是以数字化技术为基础、以数字化平台为主要媒介、以数字化赋能基础设施为重要支撑进行的一系列经济活动,涵盖了数字基础设施、数字技术应用和数字产业发展等主要领域。[①]数字经济的快速崛起为体育产业的发展模式和逻辑转变创造了有利条件,数字经济的精准匹配效应、效率提升效应以及价值重创效应等能够激发体育产业的技术革新[②],其对体育企业的影响主要表现为业务数字化和管理数字化变革。

一方面,数字经济能够使体育企业从设计研发、生产制造到终端销售各环节以一种透明化、可视化、灵活化的柔性方式运行,最终实现产业生产能力与消费端需求联动,从而最大限度地提升企业生产效率。在研发环节,基于数字技术的创新生态平台能够有效整合、集中创新资源,极大降低体育产品研发成本,实现协同研发效率的提升,并能够促进个性化、定制化、专属化的体育产品的研发,极大提高研发质量;在生产环节,构建数字生产管理平台能够实现对生产资源的实时调用、快速分配、全程监督,有利于体育企业优化生产要素配置,降低生产成本,实现生产规模的扩大和生产效率的提升;在销售环节,企业建立数据分析部门,能够通过深度挖掘用户数据,实现对市场有效需求的精准把握,同时利用线上线下相结合的新零售销售模式,基于数据计算而形成的渠道、物流、运营等运作体系,有利于降低交易成本,提升交易效率,推动销售规模的扩大。

另一方面,数字化管理能够有效连接体育企业内的各部门,改变传统的组织工作形态,推动体育企业实现扁平化、模块化管理,实现体育组织管理效能最大化。总的来看,数字经济的技术禀赋、模式创新以及价值提升等先天优势和本质特征,在体育产业发展方式、发展模式等方面产生了多重作用,有效提升了体育产业发展

---

① 宁朝山.基于质量、效率、动力三维视角的数字经济对经济高质量发展多维影响研究[J].贵州社会科学,2020(4):131.
② 叶海波.新发展阶段数字经济驱动体育产业高质量发展研究[J].体育学研究,2021,35(5):11.

质量与效率,进而对体育产业就业数量、就业结构以及就业质量产生了重要影响(表6-1、图6-1)。

表6-1 体育企业数字化的主要形式

主要形式	具体维度	表现内容
业务数字化	研发环节	通过搭建或使用数字化创新平台、数字化设计平台,体育企业能够有效开展创新合作,充分利用体育行业关键创新资源和底层技术,降低研发成本,提升研发效率
	生产环节	通过打造决策支持系统、客户关系管理平台、订单排产系统、业务管理系统等数字化管控平台,实现体育企业整体业务的敏捷经营和柔性生产
	销售环节	通过组建数字营销部门,体育企业能够利用数字化多媒体渠道推广产品,凭借数字技术能力打造供应链体系,获取海量资源分析市场有效需求
管理数字化	企业组织管理	通过将数字化工具集成到企业组织管理中,建立企业数字化管理架构,能够极大提升管理协同效率

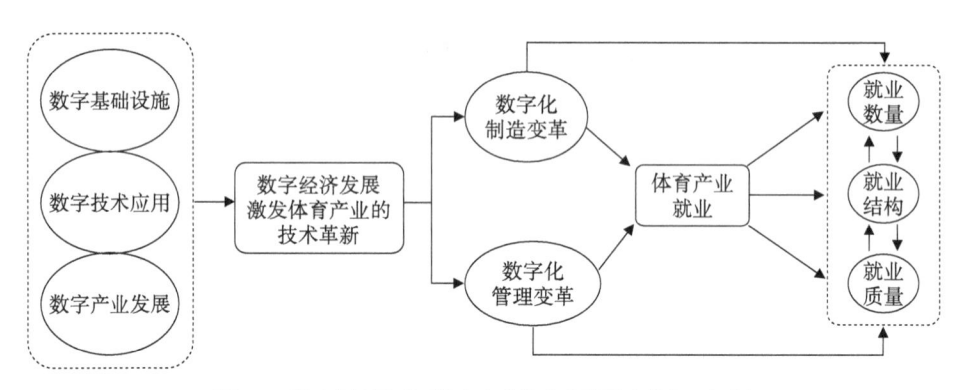

图6-1 数字经济发展对体育产业就业多维影响的作用机制

(一)数字经济发展对体育产业就业数量的影响

数字产业化和产业数字化是数字经济发展的主要特征。[①]产业融合的本质在于旧的经济体系使用了新的信息科技,技术融合是产业融合必定要经历的一个阶

---

① 张顺.数字经济转型中的就业群体分化及多维治理[J].人民论坛,2022(3):36.

段。数字经济与体育产业融合所带来的显著表现是体育产业的数字化转型。[①]部分研究认为产业数字化转型会对就业产生替代效应。一方面,数字技术进步显著提高了体育用品制造业的劳动生产率,导致单位产品所需的劳动力投入降低,进而减少了对劳动力的需求,同时信息技术及人工智能在体育产业中的应用,加快了物化劳动替代活劳动的过程,从而导致部分就业岗位直接消失。另一方面,数字技术融入会对低素质劳动力人群产生影响,淘汰技能转型缓慢的低素质劳动力,使得就业数量减少。

数字经济发展也存在一定的补偿机制,有助于抵消就业替代效应,具体表现在数字经济发展对就业的弥补效应、创造效应和配置效应。结合体育产业特点来看,弥补效应指体育产业数字化能够优化要素资源配置,发挥其规模经济和范围经济效应,促进体育产业规模的扩大和产业链的延伸发展,弥补一部分就业岗位的减少。创造效应表现为体育产业数字化推动体育产业分工进一步深化和产业链延伸,催生出体育产业的新行业和新业态,并创造了新岗位和新职业,从而增加就业机会。配置效应指数字产业化发展带动"平台经济""共享经济""众包""众创"等数字经济新模式快速发展,有效降低就业信息检索和资源匹配成本,缓解劳动力市场信息不对称问题,提高劳动力要素市场供需匹配效率,促使体育产业就业数量上升。因此,本书提出研究假设1。

研究假设1:数字经济发展可以影响体育产业就业数量。(图6-2)

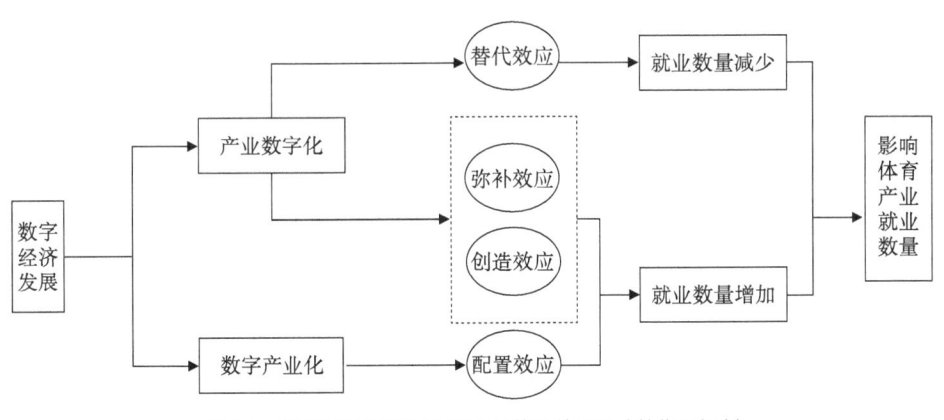

图6-2 数字经济发展对体育产业就业数量影响的作用机制

---

① 任波,黄海燕.数字经济驱动体育产业高质量发展的理论逻辑、现实困境与实施路径[J].上海体育学院学报,2021,45(7):22.

(二)数字经济发展对体育产业就业结构的影响

基于不同层面的就业结构表现出不同的含义:一是产业就业结构视角,即第三产业从业人数占比;二是技能进步视角,即高技能劳动力就业人数占比。[①]一般来说,就业结构的优化往往伴随着从业人员向生产性服务业、高端化服务业以及消费性服务业等第三产业转移,高技能劳动力比重加大等。数字经济发展对体育产业就业结构的影响效应包括产业结构效应和劳动力技能结构效应,主要表现为就业服务化和技能高级化。

从产业结构效应来看,数字经济发展推动的产业升级会改变不同部门、不同产业对劳动力的需求,并导致劳动力在"产业内"和"产业间"替代与转移。[②]配第-克拉克定理认为,随着产业结构演变、人均收入水平提高,劳动力会由第一产业向第二、第三产业依次转移,且不同产业间收入的相对差异会推动劳动力向更高收入的部门移动。数字经济革新了传统的、低效的生产供给方式和消费交换模式,促进了体育服务业服务质量与效率的提高,并提升了行业的整体薪酬福利水平,推动了劳动力向体育服务业转移,提升了体育就业服务业化水平。

从劳动力技能结构效应来看,数字经济发展创造的新岗位对劳动力技能提出新要求,导致就业技能结构的变化,在一定程度上促进了就业技能高级化。数字经济具有典型的知识密集型、技术主导型等特征,会导致程式化任务的简单低技能劳动力减少,而对于非程式化具有灵活性、创造性和抽象性的高技能劳动力需求会增加。被淘汰的低技能劳动者转向电商、课程销售等新型服务业,数字经济吸纳了大量体育服务业就业,进一步提升了体育产业就业服务业化,推动了就业结构持续优化。因此,本书提出研究假设2。

研究假设2:数字经济发展可以影响体育产业就业结构。(图6-3)

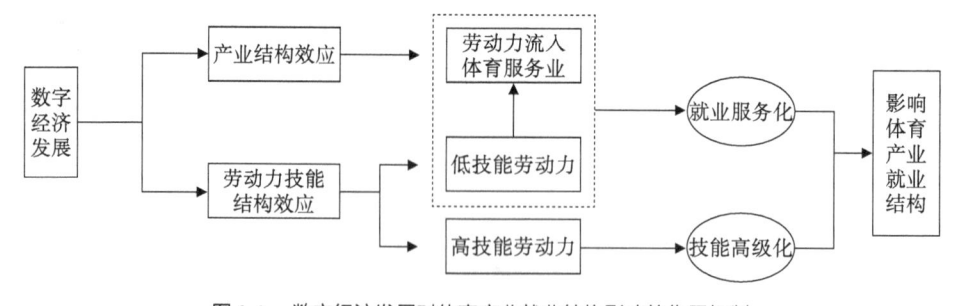

图6-3 数字经济发展对体育产业就业结构影响的作用机制

---

① 司小飞,李麦收.数字经济、就业结构与就业质量:基于中国省域数据的实证分析[J].西北人口,2022,43(4):56.
② 郭东杰,周立宏,陈林.数字经济对产业升级与就业调整的影响[J].中国人口科学,2022(3):100.

(三)数字经济发展对体育产业就业质量的影响

就业质量是一个多维度范畴,包括个人在就业过程的每一个环节上被公平对待的具体状况,是由劳动者与生产资料结合状况好坏、劳动报酬高低、就业环境、工作时间等因素综合反映的。[①]大部分学者会通过选取不同细分维度来构建指标体系以衡量就业质量。近年来,劳动力与工作岗位的匹配程度越来越受到重视,被认为是就业质量更重要的维度。研究表明,人力资本水平越高的个体,其就业技能与职位匹配程度越高,失业率越低,就业质量越高,能够获得更好的工资待遇、更优的就业环境。马艳林、丛屹等认为,只有提升人力资本,拥有更强的工作技能和工作能力,才有机会抓住高质量就业的机会。[②][③]因此,本书认为体育产业就业质量是指体育产业劳动者劳动技能与工作岗位的匹配程度。数字经济发展可以通过显著改善劳动者的素质结构,进而提高薪酬福利水平和就业满意度,从而提升就业质量。

首先,数字经济蕴含的新知识、新模式、新理念,通过经济主体的培训体系改善从业人员的素质结构。为了满足数字经济融合下对高技能、高素质人才的需求,劳动者自发进行适应性学习,有效提升自身的人力资本水平,为实现更高质量就业提供契机。其次,数字技术、互联网平台等打破了传统就业边界,能够突破时空限制,使劳动者根据兴趣、能力、时间与地点灵活就业[④],孵化自主创业、自由职业、兼职就业等灵活就业新模式,并形成人力资本与工作任务匹配的人工匹配模式,提升劳动者的就业满意度。最后,数字技术对体育产业的重塑性变革,将极大提升全要素生产率和企业盈利能力,进而提高劳动力福利待遇和改善工作环境,与劳动力技能提升相匹配,使就业质量得到根本性提升。因此,本书提出研究假设3。

研究假设3:数字经济发展可以影响体育产业就业质量。(图6-4)

---

① 孔微巍,谢梅婷.人工智能对就业质量的影响研究:回顾与展望[J].学习与探索,2024(7):136.
② 马艳林.教育水平对失业风险影响的实证研究:"民工荒"和"大学生就业难"现象的再解释[J].人口与经济,2016(1):90-91.
③ 丛屹,闫苗苗.数字经济、人力资本投资与高质量就业[J].财经科学,2022(3):112-113.
④ 戚聿东,丁述磊,刘翠花.数字经济背景下互联网使用与灵活就业者劳动供给:理论与实证[J].当代财经,2021(5):4.

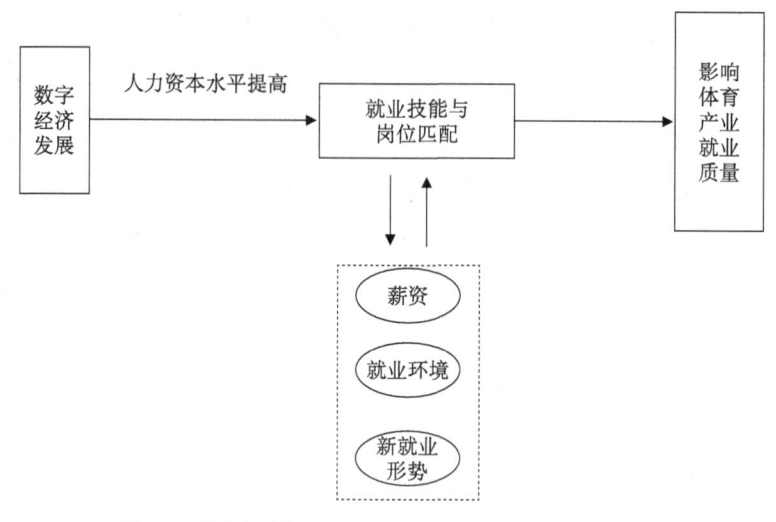

图6-4 数字经济发展对体育产业就业质量影响的作用机制

二、研究设计

(一)数字经济发展测算

梳理以往研究,关于数字经济发展的测算主要有两种思路:一种是选择代理变量。刘婷婷等选择互联网参与度来反映数字经济对农村地区的渗透程度[①],戚聿东等在研究数字经济发展对就业结构、就业质量的影响时,选取互联网和电信业、软件业、电商零售业和科学技术业来反映数字经济发展状况。[②]但选择代理变量的做法会导致分析过程太过具体,无法较好地从宏观角度来把握数字经济发展对体育产业就业的影响。另一种是利用熵权法和主成分分析法获得数字经济发展的综合指标。余姗等梳理已有文献,从数字基础设施建设、数字经济普及程度、网络信息资源和数字经济商务化4个维度构建数字经济评价指标体系。[③]蔡绍洪等基于中国

---

① 刘婷婷,温雪,潘明清.数字经济提升农村家庭消费能力:理论机制与实证检验[J].经济问题,2022(7):96.
② 戚聿东,刘翠花,丁述磊.数字经济发展、就业结构优化与就业质量提升[J].经济学动态,2020(11):25.
③ 余姗,樊秀峰,蒋皓文.数字经济对我国制造业高质量走出去的影响:基于出口技术复杂度提升视角[J].广东财经大学学报,2021,36(2):17.

省域数字经济的特征选择了数字基础、数字应用、数字创新、数字环境4个维度。[1]沈运红等将数字经济水平细分为数字基础建设水平、数字化产业发展水平以及数字技术创新科研水平3个方面。[2]宁朝山在研究数字经济对经济高质量发展的多维影响中,将数字基础设施、数字技术应用和数字产业发展作为数字经济发展的重要指标。[3]但这一做法仅能体现数字经济整体对体育产业就业的影响,无法体现数字经济内部不同维度影响的异质性。

因此,结合上述测算方法的优点和缺点,综合考虑体育产业的自身属性并结合数据的可得性,本书参考部分学者的做法,从数字基础设施、数字技术应用和数字产业发展3个维度,实证分析数字经济发展对体育产业就业数量、就业结构、就业质量的影响。其中互联网和电信业、软件业代表数字基础设施,电商零售业代表数字技术应用,科学技术业代表数字产业发展。更具体的,本书选取互联网普及率、电话普及率、长途光缆线路长度、邮电业务总量作为互联网和电信业的代理指标,选取软件业务收入作为软件业的代理指标,选取快递业务收入、网上零售额、快递业务量作为电商零售业的代理指标,选取专利申请授权数、规模以上工业企业专利数作为科学技术业的代理指标。

(二)计量回归模型设定

为验证上述假设,实证分析数字经济发展对体育产业就业数量、就业结构和就业质量的影响,本书构建的计量回归模型如下:

$$\text{Employment}_{it} = \partial_0 + \partial_1 \text{DE}_{it} + \sum_{k=1}^{n} \lambda\, kx_{it} + \mu_i + \gamma_t + \varepsilon_{it}$$

其中,i表示公司,t表示年份,Employment_{it}表示就业数量、就业结构或就业质量,DE_{it}表示数字经济发展,x_{it}表示控制变量,μ_i表示个体效应,γ_t表示年份固定效应,ε_{it}表示随机扰动项。

---

[1] 蔡绍洪,谷城,张再杰.中国省域数字经济的时空特征及影响因素研究[J].华东经济管理,2022,36(7):3.
[2] 沈运红,黄桁.数字经济水平对制造业产业结构优化升级的影响研究:基于浙江省2008—2017年面板数据[J].科技管理研究,2020,40(3):147.
[3] 宁朝山.基于质量、效率、动力三维视角的数字经济对经济高质量发展多维影响研究[J].贵州社会科学,2020(4):131.

(三)变量定义

1.被解释变量

本文中的被解释变量为体育产业就业。在后续实证分析中,为考察数字经济发展对体育产业就业的多维影响,依据戚聿东、郭东杰等相关研究,将就业进一步细分为就业数量、就业结构和就业质量。利用模型对上述3个被解释变量进行估算,分别分析数字经济发展对3个被解释变量的影响。

第一,就业数量。选择体育上市公司就业人数代表体育产业就业数量。

第二,就业结构。选择体育上市公司非生产人员占比代表体育产业就业结构。关于就业结构的划分:一种是将大专及以上学历的人员视为高技能劳动力,而大专以下学历的人员视为低技能劳动力[1];另一种是将非生产劳动视为高技能劳动,生产劳动视为低技能劳动,将非生产人员占比代表企业就业结构的做法,进一步选择体育公司非生产人员占比代表体育产业就业结构。[2]

第三,就业质量。选择体育上市公司学历为本科及以上的人员占比衡量体育产业就业质量。基于前文分析,数字经济能够通过影响劳动技能结构,进而影响薪酬福利水平和就业满意度,从而影响就业质量。因此,劳动技能结构变动能较好地反映数字经济发展对体育产业就业质量的影响。本文借鉴孙文远等[3]将受教育年限在16年以上的劳动力划分为高技能劳动力的做法,选用体育上市公司学历为本科及以上的人员占比衡量体育产业就业质量。

2.核心解释变量

本文核心解释变量为数字经济发展,主要选取数字基础设施、数字技术应用和数字产业发展3个维度作为数字经济发展的代理指标。其中互联网和电信业、软件业代表数字基础设施,电商零售业代表数字技术应用,科学技术业代表数字产业发展。进一步选取互联网普及率、电话普及率、长途光缆线路长度、邮电业务总量作为互联网和电信业的代理指标,选取软件业务收入作为软件业的代理指标,选取快

---

[1] 邹建波.物流业技术进步对就业结构的影响研究[D].广州:广东外语外贸大学,2019:6.

[2] 刘莉.技术进步视域下物流产业劳动力就业结构演进:基于我国物流上市企业的经验证据[J].商业经济研究,2021(21):111.

[3] 孙文远,周寒.环境规制对就业结构的影响:基于空间计量模型的实证分析[J].人口与经济,2020(3):114.

递业务收入、网上零售额、快递业务量作为电商零售业的代理指标,选取专利申请授权数、规模以上工业企业专利数作为科学技术业的代理指标。

3.控制变量

借鉴邵文波、盛丹、石晓军等的研究,本书使用以下相关控制变量来控制不同企业异质性对企业数字化转型的影响:企业规模—总资产,代表企业发展规模。①② 不同企业规模对技术革新的反应速度不同。一般来说,企业规模越大,其内部部门改革和技术应用过程越缓慢,进行数字化转型的难度就越大。企业绩效—净资产收益率(平均),代表企业盈利能力。经营效率越高、盈利能力越强代表企业经营状况越好,越有能力进行数字化转型。企业年龄,从企业注册之日算起,代表企业发展时长。企业发展都有一定的生命周期,不同发展阶段对企业数字化转型具有不同影响。一般而言,企业越年轻,对于市场变化和技术应用反应越快,数字化转型进程越快。(表6-2)

表6-2 变量定义

变量类别	变量名称	变量含义	来源
核心被解释变量	就业数量	体育上市公司就业人数	—
	就业结构	体育上市公司非生产人员占比	刘莉(2021)
	就业质量	体育上市公司学历为本科及以上的人员占比	孙文远等(2020)
核心解释变量	数字经济发展	数字经济代理指标	戚聿东等(2020)、沈运红等(2020)、宁朝山(2020)
控制变量	企业绩效	企业 i 第 t 年企业绩效(平均净资产收益率)	邵文波等(2017)
	企业规模	企业 i 第 t 年总资产的对数	石晓军等(2017)
	企业年龄	企业 i 第 t 年时成立年份	石晓军等(2017)

---

① 邵文波,盛丹.信息化与中国企业就业吸纳下降之谜[J].经济研究,2017,52(6):128.
② 石晓军,王骜然.独特公司治理机制对企业创新的影响:来自互联网公司双层股权制的全球证据[J].经济研究,2017,52(1):154-155.

(四)数据来源

本书将我国26家体育上市公司作为研究样本。主要参考依据是关于体育上市公司的标准为主营业务是体育,并参考部分学者的研究,对样本进行补充,最终选取26家公司进行研究,数据来源于万得数据库和全球上市公司分析库。通过查阅样本公司2021年的年报发现,有20家公司提到了"数字化""数字技术""数字化系统""数字化平台""数字化管理"等关键词组。数字技术应用已经成为体育传媒、健身器材等行业产品创新升级的重要方向;在体育用品制造、体育场馆运营等行业中,数字化管理在实现销售终端需求与研发资源有效衔接、提高业务运营效率等方面发挥了重要作用。剩余6家公司中,有多家公司认为"线上销售""线上参展""新零售模式"是所在行业的重要发展趋势,有意向在未来进一步布局相关业务板块。(表6-3、表6-4)

表6-3 变量描述性统计

变量名称	均值	标准差	变量名称	均值	标准差
就业数量	7.6329	0.7870	软件业务收入	14.5740	2.2580
就业结构	4.1665	0.2189	规模以上工业企业专利数	8.3610	1.6860
就业质量	0.1300	0.2100	互联网普及率	45.5880	14.8140
企业年龄	11.6500	1.2600	电话普及率	105.4650	32.2460
企业绩效	5.4800	31.4500	长途光缆线路长度	10.0360	0.8560
企业规模	22.1500	1.1400	快递业务收入	12.2240	1.5930
邮电业务总量	6.4620	0.9070	专利申请授权数	9.6130	1.5240

表6-4 样本构成

序号	股票代码	公司简称	上市地区	序号	股票代码	公司简称	上市地区
1	600158	中体产业	上海	14	02331	李宁	香港
2	603555	ST贵人	上海	15	01361	361度	香港
3	600679	上海凤凰	上海	16	01968	兴纺控股	香港

续表

序号	股票代码	公司简称	上市地区	序号	股票代码	公司简称	上市地区
4	600136	ST明诚	上海	17	03818	中国动向	香港
5	600768	宁波富邦	上海	18	02020	安踏体育	香港
6	002105	信隆健康	深圳	19	01368	特步国际	香港
7	002605	姚记科技	深圳	20	03998	波司登	香港
8	002624	完美世界	深圳	21	02313	申洲国际	香港
9	300043	星辉娱乐	深圳	22	01661	中国前沿科技集团	香港
10	000639	西王食品	深圳	23	00551	裕元集团	香港
11	300005	探路者	深圳	24	03322	永嘉集团	香港
12	002614	奥佳华	深圳	25	02368	鹰美	香港
13	03813.HK	宝胜国际	香港	26	00361	顺龙控股	香港

注：为保证数据的真实性，本书进行以下处理：(1)人工剔除上市时间不符的公司；(2)对于个别公司的个别年份缺失的数据，本书采用差值法进行补齐；(3)为了消除极端值对实证可能存在的干扰，本书对所有连续变量在1%水平上进行缩尾处理。所选数字经济发展代理指标的数据来源于《中国统计年鉴》。

第二节 数字经济发展影响体育产业就业的实证分析

一、数字经济发展影响体育产业就业数量的实证分析

为实证分析数字经济发展对体育产业就业数量的影响，本书选取数字基础设施、数字技术应用和数字产业发展3个维度作为数字经济发展的代理指标，并依次考察以上代理指标对体育产业就业数量的影响程度，具体的回归结果如下。

(一)数字基础设施对体育产业就业数量的影响

《"十四五"体育发展规划》提出,要实施体育产业数字化战略,推进体育产业大数据中心和体育重点领域全产业链数据库建设。数字基础设施是体育产业高质量发展的基础,能有力推动体育产业数字化升级,是发挥体育产业就业效应的必要前提。数字基础设施具有显著的正外部效应,因为使用数字基础设施不存在互斥性,允许企业、用户等不同群体使用,可形成先进的网络应用技术和庞大用户主体,尤其是我国拥有超过11亿人的移动互联网用户,能够有效支撑相当规模的数字体育市场。同时,消费市场规模的扩大使得信息效用价值更加明显,5G基站、云计算、物联网等基础设施的建设为信息的存储、传输、分析和交互提供了必要保障。数字基础设施对体育企业内部数字技术自主创新和应用外部最新数字科技成果具有基础性作用,不仅能够有效支撑体育智能可穿戴设备、体育信息服务、电子竞技等行业的快速成长,还可以带动更多运动鞋服制造、健身用品制造等体育制造企业进行数字化转型,促使体育产业规模扩大,增强体育产业整体吸纳就业的能力。

表6-5 数字基础设施对体育产业就业数量影响的回归结果

变量名称	数字基础设施				
	互联网普及率	电话普及率	长途光缆线路长度	邮电业务总量	软件业务收入
就业数量	0.921* (0.050)	0.043* (0.013)	1.843** (0.899)	1.233** (0.381)	1.241** (0.510)
企业绩效	是	是	是	是	是
企业规模	是	是	是	是	是
企业年龄	是	是	是	是	是
年份固定效应	是	是	是	是	是
常数项	1.204	0.372	0.595	1.341	1.204
R^2值	0.771	0.775	0.772	0.774	0.704

注:括号内数值为聚类标准误,**、*分别表示在5%、10%的显著性。

由表6-5可知:第一,互联网普及率、电话普及率对体育产业就业数量的影响在10%的显著性水平上为正,即在其他条件不变的情况下,互联网普及率、电话普及率越高,越能够推动体育产业就业数量的增长;第二,长途光缆线路长度、邮电业务总量和软件业务收入对体育产业就业数量的影响在5%的显著性水平上为正,即长途光缆线路长度、邮电业务总量和软件业务收入能够正向显著影响体育产业就业数量。以上结果说明,数字基础设施建设水平与体育产业就业数量增长呈正相关关系,加大数字基础设施建设投入、提高数字基础设施建设水平有助于提高我国体育产业就业数量。

(二)数字技术应用和数字产业发展对体育产业就业数量的影响

首先,数字经济赋能体育产业数字化、智能化和网络化发展。在传统模式下,体育企业难以获取实时生产数据,无法精确度量、分析和优化生产运营各环节,从而影响生产成本的降低和生产效率的提升。而利用数字技术精准把握相关资源配置,可以降低体育企业要素配置扭曲、减少体育企业交易成本、减少体育企业信息不对称问题等,进而提高决策效率、管控效率、运营效率与发展效率,发挥数字经济发展对体育产业就业的弥补效应。从现实看,大多数企业采用以工业互联网平台为代表的新一代信息技术,应用生产计划排程系统、制造执行系统(MES)、仓储管理系统(WMS)等信息化软件,建立和发展一系列数字平台以快速重组企业内外部资源,形成需求驱动的模块化供应链网络式流程,实现从原料入库到产品出库生产过程信息化,生产效率与质量得到极大提升。如安踏智能制造工厂通过引入SCM供应链管理系统,实现了研发、采购、物流、销售、售后等全产业链协同效率的提升。

其次,数字经济创造体育产业新职业和新业态,有利于进一步提升体育产业就业数量。健身休闲业线上线下融合趋势的加深、以传感技术和5G技术为支撑的数字智能体育产品需求的扩大等,证明了数字经济在催生体育产业新业态上的巨大价值,并且促使一系列与数字体育相关的新职业、新岗位的需求快速增加。例如,我国线上健身行业发展迅速,预计到2026年,我国在线健身人群渗透率将达到57.40%。应用数字化技术推动体育健身休闲业开展在线业务,催生了健身主播、带货主播、云健身教练等新职业。

最后,数字产业化中互联网、平台模式的应用,能够实现信息实时共享,缓解体育企业和求职者信息不对称与供需错位等矛盾,使就业形势更加灵活便捷多样,促进体育产业就业数量增加。

表6-6 数字技术应用和数字产业发展对体育产业就业数量影响的回归结果

变量名称	数字技术应用			数字产业发展	
	快递业务收入	网上零售额	快递业务量	专利申请授权数	规模以上工业企业专利数
就业数量	1.231** (0.502)	1.244* (0.537)	0.677* (0.383)	1.321** (0.551)	1.101** (0.411)
企业绩效	是	是	是	是	是
企业规模	是	是	是	是	是
企业年龄	是	是	是	是	是
年份固定效应	是	是	是	是	是
常数项	0.372	0.595	1.341	1.204	0.372
R^2值	0.761	0.742	0.751	0.778	0.775

注：括号内数值为聚类标准误，**、*分别表示在5%、10%的显著性。

由表6-6可知，快递业务收入、网上零售额、快递业务量、专利申请授权数、规模以上工业企业专利数对体育产业就业数量增长均具有显著正向作用。其中，快递业务收入、专利申请授权数、规模以上工业企业专利数通过了5%的显著性水平检验，网上零售额、快递业务量通过了10%的显著性水平检验，这表明在其他条件不变的情况下，数字技术应用和数字产业发展与体育产业就业数量增长具有正相关关系，实证结果验证了上述分析。

二、数字经济发展影响体育产业就业结构的实证分析

基于前文研究，选用数字基础设施、数字技术应用和数字产业发展来验证数字经济发展对体育产业就业结构的影响，具体结果见表6-7、表6-8。

(一)数字基础设施对体育产业就业结构的影响

表6-7 数字基础设施对体育产业就业结构影响的回归结果

变量名称	数字基础设施				
	互联网普及率	电话普及率	长途光缆线路长度	邮电业务总量	软件业务收入
就业结构	0.827* (0.041)	0.822** (0.013)	1.742* (0.811)	1.122** (0.482)	0.577 (0.347)
企业绩效	是	是	是	是	是
企业规模	是	是	是	是	是
企业年龄	是	是	是	是	是
年份固定效应	是	是	是	是	是
常数项	8.040	7.115	7.929	7.933	7.425
R^2值	0.961	0.980	0.960	0.964	0.961

注:括号内数值为聚类标准误,**、*分别表示在5%、10%的显著性。

由表6-7可知,互联网普及率、长途光缆线路长度对体育产业就业结构的影响在10%的显著性水平上为正,电话普及率和邮电业务总量对体育产业就业结构的影响在5%的显著性水平上为正。而软件业务收入对改善体育产业就业结构的作用不明显。

一方面,我国体育产业整体创新能力不强,创新效率较低。数据显示,我国体育企业中具有较大规模企业的科研经费投入强度平均仅为0.25%~0.27%,且体育产品研发的经费投入比例低于产品销售收入比例的5%~10%,影响体育产品与智能APP的融合、体育服务业态与数据管理平台的融合,掣肘体育服务企业服务质量的提升,阻碍体育服务业的发展,进而制约体育服务业就业人数的增加。

另一方面,由于服务业生产和产品的无形性、即时性和不可分离性等特点,会降低服务业对技术进步的敏感度。换句话说,技术进步对于提升服务业劳动生产率的作用较小。相比于传统经济模式,数字经济可以在一定程度上缓解这种服务业劳动生产率增长"停滞"带来的弊端,促进体育服务业规模扩大、效率提升,优化体育产业就业结构。但在不同阶段,数字经济发展对服务业内部各细分行业的影响不同。当数字经济更多地服务工业互联网时,服务业就业的增长主要依靠生产性服务业的增长,并推动制造业服务化水平提高,引发对生产性服务业和新型服务业人员的需求。但是,目前我国体育制造业和体育服务业的产业关联效应较低,数字基础设施水平的提高并未显著带动对体育产品设计研发、体育中介服务、体育金融服务等非生产性岗位的需求。如体育研发设计服务、体育信息服务、体育中介服务等体育生产性服务业的发展进程较为缓慢,影响体育服务业就业规模扩大。

(二)数字技术应用和数字产业发展对体育产业就业结构的影响

从供给侧来看,在传统模式下,体育服务企业在经过一段时间的快速发展后,其产品和服务将极难进一步突破时间和空间的限制,市场规模难以持续扩大。数字经济发展能够推动数字技术与传统体育产业管理模式、制造模式、服务模式相结合,有助于体育服务业全要素生产率的同步提升和行业规模的扩大,从而增加体育服务业从业数量。数据显示,我国体育服务业数字化发展势头良好,其占行业增加值的比重可达38%,数字经济的融合性、创新性、拓展性等将为体育服务业高质量发展提供了保障。从需求侧来看,体育消费者越来越看重"线上+线下"的消费情境和良好的消费体验,体育产品和服务呈现多元化、个性化以及定制化发展趋势。而通过组建数字营销部门,对用户数据和偏好进行深度挖掘,有利于体育企业迎合体育消费的新需求,推动体育服务业,尤其是体育生活性服务业效益的提升,吸引更多劳动者进入体育服务业。

表6-8 数字技术应用和数字产业发展对体育产业就业结构影响的回归结果

变量名称	数字技术应用			数字产业发展	
	快递业务收入	网上零售额	快递业务量	专利申请授权数	规模以上工业企业专利数
就业结构	1.142** (0.632)	1.013** (0.571)	0.721* (0.568)	1.241** (0.544)	1.202** (0.497)
企业绩效	是	是	是	是	是
企业规模	是	是	是	是	是
企业年龄	是	是	是	是	是
年份固定效应	是	是	是	是	是
常数项	6.932	9.469	8.722	8.061	8.457
R^2值	0.961	0.958	0.963	0.963	0.964

注:括号内数值为聚类标准误,**、*分别表示在5%、10%的显著性。

由表6-8可知,快递业务收入、网上零售额、快递业务量、专利申请授权数和规模以上工业企业专利数都对体育产业就业结构产生正向显著影响。其中,快递业务收入、网上零售额、专利申请授权数和规模以上工业企业专利数通过了5%的显著性水平检验,快递业务量通过了10%的显著性水平检验,这表明数字技术应用和数字产业发展能够优化体育产业就业结构。

三、数字经济发展影响体育产业就业质量的实证分析

依据前文分析逻辑,选用数字基础设施、数字技术应用和数字产业发展来全面考察数字经济发展对体育产业就业质量的影响,具体结果详见表6-9、表6-10。

(一)数字基础设施对体育产业就业质量的影响

数字经济发展会对体育产业内部劳动力产生影响,即对不同技能、不同学历劳动力的就业产生影响。具体而言,体育企业对高技能人才,尤其是数据分析师等人才的需求快速增加,低技能、低学历劳动力更多从事技术水平较低的工作,导致这部分劳动力更易被体育产业数字化的数字技术所替代。数字基础设施发展能推动线上教育普及,使得职业技能培训和提升更加便捷,劳动者自身就业能力提高的途径和形式变得灵活多样,劳动者教育程度、技能水平等综合就业能力不断增强,进而提高体育产业的就业质量。但我国体育产业相关职业培训不足,存在培训类型和内容单一、认定标准不统一、培训体系不健全等问题,导致劳动者进行自我提升的主动性减弱。同时体育企业担心员工培训后离职,培训成本"打水漂",对于培养员工的积极性不高。这会对就业结构、就业状况产生滞后效应,短期内降低就业匹配度,致使就业状况变差,降低劳动者的就业质量。①

---

① 司小飞,李麦收.数字经济、就业结构与就业质量:基于中国省域数据的实证分析[J].西北人口,2022,43(4):57.

表6-9 数字基础设施对体育产业就业质量影响的回归结果

变量名称	数字基础设施				
	互联网普及率	电话普及率	长途光缆线路长度	邮电业务总量	软件业务收入
就业质量	0.062 (0.030)	0.025 (0.010)	1.672* (0.765)	1.219* (0.372)	1.055 (0.305)
企业绩效	是	是	是	是	是
企业规模	是	是	是	是	是
企业年龄	是	是	是	是	是
年份固定效应	是	是	是	是	是
常数项	0.987	0.560	0.633	1.459	1.194
R^2值	0.534	0.532	0.525	0.530	0.522

注:括号内数值为聚类标准误,**、*分别表示在5%、10%的显著性。

由表6-9可知,长途光缆线路长度、邮电业务总量对体育产业就业质量的影响为正向显著,通过了10%的显著性水平检验。而互联网普及率、电话普及率和软件业务收入对体育产业就业质量的影响不显著。综合来看,数字基础设施对体育产业就业质量的作用不明显。

(二)数字技术应用和数字产业发展对体育产业就业质量的影响

近年来,我国体育产业数字化转型速度加快,体育企业加速数字化升级,在短期内能吸收众多高技能、高学历劳动者进入体育产业,能够在一定程度上推动就业质量的提升。但在信息技术、人工智能、互联网、大数据等领域,我国体育产业存在较大的人才缺口,尤其缺乏既精通体育经营与管理,又擅长制定数字技术应用方案的高端人才。长期来看,高技能、高学历劳动力的供需不平衡,使得整体人力资本水平与企业数字化转型不匹配,反过来制约体育产业数字化水平,影响就业质量的提升。同时数字经济浪潮引致经济周期转换,影响了就业质量的提升。[①]由熊彼特创新理论可知,技术进步对产业发展的作用呈现波动式态势。新技术革命会带来周期转换冲突,以数字技术创新为代表的新一轮技术革命尚处于初始期,体育产业与数字经济的融合程度还不够充分,体育产业数字化转型程度还未呈现出足以支

---

① 马光秋,阎荣舟.数字经济与高质量充分就业研究[J].理论视野,2023(2):63.

撑整体产业发展的状态,就业率或者失业率同样会随之出现周期性的波动,再加之数字化转型投资高、风险大,体育企业开拓数字业务后普遍会选择控制成本以维持经营,就业质量也就难以得到有效提升,甚至出现福利减少、工作时间延长等就业质量恶化的现象。

表6-10 数字技术应用和数字产业发展对体育产业就业质量影响的回归结果

变量名称	数字技术应用			数字产业发展	
	快递业务收入	网上零售额	快递业务量	专利申请授权数	规模以上工业企业专利数
就业质量	1.612** (0.230)	0.674** (0.258)	0.926* (0.462)	0.121 (0.742)	0.787 (0.741)
企业绩效	是	是	是	是	是
企业规模	是	是	是	是	是
企业年龄	是	是	是	是	是
年份固定效应	是	是	是	是	是
常数项	5.287	9.121	7.678	7.919	8.561
R^2值	0.522	0.546	0.542	0.528	0.521

注:括号内数值为聚类标准误,**、*分别表示在5%、10%的显著性。

由表6-10可知,快递业务收入、网上零售额以及快递业务量对体育产业就业质量的影响为正向显著,表明数字技术应用能够提高体育产业就业质量。而专利申请授权数和规模以上工业企业专利数对体育产业就业质量的影响不显著,表明数字产业发展对提升体育产业就业质量的作用较小。

四、稳健性检验

为了解决可能存在的反向因果产生的内生性问题,本书将解释变量均滞后一期对体育产业就业数量、就业结构和就业质量重新进行估计,以检验模型的稳健性,具体结果见表6-11、表6-12、表6-13。

表6-11　体育产业就业数量滞后一期检验结果表

类别	解释变量	体育产业就业数量			
		回归系数	控制变量	模型 R^2	年份固定效应
互联网和电信业	互联网普及率	0.913*(0.050)	是	0.767	是
	电话普及率	0.043*(0.013)	是	0.766	是
	长途光缆线路长度	1.838**(0.895)	是	0.770	是
	邮电业务总量	1.231**(0.376)	是	0.769	是
软件业	软件业务收入	1.233**(0.507)	是	0.701	是
电商零售业	快递业务收入	1.226**(0.498)	是	0.755	是
	网上零售额	1.241*(0.532)	是	0.734	是
	快递业务量	0.677*(0.371)	是	0.744	是
科学技术业	专利申请授权数	1.314**(0.542)	是	0.775	是
	规模以上工业企业专利数	1.007**(0.403)	是	0.772	是

注：括号内数值为聚类标准误，**、*分别表示在5%、10%的显著性。

表6-12　体育产业就业结构滞后一期检验结果表

类别	解释变量	体育产业就业结构			
		回归系数	控制变量	模型 R^2	年份固定效应
互联网和电信业	互联网普及率	0.818*(0.041)	是	0.957	是
	电话普及率	0.811*(0.012)	是	0.975	是
	长途光缆线路长度	1.737**(0.806)	是	0.954	是
	邮电业务总量	1.116**(0.459)	是	0.959	是
软件业	软件业务收入	0.664*(0.353)	是	0.957	是
电商零售业	快递业务收入	1.138**(0.627)	是	0.955	是
	网上零售额	1.002**(0.541)	是	0.957	是
	快递业务量	0.711*(0.559)	是	0.954	是
科学技术业	专利申请授权数	1.237**(0.536)	是	0.963	是
	规模以上工业企业专利数	1.196**(0.483)	是	0.959	是

注：括号内数值为聚类标准误，**、*分别表示在5%、10%的显著性。

表6-13 体育产业就业质量滞后一期检验结果表

类别	解释变量	体育产业就业质量			
		回归系数	控制变量	模型 R^2	年份固定效应
互联网和电信业	互联网普及率	0.0563(0.030)	是	0.522	是
	电话普及率	0.024(0.012)	是	0.529	是
	长途光缆线路长度	1.703*(0.793)	是	0.531	是
	邮电业务总量	1.237**(0.413)	是	0.527	是
软件业	软件业务收入	0.987(0.354)	是	0.535	是
电商零售业	快递业务收入	1.572*(0.221)	是	0.517	是
	网上零售额	0.662**(0.267)	是	0.537	是
	快递业务量	0.911*(0.457)	是	0.524	是
科学技术业	专利申请授权数	0.131(0.653)	是	0.533	是
	规模以上工业企业专利数	0.772(0.711)	是	0.551	是

注：括号内数值为聚类标准误，**、*分别表示在5%、10%的显著性。

第三节 结论与建议

第一，数字经济发展显著增加体育产业就业数量。数字基础设施、数字技术应用和数字产业发展均对体育产业就业数量的增加具有积极作用，这既符合技术进步就业效应的基本逻辑，又和数字经济与制造业就业变动的实证结果一致。伴随着体育产业的线上特征愈加明显，体育场馆、健身休闲等行业的数字化改造对数字基础设施的依赖性增强，但体育领域新型基础设施不足、数字体育基础建设短板会制约体育产业数字化规模的扩大，减缓体育产业数字化进程，进而限制数字经济发展对体育产业就业数量的作用发挥。

为此，应提高数字经济基础设施建设水平，促进数字经济和实体经济深度融合，加快体育产业数字化进程。《体育强国建设纲要》强调，要加快推动互联网、大数据、人工智能与体育实体经济深度融合，体育产业数字化是扩大体育产业就业的重要动力，强调数字经济与体育产业的融合，为体育产业新业态、新岗位的发展提供新动能。一方面,应关注体育产业数字化的基础,加强体育产业领域数字基础设施建设。通过制定体育产业领域数字基础设施建设规划方案,将发展良好的数字基础设施作为体育产业数字升级的积极条件。另一方面,应进一步加快体育产业数字化的进程,不断挖掘数字经济与体育产业的融合点,以产业链升级带动体育产业就业。在行政审批、税收政策与融资渠道等方面适当放宽限制,引导企业加快数字化的转型。另外,利用龙头企业,有效带动产业链上游、中游、下游体育企业的数字化转型,鼓励体育中小微企业与龙头企业建立长效合作机制,推动产业集群整体数字化升级。

第二,数字经济发展能够优化体育产业就业结构。实证结果表明:互联网和电信业、电商零售业、科学技术业对体育产业就业结构的影响均为正向显著,从体育行业视角验证了数字经济促进就业结构优化的理论机制。数字经济发展可以在供给侧和需求侧方面促进体育服务业增长,优化体育产业就业结构。从长期来看,随着数字经济发展方向的变化,为进一步优化体育产业就业结构,需要体育生产性服务业发挥更多作用。从目前来看,我国体育中介服务、体育金融服务、体育传媒与信息服务、体育创意营销、体育产品研发设计等现代体育生产性服务业发展缓慢。其中,2022年我国体育传媒与信息服务和体育经纪与代理、广告与会展、表演与设计服务总产出分别约占我国体育产业总产出的3.1%和1.2%,体育生产性服务业的供给和需求相对不足,作为信息产业基础的软件业发展对体育产业的影响性不强,再加上体育产业本身创新投入不足、创新效率不高,使得软件业发展成果应用程度不深,与部分学者的结论保持一致。

因此,应积极发展体育生产性服务业,推动体育生产性服务业与数字经济融合。体育生产性服务业不仅可以促进体育服务业就业人数增加,还能够发挥对制造业的就业乘数效应,推动制造业就业人数增加。首先,应通过体育产业数字化发展,扩大体育生产性服务业规模,利用体育生产性服务业推动体育制造业发展,提升生产效率和优化产业结构,发挥体育生产性服务业的就业优化效应。其次,应用数字技术提高体育制造业服务化水平,延伸体育制造业产业链、价值链,创造生产性服务业和新型服务业就业岗位。最后,构建体育生产性服务业与体育制造业互动发展机制,逐步形成体育先进制造业和体育服务业有机融合、互动协调的发展态势,强化制造业与服务业就业互动基础。

第三，数字经济发展对提升体育产业就业质量的作用不充分。一方面，数字技术应用对体育产业就业质量具有积极作用，从体育行业视角验证了技术应用存在人力资本效应的理论机制，即数字技术的应用会引发劳动岗位的更新，进而推动体育企业对人力资本需求的增加；劳动者也会通过提升自身技能水平以满足数字技术应用对岗位的新要求。另一方面，数字基础设施和数字产业发展的作用不显著，根据熊彼特创新理论，技术进步对产业发展的作用呈现波动式态势，就业率或者失业率同样会随之出现周期性的波动。从体育产业发展实践来看，体育市场仍以中小微企业为主，企业资金更多投向技术升级，员工就业质量投入相对不足。此外，体育产业所需要的数字人才存在很大缺口，无法满足体育产业数字化升级的人力资本需求。数字经济发展的就业滞后效应也会影响劳动者技能水平的提高，降低就业匹配度，从而影响体育产业就业质量的提升。

所以，应加强数字体育产业人才内培外引，着力提升体育产业劳动者的劳动素质。数字经济发展对体育产业就业质量的作用受到相关数字人才不足的制约，表现为体育产业现有人才培养和技能培训不足。一是，调整院校专业体系结构，探索以"政产学研用+人才服务平台"为一体的数字体育人才培养与流动体系，提升体育产业人力资本水平。二是，通过大数据分析，遴选出更容易被数字技术替代的体育行业岗位，针对性地对劳动者进行转岗技能培训，提高劳动者的技能水平。并逐步建立终身职业教育培训体系，保障劳动者就业技能始终与体育产业工作岗位需求相匹配。三是，积极探索体育领域灵活就业与非正规就业内容，提升新型用工模式应用的深度和广度。为应对数字化进程中产生的工作时间延长和工作量增加、劳动权益受损等问题，政府应完善当前公共就业服务和社会保障体系，形成与其相对应的就业服务保障体系，加强劳动保护。

第七章

就业新变化：我国体育产业发展引致的新职业

第一节　问题的提出

职业,是劳动者社会角色及身份的象征,是社会需求与职业观念的体现,折射出一个国家的经济结构、科技水平和综合实力。21世纪以来,我国社会职业的构成和内涵发生了巨大变化,新职业发展成为传统职业的重要补充。早在2004年,劳动和社会保障部已在《关于健全技能人才评价体系推进职业技能鉴定工作和职业资格证书制度建设的意见》提及新职业。近年来,诸多新职业涌现,并成为开辟就业市场新空间的重要力量。新职业处于发展的关键时期,相关部门的支持成为激活其活力的重要基础。《国务院办公厅关于支持多渠道灵活就业的意见》《"十四五"就业促进规划》等多项政策文件提到,动态发布社会需要的新职业、更新职业分类,持续开发新职业,发布新职业标准。新职业的开发与发布,对增强从业人员的社会认同、引领职业教育的培训改革等都具有重要意义。

随着体育产业结构的调整和产业形态的变化,诸如电子竞技员、电子竞技运营师、康复治疗师等新职业应运而生。体育产业新职业的涌现体现了体育产业人力资源开发管理的新需求,反映出体育产业发展的新业态、新模式、新动向,对于促进体育劳动者就业、创业具有一定的引导意义,现已成为体育产业发展过程中不容忽视的议题。国内外大多数学者已对体育职业展开了系统研究,菲尔德统计了美国体育产业发展引致的12类85条职业信息,马中红、宋昱和胡赛民等分别探讨了电子竞技员、体育经理人等体育职业的管理制度设计、从业人员画像以及职业发展前景。此外,相关学者对体育职业的职业开发、资格准入、资格鉴定等进行了探究。部分学者对体育产业发展产生的新职业进行了探索和考察,并进一步对康复治疗师、健康管理师、运动心理师、体育经理人等体育产业新职业的从业现状和前景进行了针对性研究。总的来说,已有研究为探索体育产业新职业提供了丰富的启发与参考,但如今体育产业职业的构成和内涵发生了很大变化,对体育产业新职业的理论研究落后于发展实践。

基于以上研究背景,本章以体育产业新职业为研究主题,拟解决以下问题:现阶段体育产业发展到底引致了哪些新职业的产生?新职业的从业人员需符合哪些条件?这些新职业的特征映射了体育产业怎样的发展趋势?针对体育产业新职业面临的瓶颈,如何引导其进一步发展?这些问题的回答,对于洞察体育领域就业新需求、把握体育产业发展新机遇等具有重要意义。

第二节 研究方法

一、体育产业新职业的概念

近年来多个政府文件中反复出现新职业的相关表述,但在政府层面尚未对新职业的概念作明确界定,在学界中对新职业的概念也尚未达成共识。从社会分工角度来说,邓忠奇等认为,新职业从广义上来说,是指社会分工深化所引起的,为满足不断提升的社会生产生活需要而产生的各种工作岗位。从新经济角度来说,戚聿东等注意到新职业的异质性,指出新职业既包括传统雇佣关系没有改变的新职业,又包括数字技术快速发展背景下新业态和新商业模式催生的新就业形态。从统计角度来说,我国人社部将新职业界定为《职业大典》中未收录的,社会经济发展中已有一定规模从业人员,且具有相对独立成熟的专业、技能要求的职业。可见,无论是学界还是政府部门,均通过综合大量研究内容去构想新职业的内涵与外延,但仍未完成对新职业这一抽象概念的精准界定。

本书中所讨论的体育产业新职业是指符合体育产业高质量发展需求,具有比较清晰的专业内涵,且相继涌现于体育招聘市场中的职业。为了区别新旧职业,2015年版《职业大典》出现过的体育职业不纳入本书的讨论范围。《职业大典》构建了一套完善的职业分类体系,对纳入的新职业作出了明确的分类归纳。经过修改和更新,2022年,我国所有职业被划分为8个大类、79个中类、449个小类、1636个细类(职业)、2967个工种。本书遵循职业分类的科学性、客观性与整体性,参照《职业大典》的职业分类体系,形成体育产业新职业基本情况表。

二、研究方法

招聘信息能够及时、较好地反映劳动力市场空缺和雇主需求。本书采用内容分析法对体育企业招聘信息进行分析，以了解体育产业新职业发展情况。本书选取前程无忧、BOSS直聘、猎聘等国内主流招聘网站来抓取体育产业新职业相关的招聘信息。上述3家国内主流招聘网站皆为上市公司，占据网络招聘行业约70%的市场份额，其招聘信息相对全面且权威。考虑到体育产业新职业招聘信息的灵活性和时效性，本书对2022年2月1日至2023年9月1日的体育企业招聘信息进行跟踪采集。

首先，输入"体育""体育产业""文体产业""体育运动"等关键词进行搜索，选取前50页的职位招聘信息作为本书采集的样本数据。清除重复数据后，共获得8472条有效词条，这些词条包括岗位名称、公司简介、任职条件、职位描述等关键信息。

其次，对职位招聘信息进行筛选，剔除"教练员""裁判员""运动员""运动防护师""社会体育指导员""体育场馆管理员""游泳救生员""康乐服务员""体育经纪人"等已纳入2015年版《职业大典》的体育职业，共剩余2211条有效词条。

最后，合并岗位名称和职位描述相似的职业，如"康复治疗师""康复训练师""康复师"等并称为"康复治疗师"，"健康规划师""健康管家""健康顾问"并称为"健康管理师"，"球鞋定制师""球鞋设计师""球鞋设计"等并称为"球鞋定制师"，"VR指导员""VR体验馆服务员""游戏指导员"等并称为"虚拟现实（VR）产品指导员"，最终得到16个体育产业新职业。下表仅列举部分体育产业新职业名称。（表7-1）

表7-1 部分体育产业新职业名称情况表

体育企业招聘岗位名称	体育产业新职业名称
体育赛事执行、体育赛事运营、体育赛事策划、赛事活动专员、赛事运营、赛事服务、赛事执行、赛事经理、体育场馆运营	体育经理人
健康管理师、健康规划师、健康管家、健康顾问、健康专员	健康管理师
康复治疗师、运动康复师、运动康复教练、运动治疗师、康复训练师、康复师	康复治疗师
球鞋定制师、球鞋设计师、球鞋设计、球鞋定制、球鞋定制画师、球鞋DIY定制师、球鞋手绘师、球鞋定制设计师	球鞋定制师
VR指导员、VR体验馆服务员、游戏指导员、VR店员、VR店长	虚拟现实（VR）产品指导员
社区健康主管、社区健康推广、社区健康管理服务专员、养老社区顾问	社区健康师

注：职位数据较少或并未做名称合并处理的体育产业新职业在此不作特殊说明。

第三节　我国体育产业新职业的发展现状探析

一、体育产业新职业的类型划分

参照《职业大典》的大、中、小分类体系,将得到的16个体育产业新职业分别进行归类,根据职业出现的频次进行排序,展现为体育产业新职业基本情况表。(表7-2)

表7-2　体育产业新职业基本情况表

体育产业新职业名称	职业定义	职业分类小类	职业分类中类	职业分类大类
体育学研究人员	从事体育学理论和应用研究的专业人员	教育学研究人员	科学研究人员	专业技术人员
体育经理人	在体育组织中从事赛事运作、场馆运营、项目管理的专业人员	体育专业人员	文学艺术、体育专业人员	
配速员	在马拉松赛事中为跑步者提供配速、路线、里程、时间等赛事信息服务的专业人员			
虚拟现实(VR)产品指导员	从事虚拟现实产品的使用指导、故障修理、活动营销等工作的人员	软件和信息技术服务人员	信息传输、软件和信息技术服务人员	社会生产服务和生活服务人员
球鞋定制师	从事鞋类瑕疵商品的修复、调色、翻新、个性化定制等工作的人员	修理及制作服务人员		
雪具维修工	从事个人或团队的雪具维修养护、高端滑雪装备维修、维修设备养护等工作的人员			
健康管理师	从事个体或群体健康状况监测,分析评估以及健康咨询指导和健康危险因素干预等工作的人员	健康咨询服务人员	健康、体育和休闲服务人员	
运动心理师	为运动者提供有关竞赛、伤病等方面的心理咨询服务、制定针对性的心理疏导计划和方案、指导运动者进行心理调控训练的人员			

续表

体育产业新职业名称	职业定义	职业分类小类	职业分类中类	职业分类大类
社区健康师	从事居民健康档案建立、运动健身指导、健康知识科普、慢性病管理、疾病预防等工作的人员	健康咨询服务人员	健康、体育和休闲服务人员	社会生产服务和生活服务人员
康复治疗师	运用物理治疗、作业治疗、言语治疗等手段和方法，从事康复对症治疗和训练的技术人员	康复矫正服务人员		
电子竞技运营师	从事电子竞技组织活动及内容运营的人员			
电子竞技员	从事不同类型电子竞技项目比赛、陪练、体验及活动表演的人员			
滑雪救助员	从事讲解滑雪安全知识、教授救生措施、保障滑雪者的生命安全、检查滑雪场日常安全等工作的人员	体育健身和娱乐场所服务人员		
造雪师	从事制冷造雪运营操作管理、制冷造雪设备安全管理、检查雪道雪质情况、制订清理存在安全隐患及设备的积雪计划等工作人员			
运动摄影师	使用摄影或摄像设备，为运动者制定拍摄方案和脚本、拍摄照片或视频，并完成图片美化或视频剪辑的人员			
球鞋鉴定师	从事平台商品查验及鉴别、鉴定数据库维护和更新、产出市场研究报告等工作的人员	生产辅助人员	文教、工美、体育和娱乐用品制造人员	生产制造及有关人员

注：运用网络爬虫工具抓取招聘网站中有关体育产业的职业招聘信息，筛选无效与重复数据后剔除传统职业信息，将同类型的体育产业新职业信息合并后整理所得；职业定义来源于《职业大典》，或根据体育企业招聘信息中各职位的工作内容整理所得。

从分布情况来看，体育产业新职业的职业分类主要集中在专业技术人员、社会生产服务和生活服务人员、生产制造及有关人员3个大类中，其中绝大多数职业为社会生产服务和生活服务人员。社会生产服务和生活服务人员大类的体育产业新职业的大幅度增加反映了近年来我国第三产业的蓬勃发展,揭示了现代体育服务业规模壮大、需求旺盛、消费升级等表征。具体到细分领域,新职业正随着竞赛表演、运动康复、电子竞技、体育咨询、智能体育等领域的快速增长迎来发展热潮。一方面,体育产业基本形成了健身休闲、竞赛表演、场馆服务等体育产业门类共同发展的格局,招聘市场中关于赛事运作、场馆管理、项目运营的体育经理人的职位需求量与日俱增。另一方面,大众对康养休闲、户外运动、体育旅游等方面的消费热情日益高涨,康复治疗师、滑雪救助员、运动摄影师等相关职业也逐渐走入大众视野。此外,通过数字赋能和场景革命,体育生产和服务业的边界不断拓展,衍生出电子竞技员、虚拟现实(VR)产品指导员等领域的体育产业新职业。

二、体育产业新职业的岗位需求

体育产业新职业的岗位需求情况存在着较大差异,其中康复治疗师职业的岗位需求占比约为33.79%,大幅领先于其他体育产业新职业。(图7-1)其主要原因在于:一是,随着体育人口规模的扩大、人们参与体育锻炼时长的上升,市场对于康复治疗师的需求不断提升。二是,国家高度重视康复行业对建设健康中国的作用,并在2021年印发的《关于加快推进康复医疗工作发展的意见》提到,力争到2022年,每10万人口康复治疗师达到10人,到2025年,每10万人口康复治疗师达到12人。此文件对我国逐步建立一支数量合理、素质优良的康复医疗专业队伍具有重要意义,推动了康复治疗师这一职业的快速发展。三是,康复治疗师这一职业包含了康复治疗师、运动康复师、运动康复教练、运动治疗师、康复师等多个岗位,这在一定程度上增加了该职业在统计中的岗位需求数量。

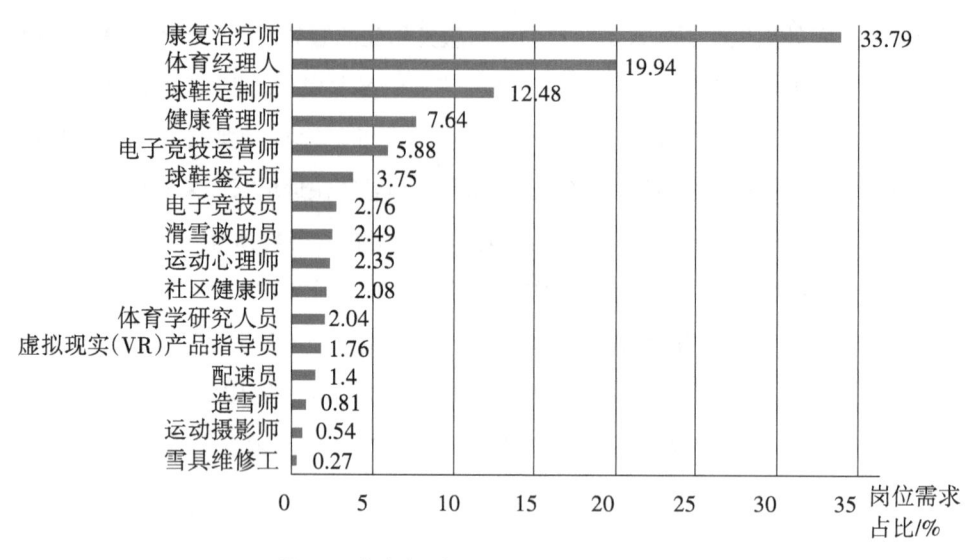

职业	占比/%
康复治疗师	33.79
体育经理人	19.94
球鞋定制师	12.48
健康管理师	7.64
电子竞技运营师	5.88
球鞋鉴定师	3.75
电子竞技员	2.76
滑雪救助员	2.49
运动心理师	2.35
社区健康师	2.08
体育学研究人员	2.04
虚拟现实（VR）产品指导员	1.76
配速员	1.4
造雪师	0.81
运动摄影师	0.54
雪具维修工	0.27

图7-1 体育产业新职业的岗位需求分布图

在其他体育产业新职业的岗位需求方面，滑雪救助员、运动心理师、社区健康师、体育学研究人员、虚拟现实（VR）产品指导员、配速员的岗位需求占比均在2%左右，造雪师、运动摄影师、雪具维修工的岗位需求占比均在1%以下。该现象出现的原因可能是由于此类职业正处于发展初期，市场对该职业的需求较少，相关企业和组织发展尚未形成规模。此外，多数体育中小微企业从成本角度考虑，将部分新职业的工作交给其他岗位人员兼职完成，一人兼任多个岗位的现象存在，进一步削减了市场对这一职业的需求。例如，在冰雪产业服务行业存在明显的季节性用工现象，雪季的用工需求较非雪季差距大，对雪场的造雪师、压雪车司机、缆车司机等职位的需求会随着季节的变化而波动，为了缩减经营成本，部分雪场的滑雪教练不仅负责技能教授，还在空闲时间充当运动伤害防护与急救人员。

三、体育产业新职业的任职条件

通过招聘市场需求的变化特征可以发现，目前体育产业新职业已经达到一定数量规模，且其岗位需求已经呈现出明显的爆发态势。为了更好地发挥体育产业新职业的就业吸纳作用，需要更深入地了解体育产业新职业的任职条件。部分体育产业新职业招聘条件陈列较少，尚未形成明确规范的履历、学历、能力等要求，其参考价值较为有限。因此,本书选取所获数据中体育产业新职业中招聘条件陈列最为完备的康复治疗师、体育经理人、健康管理师、球鞋定制师、电子竞技运营师5个职业,并对这5个职业招聘信息中的职位要求进行文本分析,得出主要任职条件。

对所收集的747条康复治疗师招聘条目进行分析,通过合并任职条件中的高频词汇,得出了康复治疗师职业主要的任职条件。(表7-3)根据表中内容可以发现,70%以上的职位要求从业人员具有康复治疗临床经验,具有康复治疗师相关证书或职称,熟练掌握物理治疗和感觉统合训练等方法;50%以上的岗位要求从业人员从运动康复、康复治疗学、运动人体科学等相关专业毕业。这反映出成为康复治疗师需要有扎实的康复知识和高超的技能技术,具备确定康复目标、制定康复计划、实施康复评估制度等专业能力。同时,康复治疗师还需要具有良好的团队合作精神、善于沟通的能力、高度的责任心以及亲和力,在面对患者时要展现出良好的职业修养。

表7-3 康复治疗师职业主要的任职条件

序号	职位能力要求	数量/个	占比/%
1	具有康复治疗临床经验,具有康复治疗师相关证书或职称,熟练掌握物理治疗和感觉统合训练等方法	534	71.5
2	运动康复、康复治疗学、运动人体科学等相关专业毕业	402	53.8
3	具有良好的团队合作精神,善于沟通	282	37.8
4	具有高度的责任心以及亲和力	249	33.3
5	学习能力、执行能力强	117	15.7
6	其他(包括线上运营能力、海外留学经历、发表科研文章等)	36	4.8
7	熟练操作办公软件	30	4.0
8	热爱体育、康复事业	27	3.6
9	普通话标准	27	3.6

对所收集的441条体育经理人招聘条目进行分析,得出了体育经理人职业主要的任职条件。(表7-4)根据表中内容可以发现:第一,具有赛事筹划、赛事运营、场地运营相关的经验是体育企业招聘体育经理人时的关键要求,从实践方面对该职业劳动者的体育知识和业务能力提出要求。第二,具有良好的团队合作以及沟通能力是体育经理人在组织执行工作中需要具备的能力,这与体育经理人负责体育组

织、场馆、赛事管理统筹的工作性质息息相关。第三,具有文案撰写、视频拍摄剪辑等新媒体相关经验是企业对体育经理人的能力要求之一。体育经理人往往需要有出色的文字功底和撰写报告的能力,才能满足该职业的日常工作需求。

表7-4 体育经理人职业主要的任职条件

序号	职位能力要求	数量/个	占比/%
1	具有赛事筹划、赛事运营、场地运营相关的经验	243	55.1
2	具有良好的团队合作以及沟通能力	141	32.0
3	熟练操作办公软件	114	25.9
4	具有良好的现场应变、组织协调及执行能力	111	25.2
5	具有文案撰写、视频拍摄剪辑等新媒体相关经验	102	23.1
6	热爱体育运动,对体育赛事感兴趣	99	22.4
7	认真细致、勤劳务实,具有强烈的责任感和耐心	96	21.8
8	有较高的能动性,适应快节奏工作,具有抗压能力	72	16.3
9	体育学、新闻与传播、市场营销等相关专业毕业	69	15.6
10	其他(包括具有驾照、具有人脉资源、英语水平高、可接受出差、性格开朗形象佳等)	69	15.6

对所收集的276条球鞋定制师招聘条目进行分析,得出了球鞋定制师职业主要的任职条件。(表7-5)根据表中内容可以发现,具有美术功底、绘画基础、艺术审美和对潮流时尚元素的感知能力是成为球鞋定制师的必要条件。然而,与具有插画、球鞋、箱包、服装的设计式定制经验相比,具有耐心、细心、稳重踏实、吃苦耐劳,有责任心、团队沟通能力和有创新、创作、设计能力,是使球鞋定制师的求职者脱颖而出的能力。值得注意的是,这些体育企业在招聘球鞋定制师时,充分强调了劳动者要掌握相关软件。如今,掌握数字技能已经是体育产业新职业劳动者的必备技能之一,特别是在体育服务业中,工作岗位对从业人员在精通各类办公软件、数据统计及分析软件、音视频剪辑软件等数字技能方面设有更高的要求和门槛。

表7-5 球鞋定制师职业主要的任职条件

序号	职位能力要求	数量/个	占比/%
1	具有美术功底、绘画基础、艺术审美	174	63.0
2	具有对潮流时尚元素的感知能力	84	30.4
3	掌握相关软件等	81	29.3

续表

序号	职位能力要求	数量/个	占比/%
4	具有耐心、细心、稳重踏实、吃苦耐劳	81	29.3
5	具有责任心、团队沟通能力	72	26.1
6	具有创新、创作、设计能力	60	21.7
7	具有插画、球鞋、箱包、服装的设计或定制经验	51	18.5
8	对球鞋材质、色彩、工艺具有把控力	45	16.3
9	具有积极学习的能力	39	14.1
10	其他(包括制定设计开发计划、跟进产品的销售反应等)	30	10.9

对收集到的169条健康管理师招聘条目进行分析,得出了健康管理师职业主要的任职条件。(表7-6)根据表中内容可以发现,资格证书和工作经验成为应聘健康管理师的必要条件。健康管理师的日常工作内容涉及医学、营养学、心理学等相关知识。他们不仅需要有相关专业的学历证明,还需要持有健康管理师、注册营养师、执业药师等相应的职业资格证书。此外,沟通组织能力、团队合作精神、爱心、较强的责任心以及学习能力是健康管理师职业劳动者的重要能力要求,这反映了健康管理师贯彻健康生活、落实人文关怀的职业形象。

表7-6 健康管理师职业主要的任职条件

序号	职位能力要求	数量/个	占比/%
1	具有健康管理师、注册营养师、执业药师等资格证书,或营养师、健康管理师、医学相关工作经验	89	52.7
2	有良好的沟通组织能力、团队合作精神	77	45.6
3	有爱心、责任心,学习能力强	59	34.9
4	有健康意识、健康知识、营养健康知识	47	27.8
5	医学、护理学、营养学、心理学等相关专业毕业	32	18.9
6	其他(包括普通话流利、演讲能力、抗压能力等)	27	16.0
7	熟练操作办公软件	15	8.9

对收集到的130条电子竞技运营师招聘条目进行分析,得出电子竞技运营师职业主要的任职条件。(表7-7)在具体需求类型上体现出以下特点:第一,热爱电竞行业或对电子竞技项目具有深入了解是成为电子竞技运营师的必要条件。在筛选要求上,体现为擅长一款或多款电子竞技游戏,具有电子竞技教练、解说、主播等工种

的工作经验,在国内外电子竞技项目赛事中取得一定成绩,等等。第二,电子竞技运营师需要具备良好的语言表达、沟通表达、活动策划与执行、团队协作等能力。第三,电子竞技运营师定位为既懂电竞又懂营销的复合型人才,因此他们的业务能力覆盖了市场营销、广告学、传播学、新闻学等领域。此外,由于电子竞技项目具有舶来属性,以及国产电子竞技项目逐渐走出国门,部分电子竞技运营师还需要负责与国外电子竞技俱乐部对接相关事宜,因此对相关从业人员的英语沟通能力又作出了要求。

表7-7 电子竞技运营师职业主要的任职条件

序号	职位能力要求	数量/个	占比/%
1	热爱电竞行业,对电子竞技项目有深入了解	91	70
2	具有人际交往、团队协作能力	78	60
3	具有沟通表达能力	78	60
4	具有市场营销能力或经验	65	50
5	具有活动策划与执行能力	39	30
6	具有承压能力	39	30
7	具有掌握相关软件等能力	26	20
8	具有批判性思维、推理和判断能力	26	20
9	具有语言表达与英语交流能力	13	10
10	其他(包括责任心、美术功底和艺术审美等)能力	13	10

总的来说,体育产业新职业在一定程度上改变了传统的体育就业模式。从广度上来看,体育产业新职业对劳动力全方面、多职业的需求,加强了体育产业对广大劳动者的接纳与包容能力。从深度上来看,体育产业新职业的专业化和精细化程度不断加深,也促进了用工模式的多元化发展。

第四节 我国体育产业新职业的发展困境

尽管我国体育产业新职业具有较大的人才缺口和较好的发展前景,但在岗位与人才匹配方面仍存在供需矛盾、制度保障不完善、市场发展不完全、社会认同度较低等行业发展不成熟导致的阶段性问题。此外,由于新就业形态所伴生的用工关系发生了变化，导致的劳动纠纷屡见不鲜，这也在一定程度上催生了体育产业新职业劳动者在就业质量上的分化与极化现象。

一、体育产业新职业就业中"求职难"与"招工难"并存

现阶段体育产业新职业发展正面临着劳动力供需不平衡、就业信息不对称等问题。从新职业的用人需求角度，表现为难以找到符合条件的相关人才，或筛选出来的相关人才无法满足用工需求。人社部中国就业培训技术指导中心等发布的《新职业在线学习平台发展报告（2020年）》提出，到2025年，中国新职业人才缺口近千万，其中电子竞技员缺口近200万、电子竞技运营师缺口近150万。从相关人才的求职视角，表现为大量体育类院校、体育类专业的学生在毕业后从事非体育类工作，工作内容与读书期间学习到的专业技能相关性低，进入到体育产业就业的人数比较少，且有相当比例的学生在毕业后无法及时就业，就业形势严峻。"求职难"与"招工难"并存的结构性矛盾不仅体现出体育产业劳动力市场配置效率有待提高，也反映出我国现有的体育人才培养体系或职业技能教育与劳动力市场需求脱节。

二、体育产业新职业发展的配套政策和保障措施不完善

劳动关系认定不规范、劳动权益保障难落实等问题是现阶段新职业劳动者们关注的重点问题。由于新职业的用工模式大多不符合传统劳动关系的认定标准，现有的劳动关系制度、社会保障体系以及政策支持体系难以完全适配体育产业新职业的实践情景，导致体育产业新职业劳动者的劳动者权益无法得到有效保护，阻碍了新职业在体育产业领域的进一步推广。《2020年白领生活状况调研报告》显示，文体、娱乐等行业的灵活就业渗透率较高，达到47.53%。如冰雪产业服务行业中造雪师、压雪车司机、缆车司机等职业具有明显的季节性用工特征，属于典型的灵活就业职业。当出现劳务合同纠纷时，劳动人员由于与用工单位之间不构成稳定的传统用工关系，因此往往得不到应有的权益保障。体育产业新职业从业人员权益得不到有效保障，是导致"招工难"问题的重要原因。

三、政府与劳动者对体育产业新职业的认知有待提高

社会对于体育产业新职业的了解不深,认同和接纳程度不高,抑制了体育产业发展效益的释放。新经济下的新职业和新就业形态具有责任主体模糊、劳动关系隐蔽、就业形势复杂多变等特点,这在一定程度上限制了体育产业新职业就业容量的扩大、就业质量的提升以及政府有关部门对其未来发展趋势的预测,无形中增加了政府掌握和认识体育产业新职业发展情况的成本,导致相关扶持政策出台不及时、效果不理想、跟进不到位。在实践中,体育产业新职业仍旧被放在传统就业框架中进行讨论,现阶段政府部门的体育职业技能提升服务主要面向传统就业岗位,在职业介绍、职业指导、技能培训、专项服务等方面忽视了多元化的新职业就业方向。同时,社会整体对体育产业新职业缺乏关注和认同,无形中降低了劳动者参与体育产业新职业的意愿。在一项关于电子竞技用户参与行为意愿的研究中,部分学者发现社会对电子竞技的认同会对大众参与电子竞技产生促进作用。倘若用户对电子竞技的社会认同水平不高,那么传统媒体和教育机构的负面宣传和引导可能会对参与电子竞技的用户群体产生负面影响。大众对于新事物的接受速度整体较慢,以及对于新职业用工模式的刻板印象,限制了体育产业新职业的发展壮大和效益释放。

第五节　我国体育产业新职业的培育路径

为促进体育产业新职业健康成长,持续释放发展效益,需要针对体育产业新职业的发展困境采取系统性的措施,探索科学有效的培育路径。

一、完善有关体育产业新职业的顶层设计与配套政策

政府部门应当不断完善有关体育产业新职业的顶层设计与配套政策,以更好地规范和促进体育产业新职业的健康发展。首先,建立对体育产业新职业就业的调研跟踪和统计监测,加强对体育产业新职业就业规模和结构构成的测算,为了解体育产业劳动市场新动向和开展后续跟踪研究提供基础。其次,建立体育产业新职业信息发布的长效机制,加强对体育产业发展最新前沿的关注,并将在新经济形

态中诞生的体育产业新职业作为职业分类信息增补的重点。再次,注意数字技术和业态融合对体育产业已有职业的影响,将在数字化、服务化转型升级过程中涌现的体育产业新职业也纳入职业动态更新的范围。最后,为新职业和相关劳动者提供包容普惠的社会环境与服务保障,如建设体育产业新职业公共服务平台,组织开展线上线下相结合的就业招聘对接活动,推广视频招聘与远程面试等就业服务新模式,等等。通过对人才评价、户籍准入、创业支持等的相关政策进行改革,来为体育产业新职业相关人才发展提供条件。

二、进一步挖掘体育产业新业态发展中的新职业机会

借助新兴技术和产业间融合创新发展,体育产业不断衍生出新产业、新业态、新模式,不断激活体育产业新职业的活力,为劳动力市场创造更多体育产业新就业岗位。体育产业的新业态、新模式是体育产业新职业产生的土壤。为此,要促进体育产业新职业发展,需要为体育产业新业态、新模式创造良好的发展环境。首先,帮助民众树立新的择业观念,通过线上线下结合的方式进行宣传,鼓励体育产业劳动者将个人意愿与社会需求相结合,积极拥抱和接受体育新业态。其次,不断丰富体育产业的业态种类,以体育为端口,深化体育与文化、旅游、科技、医疗、康养等相关产业的融合发展,推动体育产业新型消费扩容提质,创造更多的体育产业新就业岗位。最后,加大对体育产业创新创业的扶持力度,通过专项资金、补贴贷款等方式,给予创新体育产业新业态、新模式、新职业的标杆项目或企业资金支持,为体育就业者提供更为丰富和新颖的就业思路和就业选择。

三、借助新就业形态拓展体育产业新职业的发展空间

新就业形态已经成为体育产业就业的重要补充,甚至在配速员、社区健康师等体育产业新职业中,灵活就业已经成为主要的从业形式。应以新就业形态为抓手,进一步拓展体育产业新职业的发展空间。首先,推进体育产业数字化、智能化转型,鼓励体育企业围绕新技术、新模式加强创新,持续提升为体育中小微企业数字化转型服务的广度和深度,为体育企业创造更多新业态、新岗位、新职业打下基础。其次,鼓励体育服务业的市场主体加快探索新型体育服务方式,如利用现代信息网

络和通信技术推动健身技能培训、体育科学知识学习、青少年体育指导等体育生活服务的线上运营,创造更多的体育产业灵活就业新岗位。最后,重视平台就业、兼职就业等新就业形态对体育产业新职业稳岗的作用,鼓励不同地区体育企业针对用工需求发展非全日制、季节性、临时性的体育产业新职业就业,同时要维护好体育产业新职业群体的劳动权益和社会保障。

四、着力缓解体育产业新职业劳动力市场的供需矛盾

日益增长的新职业劳动者需求量与相关体育人才供给不足的矛盾制约着体育产业新职业的发展。我国现有的体育产业人才培养体系亟待调整,需要实现人才培养供给和市场对接、与社会需求同步。一方面,改进和更新我国体育院校的专业设置和培养内容,淘汰不符合时代发展需求的专业设置,以市场需求为导向调整体育专业人才培养的数量,不断贴合体育实践中的人才需求变化。另一方面,在体育教育尤其是职业体育教育中,以培养学生的数字素养和创造性思维为目标,加强对体育专业人才的实践教学。此外,应加快完善现有体育产业新职业的职业标准,对体育产业新职业从业人员的工作能力水平进行规范性要求,从而实现体育专业课程内容、体育新兴职业标准、体育企业以及体育产业需求的高效对接。

新职业在体育产业蓬勃发展的过程中不断涌现,正在成为吸纳更多人才从事体育产业工作、推动体育产业高质量发展的重要力量。本书采用内容分析法展现了目前我国体育产业新职业的基本情况和任职条件等方面的信息,揭示了当前体育产业新职业背后蕴含的产业新动态、就业新变革以及面临的复杂问题。本书在培育和开发更多体育产业新职业、发挥体育产业新职业等就业方面提出了相关路径。随着体育产业生产和服务业边界的进一步拓展,体育领域的劳动分工将持续深化细化,体育产业新职业的数量也将进一步增加。只有持续关注我国体育产业新职业的发展,不断解决问题、使其持续释放效益,才能更好地顺应体育产业发展的趋势和变化,吸引更多社会人才参与和从事体育工作,为体育产业的健康发展注入新的活力与动力。

第八章

核心要素：我国体育产业人才研究

人才是支撑体育产业就业的关键，既是劳动力，也是数据、知识、技术等高端创新要素的拥有者，在体育产业要素体系中居于重要地位，人才供给情况影响体育产业就业的数量、质量与效应发挥。习近平总书记在中央人才工作会议上指出，人才是创新的第一资源，人才资源是我国在激烈的国际竞争中的重要力量和显著优势。创新驱动本质上是人才驱动。这是实施人才强国战略的根本遵循，也为体育领域的人才工作规划了基本方向。

迈入新时代，我国体育产业发展逐渐演变为以"提升质量和效益"为主线的高质量发展。夯实高质量体育产业人才支撑，既是体育产业高质量发展的有力保障，也是新时代继续推进体育产业释放发展效益的现实需要。但在体育产业发展实践中，地方政府多聚焦于产值规模的扩大以及样板工程的打造，对于体育产业人才培养、就业保障等工作较为疏忽，导致当前体育产业人才市场的实际运行情况与体育产业高质量发展的经济发展逻辑不相吻合，体育产业人才培养的速度、数量、结构等与体育产业快速发展的趋势不协调的现象愈加严重。表面上看是体育产业人才市场"供不应求"的数量失衡，实际上更多的是供需矛盾的结构性失衡，进而产生供需偏差、教育错配、技能错配和人岗不匹配，最终造成人才供给效率的损失。

在存在结构性矛盾的体育产业人才市场中，因为从人才总量关系上难以形成有效的治理之道，所以需要通过体育产业人才供需矛盾的特征化表现，结合中国体育产业发展的阶段特征，剖析产生供需矛盾的深层根源，面向供需矛盾根源施策，并提出未来人才供给匹配体育产业就业需求的路径举措，全面促进体育产业人才的扩容提质，为体育产业发展促进就业提供强有力的支持和保障。

第一节　人才供需矛盾是影响体育产业吸纳劳动力就业的核心议题

作为体育产业发展的重要创新要素、体育产业就业的核心要素，人才市场的实际运行情况与中国体育产业就业的发展逻辑不相吻合，并且无论是宏观体育产业政策还是中观体育企业、微观体育产业劳动者，对体育产业人才问题均表现出较大的担忧。体育产业人才培养的速度、数量、结构等与体育产业快速发展的趋势不协调,与体育就业市场供需不匹配等现象愈加严重,体育产业链各环节人才短缺已成常态。

《"十四五"体育发展规划》提出,在2025年中国体育产业从业人员预计达800万人,按照这一目标,中国体育产业人才市场预计年均增幅要保持在10%左右。但近年来,中国体育产业的高速发展并没有带来就业层面的显著正向影响:体育行业薪酬待遇水平普遍不高,体育产业就业市场的需求方和供给方均承受着较大的压力;体育企业承受着来自人才成本持续上涨、专用性人力资本难以获取、就业创造能力不强等内外部的约束;体育产业人才也未明显获得就业机会增加、薪资待遇提升等好处。究其原因,正是前文提到的供需矛盾的结构性失衡,进而产生的供需偏差、教育错配、技能错配和人岗不匹配,最终造成的人才供给效率损失。理论逻辑与现实图景的冲突表明,当前我国人才市场运行中的结构性矛盾相对突出。本节基于多来源、多模态的广泛数据,挖掘并提炼出当前我国体育产业人才供需矛盾的三大特征化表现,为深入剖析矛盾背后的内在逻辑做好准备。

一、体育产业人才供给不断优化,但全社会忧虑却在加深

根据中国特色的人口红利理论,人口红利分为由劳动力的经济增长效应主导的数量型、由人力资本的经济增长效应主导的质量型,以及由全要素生产率的经济增长效应体现的配置型3种类型。[1]体育产业高速发展的基础是人口红利与改革红利的双重叠加。虽然从整体上看中国的人口红利将不复存在,但是"体育"领域内的人口红利却正处于准备释放的状态。

从数量上看,体育产业人才的供给规模逐渐扩大。当前我国劳动力人口规模居世界第一,2023届全国普通高校毕业生规模预计1158万人,同比增加82万人[2],就业规模创历史新高,毕业生进入体育行业工作的可能性随之提高,这也是体育产

---

[1] 原新,金牛,刘旭阳.中国人口红利的理论建构、机制重构与未来结构[J].中国人口科学,2023(3):17.
[2] 2023届高校毕业生规模预计1158万人 同比增加82万人[EB/OL].(2022-11-16)[2024-07-28]. http://www.moe.gov.cn/jyb_xwfb/xw_zt/moe_357/jjyzt_2022/2022_zt18/mtbd/202211/t20221116_992995.html?eqid=cb274667001f83ad00000004647c3c6f.

业人才的重要增量之一。与此同时，诸多院校陆续增设体育产业相关专业，扩大招生数量，2024年，普通高等院校本科专业目录中新增足球运动、马术运动与管理、体育康养3个体育学类专业，仅足球运动专业的布点院校就包含上海体育大学、北京体育大学等在内的30所院校。[①]

从质量上看，体育产业人才供给质量大幅提升。2023年，我国具有大学文化程度人口超2.5亿人[②]，从业人员平均受教育的年限持续上升，自2022年的10.93年上涨至2025年的11.16年，能有力推动人才结构的优化提升，促进人才红利在体育产业的逐步扩散，为体育产业人才供给质量的提升提供坚实基础。依据上述数据统计，2018年，我国文化、体育和娱乐业从业人员平均受教育年限达12.74年，较全国劳动力人口平均受教育年限长2.34年，说明体育产业人才人力资本水平相对较高，具备良好的吸纳高端复合型人才的扩张能力。

从结构上看，体育产业人才向服务业高效集聚。2016—2022年，我国体育产业服务业增加值占比由2016年的44.2%上升到2022年的70.1%[③]，就业结构与产业结构呈现明显的同向发展趋势。体育服务业吸纳就业占比由2015年的43.76%上升到2020年的67.2%，提高了23.44个百分点，以体育竞赛表演、体育健身休闲活动为核心的体育服务产业链，创造了大量人才需求。

与整体有利的体育产业人才供给态势相伴随的却是社会对于体育产业人才供给状况的忧虑持续加深。无论是在各类正式或非正式的调查中，还是在公众的主观感知中，体育产业人才"就业难"已成为亟须解决的突出问题，并持续构成体育教育和体育工作的重点任务之一。本书通过新榜提供的微信公众号影响力榜单，在体育类别下依次筛选出业内综合影响力较大的资讯公众号，如懒熊体育、体育产业生态圈、体育大生意、新浪体育、中国体育报、体育圈人、体育BANK等，再从公众号中对2012年到2022年6月之间有关"体育产业人才""体育人才""体育就业"主题的文章进行检索、采集、处理，最后使用NVivo 12.0软件对文本数据进行词频分析，并

---

① 教育部新增足球运动等三个体育学类本科专业[EB/OL].(2024-03-19)[2024-07-28].https://m.gmw.cn/2024-03/19/content_1303689889.htm.
② 国家统计局.王萍萍：人口总量有所下降 人口高质量发展取得成效[EB/OL].(2024-01-18)[2024-07-28].https://www.stats.gov.cn/xxgk/jd/sjjd2020/202401/t20240118_1946711.html.
③ 2022年全国体育产业总规模与增加值数据公告[EB/OL].(2023-12-29)[2024-07-28].https://www.gov.cn/lianbo/bumen/202312/content_6923494.htm.

以词云图形式呈现。(图8-1)

图8-1 词云图

从图8-1中可以看出,体育产业人才供需矛盾一直是近几年来的热点话题。"体育""人才""招聘""大学生""毕业""能力""技能""匹配度""疫情""就业难"等词汇出现频次较高,而且从多数文章的标题来看,主要围绕着"体育产业人才短缺""人才就业难""体育企业招工难""体育人才政策""毕业生就业"等现实问题进行探讨。

从企业方面看,体育企业面临专用性人才资源"获取难"和"培养难"的双重难题。体育企业能从应届毕业生(并不局限于体育毕业生)市场源源不断地以较低成本获取通用型人力资本,此类市场的人才供给具有高度弹性;但在具有较高知识和技能的专用型人力资本市场,企业需要付出高昂成本,此类市场的人才供给具有高度刚性。为了增强后者的保有率和利用率,体育企业通过强化培训、"干中学"和校企合作培养人才等方式,提高企业人力资本的存量和增量,但是受制于人才培养周期长,向专业型、复合型、应用型发展的转化效率低,以及跨专业人才流动不畅等因素导致企业的人才缺口无法在短期内得到有效填补,在实际用人过程中出现多而不强、泛而不精、专而不深等问题。此外,在我国体育领域"产学研"推动进程中,已形成"以院校为中心发力点,企业为辅助驱动器"的路径依赖,然而这种人才培养模式未能充分发挥市场需求导向作用,导致企业在人才培养中的主体性被忽视,极大降低了体育企业在人才培养上的积极性和参与性。综合来看,专用型人才资源作为体育企业提升核心竞争力的重要支撑,但其获取路径与培养体系在建设方面与就业市场的实际需求存在脱节,同时人才的"获取—培养"环节缺乏有效的衔接,忽视了人才资源生成体系的功能耦合性,导致体育企业在面临复杂竞争环境的动态应对方面能力不足。

从院校方面看,院校作为体育产业人才培养方的典型代表,一直受到"就业率魔咒"的影响。麦可思研究院发布的《2021年中国本科生就业报告》显示,文化、体育和娱乐业是疫情期间就业比例下滑明显的行业之一,如何稳定有效地开展就业工作,是体育院校近两年的关键任务。[①]目前,我国体育院校主要通过强化职业规划与就业指导、整合企业资源、创新招聘形式等举措推进毕业生就业工作,但就业情况依旧不乐观。2020年,北京体育大学应届毕业生协议就业和合同就业占比约为25.39%,未就业和待就业占比约为13.81%。究其根本,除了疫情影响外,实质上是由于我国体育产业正处于转型升级阶段。伴随新一轮科技革命、产业变革和世界格局变迁,作为知识科技高度密集的朝阳产业,体育产业对我国教育体系的体育专业人才培养提出了更高要求。[②]目前院校培养的高层次产业人才在质量和结构方面普遍未能符合用人方预期,难以及时响应体育市场派生的内在需求,突出表现为:高校数字体育经济、智能体育工程等"+体育"的复合型紧缺人才供给不足,高层次人才培养机制亟待完善,人才培养产教、科教协同培养机制处于探索阶段,产教融合发展带动作用不强等,已经成为院校培养体育产业人才的重要瓶颈。综合来看,体育产业人才需求方和供给方呈现出两极分化的态势。一方面,具有基础性或通用性知识技能的体育产业人才供大于求,尤其是就业市场面临招聘紧缩、应届毕业生面临就业困难的压力与挑战;另一方面,众多体育企业普遍存在人才招聘的困难,特别是在高素质体育产业人才的招聘上,面临严重的用工短缺问题。

从体育人才本身看,体育产业带动体育人才就业的作用不突出,体育人才的就业发展空间面临诸多短板。第一,青年群体的择业观出现"去制造业化"趋势,愿意从事制造业的青年人比例明显下降。虽然我国拥有世界上规模最大的体育用品制造业,但我国体育制造业在结构上仍以劳动密集型中小微企业为主,在价值链上以制造与加工的生产环节为主,工作性质往往简单重复、枯燥乏味,这与青年群体的职业期望相差甚远。相比来说,青年群体更乐意到批发零售、互联网服务、金融等

---

① 麦可思研究院.2021年中国本科生就业报告[M].北京:社会科学文献出版社,2022:64.
② 江金泽.深化产学研合作教育 破解创新人才培养瓶颈:以体育产业为例[J].中国高校科技,2015(6):82.

服务业部门就业,其择业行为呈现出"高端化、服务化、多样化"的新态势。第二,将我国体育产业的薪酬待遇条件与国内其他产业及国外体育产业进行综合对比发现,我国体育产业薪酬待遇水平普遍不高,收入韧性相对不足,就业前景不够广阔,社会认可程度较低,因此产生了更为显著的就业挤出效应。

趋利性是人才流动的基本法则,若劳动回报率较低,激励效应不显著,则会影响高素质人才向体育产业流入集聚,从而影响可供遴选人才的数量和质量。根据前程无忧《2021上半年度体育产业人才供需简报》,截至2021年7月25日,该平台上体育产业有效发布职位超过7.70万条,平均薪酬集中在0.60万元至0.80万元,占比约为37.10%;其次是0.80万元至1万元和1万至1.50万元,分别占比约为30%和27.20%。[①]换言之,体育产业新增岗位有约70%月薪低于1万元[②],相比同年度互联网平均月薪1.56万元,在薪资水平与薪资前景上相差悬殊,导致体育产业难以吸引并留存人才资源,进一步限制了高素质人才向体育产业的流入。另外,社会价值取向的根深蒂固与体育产业市场的封闭进一步加大了我国与国外体育产业在人才吸引力上的差距。在国外诸多国家,体育产业被视为高增长的职业赛道,体育从业者的可支配收入水平在整体行业中名列前茅,同时体育从业者的社会认可度高,成为产业创新链的重要一环。据调研,尽管美国体育产业的起薪低于金融、互联网或高科技产业,但在美国院校有相当数量的学生热捧体育产业工作。同时在美国体育产业的高管中,也有近1/3的院校毕业生拥有工商管理硕士学位、体育管理硕士学位或是法律博士学位中的一项。在我国,人才一般会主动流向最有活力、最有经济效益的领域,体育行业就业并非"光鲜亮丽"的职业,国内体育产业市场的封闭,导致了"圈内的人出不去,圈外的人进不来"的围城。

---

① 体育产业人才结构有待平衡,专项人才仍较为稀缺[EB/OL].(2021-07-29)[2024-07-28].https://baijiahao.baidu.com/s?id=1706618557629809386&wfr=spider&for=pc.
② 体育从业者的喜与忧:产业大时代,月薪6k到8k[EB/OL].(2021-08-19)[2024-07-28].https://baijiahao.baidu.com/s?id=1708578328348826547&wfr=spider&for=pc.

二、体育市场主体数量稳步增长，但并未同步带动人才吸纳能力的提高

体育市场主体是体育市场经济的基本单元，对于创造就业岗位、吸纳人才就业、促进人才流动具有重要意义。我国体育市场主体规模不断壮大，尤其是2014年以来，体育市场主体成长速度明显加快，体育产业法人单位从2015年初的19.2万个扩大到2019年的28.9万个，不断壮大的体育市场主体队伍有力支撑了超过505.1万人（不包括产业活动单位、个体户从业人数）就业。但是，我国体育企业整体缺乏核心竞争力和人才吸引力，无法连续保持较高的就业贡献率和较强的人才吸纳能力，普遍缺乏人才培育能力，市场主体对于人才需求的存量空间和增量潜力还未得到充分开发。

一方面，我国体育龙头企业的良好发展态势并未同步带动人才吸纳能力的提高。体育龙头企业是吸纳人才就业的重要力量，同时也因其突出的市场地位而代表了行业发展的导向与趋势，从而对体育产业吸纳人才就业产生重要影响。但从上市公司来看，A股体育上市公司平均吸纳劳动力就业人数从2019年的2301人增加至2020年的2435人，增长率约为5.82%。2021年，上海市体育企业500强共吸纳劳动力就业人数达66157人，2017—2021年吸纳就业年均增长率约为2.29%，增长速度较为缓慢。其主要原因包括三个方面：第一，体育竞赛表演活动与体育健身休闲活动作为体育产业的核心业态，并未充分体现出其在吸纳与创造就业岗位方面的优势。2021年，上海市500强体育企业中，体育竞赛表演与体育健身休闲企业的就业人数共11526人，仅占500强体育企业总就业人数的14.70%，就业人员依旧集中在体育用品制造与销售等领域。第二，体育龙头企业的就业导向有待调整。2021年，上海市营收过亿的148家企业大部分来自体育用品制造与销售，体育传媒与信息服务、体育中介、体育竞赛表演等高增加值领域的企业，在全市体育龙头企业市场竞争格局中依旧处于相对边缘的位置，高水平体育产业经营管理人才、高技能应用型人才和高层次体育经纪人才的市场效益需要进一步开发。第三，体育用品制造与销售企业面临技术升级所带来的就业替代效应。2021年，在上海市员工人数最多的10家体育企业中，有9家与体育用品制造、销售有关。在A股体育上市公司中，以

奥佳华、健盛集团以及信隆健康等为代表的体育用品制造企业,常年位于员工总数排名的前列。而随着"技术—经济范式"的变化、边际劳动生产率的提高,自动化、机器人技术和数字化等新制造技术在体育领域的应用,将减少对非熟练劳动力的需求,淘汰一部分低端劳动力。所以,我国体育用品制造业产生的就业替代效应,会减缓体育用品制造企业吸纳人才的速度。

另一方面,体育产业中小微企业吸纳人才就业的稳定性不足。一般来说,中小微企业具有规模小、启动资金少、开办周期短、经营方式灵活、产品供给形式多样的特点,对人才的包容性较大、吸纳能力较强。[①]但我国体育中小微企业中,体育赛事、体育培训企业占据市场主体,其行业属性和特点决定了企业吸纳人才的数量难以持续增加,吸纳人才就业的形式以灵活用工等新就业形态为主,且表现出一定的周期性。同时由于我国体育产业发展刚刚起步,大多数中小微企业还处于成长阶段,普遍存在高投入、低产出、变现期限长等特点,企业亏损现象较为严重,对吸纳人才造成不良影响。2018年,上海市500强体育企业中有约36%的企业未实现盈利,其中体育服务业和体育制造业未实现盈利企业的比例分别达到了31%和40%。近几年受疫情影响,在体育企业经营停摆、刚性成本依然存在、现金流压力增大的情况下,存活下来的体育中小微企业大多选择通过缩减招聘规模、支付较低薪酬、频繁轮替年轻员工、招聘"一专多能"职工等方式降低经营成本。

可见,体育中小微企业整体上对人才就业吸纳的规模还较为有限,其人才集聚潜力尚未得到充分释放,影响了体育企业发挥其稳岗扩岗的作用,阻碍了体育企业的就业创造效应。

三、体育产业人才培养教育体系不断创新,但诸多类型人才短缺严重

近几年,在院校、协会、企业、政府等主体的协同参与下,体育产业人才培养方式得到不断创新,在人才供给体系发展中发挥了重要作用。其中,院校依然是体育产业人才供给的中坚力量,截至2022年6月,我国内地共有体育类院校36所。其中,

---

① 唐聪聪,陈翔.中国当前就业结构变化的特征、内生动力与经济效果研究[J].经济问题探索,2023(1):24.

体育本科院校14所,体育专科院校21所,体育成人院校1所。体育类专业院校每年输出3万—4万毕业生,非体育院校毕业的体育专业学生为7万—8万。总体来看,近年来我国体育产业人才供给质量日益提升。主要表现在:一是,2018年,我国文化、体育和娱乐业从业人员平均受教育程度约为12.74年,诸多高校增设了体育产业相关专业,2021年,有36所高校新增了体育旅游、电子竞技运动与管理、老年体育服务与管理等11个与体育相关的本科专业。二是,我国每年招收体育学硕士研究生超过1.3万人,博士研究生超过500名,已建成世界上规模最大的体育教育体系。①

从人才供给总量的纵向变化来看,我国体育产业人才供给取得了很大的进步,在一定程度上减少了无效和低端的体育产业人才供给,但是随着体育产业人才需求的逐渐增加,部分体育产业人才严重短缺,中高端的体育产业人才供给不足尤为明显。人才供给不足与供需错配导致了体育产业人才供给的结构性矛盾。要推动体育产业高质量发展,必须实现产业结构与人才供给的同步调整,以相匹配的人力资源体系支撑体育产业就业。

但总体来看,我国体育产业人才培养体系与产业发展衔接不充分,人才供给的结构性矛盾依然是阻碍我国体育产业发展的主要矛盾,突出表现在人才供给与体育产业发展需求之间不匹配,体育产业人才市场"就业难"与"人才荒"并存,尤其是运动项目产业以及新兴产业等领域的就业缺口巨大,制约了体育产业就业效应的发挥。

我国体育产业"就业难"现象较为突出,体育产业人才供给与需求呈现两极化特征,即具有基础性或通用性技能的人才供大于求,专业型、创新型、融合型的体育产业人才就业难,由此陷入人才供给与就业岗位需求之间相互抑制的负循环。从运动项目产业来看,产业关键人员缺口较为严重,无论是产业链上游的核心技术人员,还是下游的运营人员,短缺现象都较为普遍。例如,支撑上游制造业实现现代化的数字编程、区块链、大数据等方面的技术人才相对不足,电子竞技运营师和电子竞技员等居于下游服务业核心位置的人才到2025年的就业缺口分别达到150万人和200万人。从新兴产业来看,科技进步引发的体育产业结构和产业形态变化,

---

① 黄汉升.全面提高体育人才自主培养质量,加快建设体育强国[J].武汉体育学院学报,2023(1):7.

催生了大量的创新型、融合型人才的新需求,表现在体育赛事运营师、体育场馆运营师、户外运动项目指导员等体育产业新兴人才,以及体育旅游策划师、运动处方师、全媒体运营师等复合型人才上。例如,有关统计数据显示,2017年,我国赛事运营、活动执行、拓展运营等相关人才需求增幅超过70%,此类岗位大多需要具备敏感的商业和市场意识、较强的资源整合能力,以及运用数据和技术提升用户体验的能力,但目前此类体育产业人才的缺口较大。

第二节　人才供给与就业需求矛盾产生的深层原因分析

现阶段,我国体育产业在有限的人力资本情况下,依然存在严重的错误配置,就业市场需求结构与人才供给结构之间矛盾突出。供需矛盾正在拖累体育人才市场的运行效率,导致体育产业人才损失和就业质量提升乏力。究其根本,形成并加深体育产业就业市场供需结构性矛盾的原因在于:体育市场主体内生发展动力不足,代表产业高质量发展方向的市场主体匮乏,人才需求动力不足;人才结构的调整滞后于体育市场的调整,从而出现了部门错配、过度教育、技能错配、人岗不匹配和空间范围内的错配;人才培养体系与产业发展衔接不充分,体育产业人才培育系统与企业实际需求不一致、职业教育与专业人才需求不一致、市场人才就业信息不对称、产业布局与就业布局不一致等,使得体育产业就业结构性矛盾突出。

一、体育产业人才需求动力不足

近年来,我国体育企业亏损严重,经济回报水平不高,代表产业发展方向的高质量市场主体匮乏,尤其是随着政策引起的资本热潮退却后,体育企业自身内容经营不充分、产业链经营不完善、营利模式不清晰等问题日益突出。体育制造企业的内生创新机制普遍缺失,吸纳人才的能力欠缺,阻碍高人力资本向体育产业聚集,影响体育产业发展促进就业的效能发挥。

首先,体育企业整体盈利水平不高,成为吸引人才流动与集聚的隐形壁垒。由于我国体育产业发展刚刚起步,大多数企业还处于成长阶段,普遍存在高投入、低产出、变现期限长等特点,企业亏损现象较为严重。从整体上看,国家统计局联网直报数据显示,2016年1—9月,体育行业678家规模以上企业中,有399家企业亏损,约占58.8%,亏损总金额约42.1亿元,较同期有所扩大,增亏约12.1亿元。[①]2019年针对79家新三板上市的体育企业财务报表进行分析,认为其整体盈利能力较弱,部分企业处于亏损状态,留存在企业内进行历年结存的利润较少。

以体育产业比较发达的上海为例,上海体育企业利润率整体上保持在5%~7%之间,而韩国体育企业利润率在8%以上。韩国体育企业全国盈利能力优于我国体育产业比较发达的上海,我国体育企业整体盈利水平还有待提升。同时,上海市500强体育企业中仍有约36%的企业在2018年未实现盈利,其中体育服务业和体育制造业未实现盈利企业的比例分别达到了31%和40%,也就是说,产业基础较好、发展较好的体育企业的盈利能力依然不强,其他体育中小微企业的盈利水平可见一斑,从总体上制约了体育产业对人才的吸引力。我国体育产业人才产出效率远低于发达国家水平。2017年,上海体育产业单位人员的销售收入约为45.52万元,韩国这一数据约为98.66万元[②],而韩国体育服务业单位人员销售收入更是几乎达到了上海的7倍。劳动者产出效率直接影响了劳动者收入水平,也极大影响了体育产业整体的人才储备和集聚能力,诸多隐性因素的存在致使劳动力要素的自由流动受限。

其次,体育领域中高质量发展主体不足,科技类体育企业集聚不够,阻碍了高人力资本向体育产业的聚集。国家体育总局印发的《"十四五"体育发展规划》明确提出,培育一批细分领域的"专精特新"中小企业、"瞪羚"企业和"隐形冠军"企业,鼓励有条件的企业以单项冠军企业为目标做强做优。工信部数据显示,截至2022年已培育的4762家专精特新"小巨人"企业中,文化、体育和娱乐业领域只有1家(福建奥翔体育发展有限公司)。2021年12月胡润研究院发布《2021全球"独角兽"榜》,遴选出主营体育相关业务的11家企业主要集聚在美国(6家企业),印度(2家企业)也呈现出优异表现,尽管在数量上与美国相差较大,但企业价值较高,估值总额为

[①] 黄海燕.我国体育产业新阶段特征及发展趋势[J].体育学研究,2018,1(1):16.
[②] 柴王军,陈元欣,李国,等."双循环"新发展格局下体育产业阻滞表现、畅通机制与保障措施[J].体育学研究,2021,35(2):22.

420亿元人民币,约占11家企业估值总和的23.14%,其余企业分散在法国、巴西、葡萄牙等国。(表8-1)

表8-1 《2021全球"独角兽"榜》主营体育业务的11家企业

排名	企业估值/亿元	企业名称	经营产品	技术	国家
110	320	Dream11	虚拟体育游戏平台	大数据	印度
157	260	Vuori	瑜伽、冲浪等运动服饰	大数据	美国
183	245	Sorare	虚拟体育游戏平台	区块链技术	法国
193	230	Whoop	运动可穿戴设备	健康科技、大数据	美国
230	195	Hinge Health	运动康复远程服务平台	健康科技、大数据	美国
368	130	SWORD Health	运动康复远程服务平台	可穿戴技术、大数据	葡萄牙
504	105	2nal	智能家庭健身设备	摄像感应、大数据	美国
526	100	Cure.Fit	多元健身产品	大数据	印度
526	100	Strava	移动运动健身服务与体育社交平台	大数据	美国
779	65	Gympass	在线健身门店信息平台	大数据	巴西
779	65	Zwift	体育互联网服务应用程序	无线配对、虚拟场景搭建	美国

数据来源:《2021全球"独角兽"榜》。
注:表中企业排名按照企业估值排名。

二、体育产业人力资本误配与匹配效率不高并存

人力资本作为个人拥有的能够创造个人、社会和经济福祉的知识、技能、能力和素质,无疑是影响经济增长和产业结构升级的重要因素。[1]目前,我国人力资本在各行业部门间严重不匹配,城市经济的国有部门、外资和民营总部、知识技术密集的信息和金融产业以及公共服务部门,成为吸纳高层次人力资本的主要阵地,这些部门就业者具有稳定、清晰的职业生涯规划,是社会身份的标志。[2]我国体育经济部门的发展起步较晚,吸纳的人力资本有限,人力资本除了部门错配之外,在体育产业领域更多地体现在技能错配、人工不匹配等方面,供需双方匹配效率不高。

---

[1] 张国强,温军,汤向俊.中国人力资本、人力资本结构与产业结构升级[J].中国人口·资源与环境,2011,21(10):138.
[2] 张鹏,张平,袁富华.中国就业系统的演进、摩擦与转型:劳动力市场微观实证与体制分析[J].经济研究,2019,54(12):17.

首先，从技能错配看，我国体育产业人才培养体系与产业发展衔接不充分。我国体育产业高质量发展本质上要求体育产业发展实现由劳动力、资本要素核心主导向知识、技术要素核心主导转变，从而推动体育产业增长的新旧动能转换，但当前体育产业人才培养体系与企业所需人力资本间仍存在严重的错配问题，导致高学历人才无法与企业需求相匹配。原因在于当前体育产业人才培养体系仍以院校教育为重心，忽视了市场导向需求，导致培养内容滞后于体育产业发展现状，且对产业前沿动态掌握不足，因此院校在体育产业的人才培养环节存在一定的失职，造成大量具备通用知识的体育应届毕业生涌入就业市场，而专业型、复合型的体育岗位无人可聘的困境。

知识和技术要素投入对于体育产业转型升级意义重大。目前多数体育产业人才具备知识能力较强、技术能力强的专用性人力资本，仍需要在企业中进一步培训或者通过"干中学"提升自身人力资本积累水平，但多数体育企业中缺乏有效的人力资本积累机制，导致这部分人才极有可能无法从事与其知识结构相匹配的工作。目前多数体育企业未能脱离"人力资本红利陷阱"，更倾向于在劳动力市场中获取更多的通用型人才而不是对已有人才进行专用型人力资本投资。

综上所述，院校与企业在体育人才培养领域存在一定的职能缺位，成为我国体育产业人力资本技能错配问题的根源。体育产业人才"就业难"实质上发生在我国大规模的通用人力资本结构性过剩的背景下，体育企业能够从中获取大量的人力资本红利，即通用人力资本报酬低于其边际收益产品；而体育产业人才需求侧"招人难"实质是指体育产业主要劳动力市场的专用型人力资本供不应求。需要注意的是，前者与后者之间并不是简单的互补关系，需要正确分析其复杂性，并合理纾解各方忧虑，以调和体育产业人才供需矛盾。

其次，从人工匹配角度看，在数字经济的全面转型背景下，灵活用工在经济、产业、劳动力以及技术的推动作用下迅速兴起。过去以人岗匹配为前提的组织化人才开发失去了根基，基于人力资本与工作任务灵活关系的自由动态配置模式，称之为"人工匹配"，即使不同个体的人力资本模块与工作任务进行匹配，进而提高匹配效率。[①]具体来说，这种自由的人力资本配置在体育产业中包括以下形态：以将物理形态和知识能力形态等分离的方式与工作任务相匹配（如在家工作）；以不同的

---

① 杨伟国,韩轶之."人工匹配"与社会化人才开发新机制[J].中国人力资源开发,2021,38(10):78-90.

技能模块、时间单位等方式与具体的工作任务相匹配(如体育行业内的零工经济);以"一对多"的方式实现人力资本与工作任务的相匹配(如平台健身直播);以固化的人力资本形态实现人力资本与工作任务的相匹配(如体育视频或音频相关工作)。尽管国家及部分地区已经针对各类人才制定了相应的人工匹配服务政策,例如,2020年人力资源和社会保障部办公厅发布的《关于做好共享用工指导和服务的通知》,支持企业共享员工。但是政策扶持对象与体育工作新形式不能准确对接,无法充分反映体育产业内人力资本自由动态配置的特点。

具体到体育领域,人才政策仍偏重传统就业,例如,职业指导、职业介绍等,且主要面向运动员、教练员等培训人才,而对体育产业新兴的用人方式、职业变化等支持较为缺乏,如对体育产业领域的员工共享政策如何落实、责任主体如何划分、工作体系如何搭建等关键问题还未有进一步的实质性措施。虽然政策支持覆盖到了一定的体育新就业形态,但是在落实过程中大打折扣,尤其对体育产业领域的灵活就业、非正规就业等新型劳动关系和用工模式的支持力度不够,甚至很少提及,忽视了引导劳动者通过这种灵活化、网络化、低门槛的新就业形态实现就业的重要性。而把一个庞大的就业能力不足的劳动力群体,托付给自由竞争的劳动力市场,既不利于人力资本的积累,也阻碍了体育产业人才的成长和整个体育产业的高质量发展。

三、体育产业人才相关政策红利释放不充分

人才政策服务并不创造岗位,但是能够起到沟通劳动力供求,降低搜寻成本,实现人力资源合理配置的作用。[1]体育产业人才相关政策制定后,面临诸多现实问题的制约,难以充分释放其积极影响。

首先,相关政策未能提高体育产业人才市场供给两端的匹配效率。一是,体育部门与社会、企业间尚未建立行之有效的人才服务合作机制。导致社会力量参与提供体育人才服务的积极性不强、参与质量不高、评价体系不健全;企业参与体育产业人才培养的合作机制尚未建立,体育"产学研"仍处于探索阶段,产教融合已经形成"以院校为主,企业为辅"的路径依赖,校企合作培养体育产业人才还处于初期阶段。企业在体育产业人才就业和技能体系形成过程中没有发言权,体育企业与

---

[1] 王阳.基本劳动就业创业服务建设与促进就业[J].中国软科学,2019(3):70.

高等院校的利益驱动机制、资源共建共享机制和文化融合机制都有待进一步建立。二是，体育公共人才政策服务效率低。尽管多个体育产业政策里面均有提到人才保障和服务政策，但不同地区的人才差异特点缺乏充分的考虑，政策扶持对象与实际岗位要求不能准确对接。重体育产业人才数量、轻质量的现象非常突出。三是，人才搜寻成本极高，人才相关服务不到位。国内权威的体育产业人才需求调查和职位空缺调查的不足，导致体育人才培养方对于体育企业招聘需求、雇佣标准、企业偏好等方面的认知出现偏差，体育产业人才培养目标与体育企业实际需求不符。四是，我国重视人才供给研究、轻视人才需求研究的现象存在已久。由于缺少数据和理论支撑，政府购买体育产业人才公共服务的评价体系无据可依，对人才矛盾的研究更多倾向于对人才供给侧的问题研究，对人才需求侧的矛盾研究不足，研究理论无法解决当前体育产业市场面临的难点问题。

其次，统计数据掩饰了体育产业人才供给的真实矛盾。一是，一些新设体育市场主体的注册登记，是出于规避纳税等方面的考虑，属于纯粹的策略性行为，并无实际的新增市场活动发生，因此统计意义上的市场主体新增，并未产生相应的就业创造效应，也不引致人才需求。此外，市场主体呈小型化趋势，边际就业承载力减弱，承载人才的空间有限。近年来，随着商事制度改革的推进，加之各级政府对"双创"活动的激励，促进了体育中小微企业（注册登记数量）的快速增长，在整体上缩小了市场主体的平均规模。其单个市场主体的岗位提供能力与大中型企业相比，几乎可以忽略。二是，虽然体育就业吸纳的人数逐年增加，但是实际并不乐观。体育产业公布的人才数据，多出现在政策文件之中，从整体趋势上看，呈逐年增长态势。国家也足够重视体育产业人才的培养，根据预测2035年从业人员将达到2000万。体育产业就业数据的收集和流转能够体现体育产业人才的发展方向，但我国体育产业统计仅仅包含体育企业数量和劳动者总数这两个大数据，体育产业人才数据只能通过间接推测获得，具体到细分领域、业态以及运动项目的就业统计与监测更是空白，数据的完整度、质量、连续性等方面亟待优化，不能准确反映体育产业人才的实际情况。

最后，我国体育职业的定义和人才分类相对模糊，严重阻碍了对体育产业链各环节人才短缺状况的全局把握。目前对体育人才的分类方式有3种：一是按照人才在体育产业中所属的领域来划分;二是从市场需求(岗位需求)角度进行人才划分;三是以体育产业比较紧缺的人才类型来划分。[1]然而,现有研究对以上任何一种分类方式均缺乏深入的系统剖析,未能形成一个以体育产业统计分类为核心、以体育产业链形式展现的体育职业名称体系。具体表现为中国体育行业的职业开发处于起始阶段,体育产业发展的现实需求催生出各种类型的岗位,但被《职业大典》认定具有特定技能的体育行业特有工种目前仅有4个:社会体育指导员、体育场馆管理员、游泳救生员和体育经纪人[2],远远不能满足体育产业多元化发展的需求;对体育产业人才的定义不够灵活,覆盖面有限,未能充分反映体育产业关键领域对"高、精、尖、缺"等急需紧缺人才的迫切需求,与体育企业实际所需人才的定位存在偏离;在人才管理工作中,政策的影响力也相对有限,原因在于体育人才的定义与分类混乱引发权责不清、适用法规范围不明等问题,直接导致了针对体育产业人才的政策施加范围不够精准,人才工作中的信息、咨询、监督、预警分析效应远远没有得到有效发挥。[3]因此,亟须建立一套更为科学、系统且灵活的体育职业分类与人才定义体系,以全面准确地反映体育产业链的人才需求状况,为体育产业的持续健康发展提供坚实的人才支撑。

第三节　促进体育产业人才供给平衡的路径探究

当前我国体育产业对人才的吸纳呈现出诸多问题,其解决路径的设计关系到未来中国体育产业人才系统转换与升级的决策部署,需要结合人才供需矛盾特征表现,面向供需矛盾根源施策,以减少人才实际效率损失。这不仅需要从发达国家体育产业人才发展的典型特征与经验中寻找,更需要着眼于体育产业未来发展,充分借力"十四五"期间体育产业的创新变革,从长计议,构建中国体育产业人才系统高质量发展框架,促进体育产业人才扩容提质,更好更快地推动体育产业发展,促进就业。

---

[1]　庞权.中美两国体育产业人才分类的综述研究[J].山东体育科技,2019,41(4):15.
[2]　王灿.《国家职业分类大典》细化体育行业职业分类[EB/OL].(2015-09-29)[2024-08-22].https://www.sport.gov.cn/n20001280/n20745751/n20767277/c21418304/content.html.
[3]　上海市公共行政与人才资源研究所课题组.人才统计:从"队伍统计"走向"职业统计"[J].中国人才,2016(12):40.

一、破除隐性成本，打通人才要素流入体育产业的通道

人才要素相较于科技、数据等其他物质资源要素，具有诸多特殊性，尤其体现在作为一种智力资本和具有主观能动性上。目前，中国体育产业的高速发展并未带来劳动者就业率和薪酬收入的显著增长，无法达到人才心理回报期望，严重影响了人才要素流入体育产业，同时带来了体育产业人才流失的风险。而从发达国家的体育产业来看，体育产业对人才的吸引力极强，不仅表现为体育产业人才的就业率较高，体育劳动者的社会认可度高，而且体育劳动者的薪酬收入水平在各行业中也居于前列。因此，结合国内外发展经验，促进人才要素流入体育产业，应当破除隐性成本，具体可从以下几方面着手。

首先，推动体育产业发展的经济效益合理转化为体育产业人才的收入增益。体育企业在发展过程中，应坚持"以人为本"的人力资源管理原则，始终将人才作为管理的首要考虑因素，确保人才的合理配置与人才潜能开发的最大化，为体育人才就业前景的拓展与体育产业的可持续发展提供最优解。坚持"以人为本"，重视体育产业人才的需求，让人才获得最大化的岗位薪资收益。第一，应当支持体育中小微企业稳定发展，为其营造良好的经营环境，创造更多稳定和高质量的就业机会，确保体育产业人才工资和劳动报酬与生产率协调增长。第二，应当保障体育产业收入分配的公平公正，整顿体育产业中民营经济、中小微企业和平台经济用工不规范的现象，平衡体育产业中劳动和资本要素的分配关系。

其次，加快形成有利于促进人才要素流入体育产业的社会氛围，提升体育产业劳动者在全社会的认可度。第一，结合体育赛事、体育产业、运动训练、全民健身等活动，全面弘扬新时代中华体育精神和文化，并将体育的价值导向和精神文化追求与体育产业人才的正面形象，通过全媒体进行交融式立体展示。第二，优化体育学科专业和人才培养结构，严格把关体育产业人才培养的质量，以过硬的人才培养质量逐步化解大众对体育产业人才群体的偏见，从根源上消除人才要素流入体育产业的社会障碍。第三，效仿体育产业发达国家，以终身价值的观点重新评估体育的价值定位，推动体育运动更好地融入人民的生活，真正形成体育生活化的社会图景。第四，通过宣扬理性健康的体育崇拜文化，加强体育职业认同，引导全社会形成浓郁的尊重体育产业劳动者、体育产业相关人员的良好氛围，进一步激发体育热

爱者和劳动者的自豪感。体育产业人才政策应以"扩散体育文化,挖掘体育价值,构筑体育职业认同"为宗旨,尝试影响体育产业的人力资本增量。具体可通过开展体育产业众多专业领域的职业体验计划、专家体验研讨会等项目,加强舆论宣传,不断增强学生、体育爱好者、待业人员、老年人等潜在劳动者的体育工作认知、从业意识等,引导全社会形成浓郁的崇尚体育的良好氛围,为体育产业的发展持续性地提供人才。

最后,应当逐步破除体育产业人才流动的各种制度障碍。第一,从法律角度破除当前人才流动中的各种体制性障碍、领域界限、政策壁垒,将吸纳人才作为基础性要求融入体育政策中,强调体育产业人才流动过程中的公正与效率、自由与秩序。第二,健全人才流动的保障体系,将高层次体育产业人才纳入各地人才引进政策范围,在人才落户、住房补贴、子女教育、健康保障等方面给予政策倾斜,以吸引更多高水平、复合型人力资本进入体育产业。第三,完善政府为体育产业人才流动服务的功能,建立和完善体育产业人才市场网络和人才信息库,及时收集、整理、发布和传递人才供求信息,促进人才流动,进而带动体育产业的高速运行。第四,保护体育产业人力资源,完善多渠道的体育就业社会保障制度。以全体体育产业从业人员为保障对象,完善现行社会保险、失业保险、医疗保险等社会保障制度,构建统一平台。

二、强化人力资本投资,提高体育教育质量

尽管我国政府、企业、院校、社会组织等主体一直在探索完善体育产业的育才、用才、引才等实践策略,但是用人方和培养方都面临着较大压力,具体表现在:具有基础性或通用性知识技能的体育产业人才供大于求,院校一直受"就业率魔咒"影响;体育企业承受着人才成本持续上涨、招工难的压力,面临专用性人力资源获取难和培养周期长的双重难题;体育产业人才本身面临尴尬境地,有些拥有高学历的毕业生并不充分具备某些体育专业技术岗位或管理职位所需要的专业性知识;体育产学研仍处于探索阶段,多元主体协同、机制互动灵活的体育产业人才培育模式还未形成,产教融合已经形成"以院校为主,企业为辅"的路径依赖,教育培训体系对于体育产业人才增强就业能力的功能尚未完全显现。而发达国家的体育产业能

够充分发挥体育高等教育和职业教育的双重作用，并使企业融入体育产业人才的培养过程，有效地提升了人力资本的适配性，并且对于体育产业人才培育的非正式学习和非正规学习进行了国家认可方面的培训，进一步完善了其社会化培训体系，为我国体育产业人才培育提供了大量的有益经验。

对于高等教育，第一，鼓励有条件的高等院校设置包括体育产业管理、体育公共事业管理、体育赛事管理在内的体育产业相关专业，加强体育产业人才布点的前瞻性设计，并强化体育产业人才高等教育与人才市场之间的制度联结，以体制机制创新激发体育产业就业市场的人才要素活力。第二，动态调整高等院校的体育产业人才培养方案，推动院校助教实践和企业实践成为评价体育管理实践能力的基本标准，并以学分形式进行硬性规定与强化。第三，支持北京体育大学、上海体育学院等院校借助建设"双一流"的契机，深化体育产业人才培养方面高水平学科的交叉融合发展，提升体育产业人才培养横向拓展、纵向深入的水平，加强"T字形"体育产业人才的培养力度。第四，强化产学研协作，打造体育产业人才培养"学习—科研—实践—就业"体系，高水平院校与优质企业共同建设国家级体育产业创新试验区和国家级体育产业协同创新中心，以创新型产业集群建设促进协同创新效应的释放。

对于职业技术教育，第一，大力发展体育职业教育与培训，加快填补高等院校中体育产业人才培养周期较长、人力资源回报率较低的短板。第二，促进体育职业教育发展规模的扩大、培养质量和社会认可度的提升，加大体育教育系统和劳动力市场之间的联结强度，不断提升体育职业教育的社会认可度和吸引力。第三，关注体育职业教育与劳动力市场之间的制度联结设计，效仿国外院校的校企合作人才培养模式，打造我国体育产业人才培养的职业教育"新学徒制"，大力提升体育产业人才的市场适配性。第四，优化职业教育院校的办学格局，基于对未来市场各种类型体育产业人才需求的预测，在专业设置上紧密对接体育产业升级、技术变革趋势和市场需求变化。第五，打通职业教育升学渠道，建立"职业高中或中专—职业专科—专业硕士—专业博士"的完善体育技术技能培育体系。

对于社会化的体育产业人才培训体系，第一，建立多方参与的现代体育产业人才培训开发体系，鼓励企业参与体育产业人才培养合作，开展实质性的校企合作，加强企业在就业和技能体系中的发言权,鼓励企业主动参与高等院校的课程建设、实习实训环节,使相关体育职业资格更贴合体育产业实际需求。第二,构建体育企业与高等院校的利益驱动机制、资源共建共享机制和文化融合机制,丰富体育产业人才培养的合作形式和内容,共同谋划推进人才培养项目,强化专业建设—人才需求、课程建设—岗位能力需求、师资建设—行业专家能手、实践平台—企业产研需求。第三,实施"1+X"证书制度,以社会化手段招募、遴选进行体育产业人才培训评价的社会组织,协同制定体育职业技能等级标准,开发教材和教学资源,实施考核发证,并探索体育产业人才在非正式学习和非正规教育方面的认可与认证细则。

三、加强政策引导,促进体育人才市场供给匹配

我国体育人才政策服务效率低主要有以下几方面的原因:第一,有关体育产业人才的统计数据缺乏专业性与可靠性,导致人才工作中的信息、咨询、监督、预警分析效应远远没有得到有效发挥[1];第二,国内权威的体育产业人才需求调查和职位空缺调查不足,导致体育人才培养方对体育企业招聘需求、雇佣标准、企业偏好等方面的认知出现偏差;第三,尚未建立行之有效的人才服务合作机制,加之社会力量参与提供体育人才服务的积极性不足,严重影响了体育人才政策的服务效率。因此,要根据体育人才市场供给结构性矛盾施策,做好宏观思考和顶层设计,优化政策组合,发挥就业政策的引导作用。

首先,从信息搜寻阶段入手,推动人才供给与需求精准有效对接。对劳动力市场状况和变化情况进行前瞻性的研判,定期收集和公布体育统计数据,统计体育产业的实际就业人数以把握体育产业就业的总体趋势,为体育产业人才流向体育产业发展体系的急缺部分提供决策信息。建立健全的劳动力市场调查制度,通过对劳动力市场进行调查与监测,及时捕捉用人市场的变化,提高劳动力配置效率和能力,为求职者提供准确的市场信息,降低求职者的搜寻成本,精准分析并预测劳动力短缺与市场急需的行业和岗位。

---

[1] 上海市公共行政与人力资源研究所课题组.人才统计:从"队伍统计"走向"职业统计"[J].中国人才,2016(12):40.

其次,引导劳动者通过灵活化、网络化、低门槛的新就业形态进入体育产业。加大对体育产业领域的灵活就业、非正规就业等新型劳动关系和用工模式的支持力度,提供多样的就业匹配途径,提升人才的匹配效率,从而降低体育产业人才就业的搜寻成本和迁移成本。加大对体育产业非正规就业的保护力度,保障就业安全和就业质量,从而有效控制由阶段性失业和摩擦性失业转变为结构性失业的风险。

最后,面向全社会完善体育人才配套系统的建设,健全体育产业人才供给匹配基础。第一,以提高人才匹配效率和体育人才工作信息化、科学化程度为目的,不断加强人才信息系统建设:科学制定体育产业人才信息采集标准,面向全社会,分系统、分领域、分层次地对符合条件的人才信息进行采集录入,摸清人才底数,建立各类体育人才数据库,绘制人才图谱;建立人才数据库动态调整和信息监测机制,实现对人才信息的动态统计、流向分析和急需紧缺预测分析等关键信息的把控,并定期发布体育产业急需紧缺人才目录清单和体育人才发展报告。第二,将体育产业人员充分就业的目标纳入宏观经济政策中予以考量、决策和执行,加强不同层级政府部门间的协调合作,加强体育产业人才培养的培训政策与就业、经济发展等政策间的联系;将教育匹配纳入体育人才就业质量的衡量范围,以对高校招生、专业设置和人才培养起到反馈作用。

四、研判中长期发展趋势,前瞻性进行人才布局

人才布局直接影响了体育产业的发展速度、建设水平和实际效用,以合理的人才布局解决当前体育产业面临的人才供需矛盾问题是一项重要的战略规划。目前,我国体育产业正面临人才布局结构设计扭曲化,重基础、轻创新,重现实、轻未来的困境,严重影响了我国体育产业的可持续发展。做好体育产业人才的前瞻性布局,是现阶段增强体育产业发展潜力的关键部分。

首先,对未来体育产业的中长期发展作出科学研判,聚焦5类高层次人才和急需紧缺人才。第一,围绕具有发展潜力的项目,布局不同类型的运动项目产业人才,大力推进足球、篮球、网球、马术、高尔夫球、围棋等市场化程度较高的运动项目,以及棒球、垒球、橄榄球、帆船、攀岩等职业化道路的人才建设。第二,围绕现代

体育产业体系建设,布局符合未来产业发展的体育人才。加强体育企业对从事IP管理、赛事运营、体育策划、运动员经纪、赛事活动经纪等创新型人才的培育,发挥体育产业未来风口的就业优化效应;统筹谋划融合型人力资本储备,对运动医学、体育旅游等专业性或融合性较强的产业领域进行布局,为体育产业高质量融合发展提供后备力量;加快推进体育金融服务、体育法律、体育信息、体育中介服务、体育创意营销、扩大体育产品和服务供给等生产性体育服务业的人才发展,一方面为市场提供对口人才,另一方面提高体育产业人才的就业率与专业适应能力,以高素质的服务业人力资源支撑体育生产性服务业发挥更大效能。第三,围绕创新要素,布局科技、数字、资本等创新型人才。体育行业应扩大与新兴前沿技术和数字经济发展更加匹配的高层次专业人才规模。将数字化的相关技术和技能融入体育人才培养的教学过程,加大专业调整的力度,增加人工智能、大数据分析以及云计算等专业设置,以社会需求为导向,培育更多符合未来产业发展的体育人才。第四,围绕区域协调发展等重大战略,布局体育产业人才。成立乡村体育组织和团体,建立乡村体育实习基地,建立乡村振兴人才奖励制度,定期对乡村体育工作者进行岗位培训,着手培养一批兼具开发、运营、管理的专业团队。第五,不断向国际体育组织输送人才,提升本国体育话语权。增加顶层设计,对标国际组织的全球胜任力评价标准,加强人才的可迁移能力、专业知识技能与个性特征等方面的培养,推动国际体育组织人才培养的学科与专业建设。

其次,加强人才的前瞻性布局与储备,以更好地应对突发危机事件。在新兴产业发展的过程中,先进技术的引进、吸收和创新以及关键事件的处理都需要以高水平的人力资本为前提。[1]明确人力资本是体育产业发展的第一资本,这是体育产业应对发展契机和危机的重要支撑。第一,针对体育人工智能、线上健身、体育IT等极具发展契机的市场,形成"人才先于产业"的人力资源投资观。构建体育产业人才储备与培养体系,加强相关人才培育的顶层设计,进行提早的人才储备与开发,以满足当前和未来的产业需求。第二,加大对体育领域就业、教育培训的关注力度。加速推进体育产业转型,强化资源要素供给,及早建好人才资源库,精准匹配与产业发展相适应的专业人才和复合人才。此外,从人口统计趋势来看,应关注

---

[1] 潘锡辉,徐东岳,施祖麟.国家高新区人才发展战略探讨[J].中国软科学,2007(6):73.

"初老"群体人力价值的发挥。许多略超过60周岁的老年人才(如体育界退休官员、专业技术人员等)具备企业或产业发展急需的专业技能或管理经验、社会网络资源。引导这部分优秀人才继续为体育产业发展贡献力量,不仅能够降低知识传承的成本,充分开发"初老"群体体育人力资源,还对提升体育行业人力资本水平、缓解人才短缺具有积极作用。因此应建立健全相关法律法规与社会保障体系,通过提供劳动补贴或减税政策,加强企业雇佣再就业老年人才的主动性,同时有针对性地邀请老年体育人才开展专场培训讲座,分享深耕体育产业多年的宝贵经验与专业技能。

第九章

政策优化：我国体育产业发展促进就业的问题与对策

目前，我国体育产业短期吸纳劳动力就业数量少与长期就业结构性矛盾交错，产业发展不充分与就业吸纳水平不高并存。政策是引领体育产业发展促进就业的关键工具，要解决体育产业就业存在的问题，进一步发挥体育产业发展的就业效能，应从政策层面进行反思和优化。未来，既要注重体育产业发展吸纳劳动力就业数量的增加，提升体育产业发展的社会效益，又要强调提升体育产业核心专业人才的数量与品质，形成"人力资本投资有效劳动力供给—产业升级的人才支撑—高质量就业—产业高质量发展"的良性循环。

本章基于体育产业发展促进就业的实践状况、前文对于体育产业促进就业的探讨与分析，进一步梳理当前体育产业就业政策，并在此基础上，结合访谈资料，从体育产业发展促进就业的基本目标出发，分析体育产业促进就业的路径设计与政策制定的现实选择，权衡效率、公平和可持续目标的实现，加强促进体育产业发展的政策与就业政策之间的衔接，设计出以实现更高质量就业为主线的路径体系。

第一节　相关政策梳理

一、文本数据库的建立

（一）选取原则

体育产业就业政策是指国家在促进体育产业健康发展的前提下，为了向体育产业从业人员提供全面系统的体育就业服务体系，同时为了最大限度地吸纳有意愿进入体育产业就业的劳动者所采取的政治行为或规定的行为准则。其政策制定主体是政府行政机关，其表达形式有与体育产业就业相关的法律规章、相关规定和命令、措施、办法、行动计划等。根据发布政策主体的层级不同，可分为国家层面体育产业就业政策（下文简称为"国家政策"）和地方层面体育产业就业政策（下文简称为"地方政策"）。

本书立足于对体育产业就业政策的归纳，以探析政策文本的特征与现状。由于地方政策大多是国家政策的延续和具体化，本书选取国家政策进行全面分析，同时用部分地方政策进行辅助分析。为保障研究的全面性,本书以北大法宝为文本收集的主要来源,以国务院、国家体育总局、国家统计局等政府网站为补充手段,全面收集1978年以来所有涉及就业的体育产业政策文本。

(二)政策收集与遴选

本研究以"体育""产业""就业"等为关键词,通过北大法宝数据库以及国务院、国家体育总局等相关部门官网,共收集国家层面涉及就业的体育产业相关意见、管理规定、通知等285份,符合本书研究需要的政策文件共280份。研究结合我国体育产业就业政策发展阶段及体育产业发展实践,将我国体育产业就业政策发展划分为以下4个阶段:萌芽准备期(1978—1991年)、积极探索期(1992—2000年)、快速发展期(2001—2013年)和全面发展期(2014年至今),各阶段涉及的政策文本数量分别为1份、6份、56份和217份。为保障研究的全面与可靠,研究选取部分地方层面的相关政策、意见为补充。

二、体育产业就业政策的演进与变迁历程

(一)萌芽准备期(1978—1991年)

在改革开放初期,各类产业集群百废待兴,体育由于受到了传统功能的影响,其产业化发展并未立刻提上日程。1978年1月,国家体委在北京召开了新中国成立以来规模最大的全国体育工作会议。会议提出,在相当一段时间内我国体育工作的奋斗目标和指导思想,即在20世纪内把我国建设成世界上体育最发达的国家之一,"为国争光"的奥运战略目标是这一阶段的主旋律。受体育发展目标和产业发展水平所限,这一时期关于体育产业的政策不多,关于体育产业就业的政策更不多见。1984年,中共中央颁布的《关于进一步发展体育运动的通知》提出,妥善安排退役的优秀运动员,给予他们进体育院校、师范体系系科和其他专业学校深造的机会,将他们培养成合格的体育教师、教练员、科研人员和体育干部等。对于转业到其他行业工作的有贡献的老运动员、老教练员,有关方面应关心解决他们的困难。由于体育产业并非这一时期体育发展的主线,而体育产业就业政策依附于体育产

业政策,这也就导致了这一阶段体育产业就业政策的稀缺,仅有的政策主要针对退役运动员的再就业。(表9-1)

表9-1 萌芽准备期体育产业就业相关政策

名称	发布机关	发布时间	主要内容
关于进一步发展体育运动的通知	中共中央	1984年	妥善安排退役的优秀运动员,给予他们进体育院校、师范体系科和其他专业学校深造的机会,将他们培养成合格的体育教师、教练员、科研人员和体育干部等。对于转业到其他行业工作的有贡献的老运动员、老教练员,有关方面应关心解决他们的困难

(二)积极探索期(1992—2000年)

1992年,中共中央、国务院下发《关于加快发展第三产业的决定》,将投资少、收效快、效益好、就业容量大、与经济发展和人民生活关系密切的行业列为加快发展第三产业的重点之一。1993年,国务院批转国家计委发布的《全国第三产业发展规划基本思路》,明确提出各类文化和体育事业,要按照社会效益和经济效益并重的原则,逐步建立起布局合理、门类齐全、面向群众,满足需求的文化、体育服务体系。上述文件首次明确将体育事业列入国家第三产业的发展规划,体育的就业效能逐渐受到关注,与体育产业就业相关的政策内容开始出现。国家体委于1993年发布的《关于深化体育改革的意见》和1995年发布的《体育产业发展纲要(1995—2010年)》均提到了就业和体育人才相关的内容。这一时期出台的体育产业就业政策具有以下特点。

第一,退役运动员就业安置工作是当前阶段体育产业就业政策的侧重点,退役运动员的就业与升学是相关就业政策的主要内容。如1995年,第八届全国人民代表大会常务委员会第十五次会议通过了《中华人民共和国体育法》,提出国家对优秀运动员在就业和升学方面给予优待。这就从法律层面对运动员就业进行了保障。

第二,体育产业就业政策开始逐步由国家层面扩展到地方层面。1996年,甘肃省八届人大常委会通过了甘肃省实施《中华人民共和国体育法》办法,提出计划、人事、劳动、教育等部门应当积极协助体育行政部门做好运动员退役后的安置工作,对优秀运动员在就业或者升学方面予以优待。1997年,贵州省第八届人民代表大会常务委员会通过了《贵州省体育条例》,提出对退役优秀运动员的就业,原输送地的人民政府和有关部门应当优待安置,对为国家作出重大贡献的,可以跨地区、跨部门安置。2000年,宁夏回族自治区第八届人民代表大会党务委员会通过的《宁夏回族自治区体育工作条例》,提出与退役运动员就业相关的政策内容。(表9-2)

表9-2 积极探索期体育产业就业相关政策

国家层面体育产业就业相关政策			
名称	发布机关	发布时间	主要内容
关于深化体育改革的意见	国家体委	1993年	形成国家调控、依托社会、充满自我活动力的体育建设新局面。群众体育实现从单位体育向社区体育演进的转化过程
关于培育体育市场、加速体育产业化进程的意见	国家体委	1993年	对体育部门的企事业单位都应扩大招聘范围,逐步建立辞退、辞职制度,实行用人单位和就业职工双向选择
体育产业发展纲要(1995—2010年)	国家体委	1995年	大力培养体育经营管理人才,加强体育产业队伍的建设。体育行政部门要把人才问题作为发展体育产业的首要工作,抓紧抓好
中华人民共和国体育法	全国人民代表大会常务委员会	1995年	国家对优秀运动员在就业和升学方面给予优待
关于深化改革加快发展县级体育事业的意见	国家体委	1996年	广泛培训体育师资、社会体育指导员、群众体育骨干和业余体育爱好者,满足社会对各类体育人才的需求
2001—2010年体育改革与发展纲要	国家体育总局	2000年	建立和完善运动员就业和医疗伤残保险制度
地方层面体育产业就业相关政策(部分)			
名称	发布机关	发布时间	主要内容
甘肃省实施《中华人民共和国体育法》办法	甘肃省人民代表大会常务委员会	1996年	计划、人事、劳动、教育等部门应当积极协助体育行政部门做好运动员退役后的安置工作,对优秀运动员在就业或者升学方面予以优待
贵州省体育条例	贵州省人民代表大会常务委员会	1997年	对退役优秀运动员的就业,原输送地的人民政府和有关部门应当优待安置,对为国家作出重大贡献的,可以跨地区、跨部门安置

(三)快速发展期(2001—2013年)

21世纪伊始,我国体育产业迎来了新的发展契机。2001年,我国成功获得北京奥运会主办权,同年又顺利加入了世界贸易组织(WTO)。体育产业的就业政策也顺流而上,抓住了时代机遇。2002年,中共中央、国务院发布的《关于进一步加强和改进新时期体育工作的意见》指出,体育、财政、人事等部门要继续执行对优秀运动员的退役就业安置政策,尽力解除运动员的后顾之忧。同年,国家体育总局等部门发布了《关于进一步做好退役运动员就业安置工作的意见》。这一阶段的体育产业就业政策主要有以下特点。

第一,退役运动员就业安置依旧在体育产业就业政策中占据重要地位。在这一阶段内发布了《自主择业退役运动员经济补偿办法》《关于进一步做好全国优秀运动员保障工作的意见》《关于做好运动员职业转换过渡期工作的意见》《关于进一步加强运动员职业辅导工作的意见》等一系列与退役运动员就业相关的政策。

第二,教育培训体系及人才发展逐渐在体育产业就业政策中出现。国务院、国家体育总局等部门发布了《关于进一步加强运动员文化教育和运动员保障工作的指导意见》等文件,特别是2011年,国家体育总局发布了《全国体育人才发展规划(2010—2020年)》,教育和人才也逐渐成为体育产业就业政策的重要内容。

第三,关于就业的基础性和保障性工作得到重视。关于技能鉴定和标准制定等内容的政策文本开始出现,国家体育总局颁布了《体育行业特有工种职业技能鉴定实施办法(试行)》《关于加强体育行业特有工种职业技能鉴定工作若干问题的通知》《关于开展体育行业职业技能鉴定工作的意见》等一系列基础性文件,体育产业就业政策体系初具雏形。(表9-3)

表9-3 快速发展期体育产业就业相关政策

国家层面体育产业就业相关政策(部分)			
名称	发布机关	发布时间	主要内容
关于进一步加强和改进新时期体育工作的意见	中共中央、国务院	2002年	体育、财政、人事等部门要继续执行对优秀运动员的退役就业安置政策,尽力解除运动员的后顾之忧
关于进一步做好退役运动员就业安置工作的意见	国家体育总局、中编办、教育部、财政部、人事部、劳动保障部	2002年	地方各级人民政府和有关部门要高度重视并切实做好退役运动员就业安置工作;建立和完善运动员社会保障机制和就业培训制度;积极创造条件,拓宽就业安置渠道,鼓励退役运动员自主择业;加强对运动员的文化教育,使其不断提高自身素质,为就业就学打好基础
自主择业退役运动员经济补偿办法	人事部、财政部、国家体育总局	2003年	积极创造条件,拓宽就业安置渠道,鼓励退役运动员自主择业,建立运动员进出畅通机制
体育行业特有工种职业技能鉴定实施办法(试行)	国家体育总局	2004年	实行职业资格证书制度。《职业资格证书》是劳动者职业技能水平的凭证,是求职、任职、独立开业、单位录用的主要依据,也是劳动者境外就业、劳务输出进行技能水平公证的有效证件
关于进一步加强社会体育指导员工作的意见	国家体育总局	2005年	制定相关政策,为退役运动员和待岗教练员向职业社会体育指导员岗位就业创造条件
关于加强体育行业特有工种职业技能鉴定工作若干问题的通知	国家体育总局	2006年	将社会体育指导员等体育行业特有工种职业技能培训内容纳入各类体育教育机构的教育体系中,为退役运动员和体育专业学生增强就业竞争力、拓宽就业渠道创造条件
关于开展体育行业职业技能鉴定工作的意见	国家体育总局	2006年	把退役运动员作为开展职业技能鉴定工作的重要对象,是服务于2008年奥运会备战,加强运动员保障,稳定一线运动队伍,拓宽退役运动员就业渠道、增强运动员就业能力的有效措施之一
关于进一步做好全国优秀运动员保障工作的意见	国家体育总局	2007年	帮助运动员转变就业观念,提高就业技能,切实增强运动员再就业时的社会竞争力

续表

国家层面体育产业就业相关政策(部分)			
名称	发布机关	发布时间	主要内容
关于做好运动员职业转换过渡期工作的意见	国家体育总局	2007年	要大力加强运动员职业辅导信息化建设,通过建立网站、提供网络培训等形式向运动员宣传就业政策,提供再就业信息
运动员聘用暂行办法	国家体育总局、教育部、公安部、财政部、人事部、劳动和社会保障部	2007年	在职业转换过渡期内,体育行政部门负责做好技能培训、就业辅导等工作
关于进一步加强残疾人体育工作的意见	国务院办公厅	2008年	切实解决残疾人运动员就学、就业、奖励和社会保障问题,保障进入中高等院校学习的贫困残疾人运动员助学金所需经费
关于进一步加强运动员文化教育和运动员保障工作的指导意见	体育总局、教育部、财政部、人力资源社会保障部	2010年	各级公共就业服务机构要积极为运动员提供职业介绍、职业指导等服务。各类体育职业教育机构要积极为运动员提供就业指导和职业培训服务
关于加快发展体育产业的指导意见	国务院办公厅	2010年	体育产业从业人数占全社会就业人数比例明显提高
全国体育人才发展规划(2010—2020年)	国家体育总局	2011年	加强运动员学历教育和专业技能培训,提高运动员退役后再就业能力
关于进一步加强运动员职业辅导工作的意见	国家体育总局	2013年	停训前后,帮助运动员了解就业形势与政策法规,获取更多的职业转换所需要的知识和技能,提高求职技能和社会竞争力,顺利实现就业(就学)或创业
地方层面体育产业就业相关政策(部分)			
名称	发布机关	发布时间	主要内容
福建省人民政府办公厅转发省体育局等部门关于进一步做好退役运动员安置工作实施意见的通知	福建省人民政府办公厅	2005年	曾获得世界三大比赛(奥林匹克运动会、世界锦标赛、世界杯)冠军、亚洲运动会冠军、全国运动会冠军的运动员,退役后由政府指令性安置到有空编的事业单位就业
安徽省人民政府关于加快发展体育产业促进体育消费的实施意见	安徽省人民政府办公厅	2011年	鼓励和引导非公有制经济发展体育产业,积极扶持中小体育企业发展,充分发挥其在自主创业、吸纳就业等方面的优势
关于进一步加强县级体育工作的意见	广东省体育局	2011年	鼓励和支持退役运动员通过职业技能培训和鉴定,拓宽就业渠道,为全民体育健身服务

续表

地方层面体育产业就业相关政策(部分)			
名称	发布机关	发布时间	主要内容
山西省人民政府办公厅关于加快发展体育产业的实施意见	山西省人民政府办公厅	2011年	第一步到2015年,体育产业就业人数达到10万人以上。第二步到2020年,体育产业就业人数达到16万人。继续发挥体育彩票在解决就业、扼制私彩方面的作用,发挥体育彩票在拉动通信、金融、广告、软件开发、印刷等行业发展的作用,为经济社会发展大局服务
云南省人民政府关于加快发展体育产业的实施意见	云南省人民政府	2011年	体育产业从业人数占社会就业人数比例明显提高
四川省人民政府办公厅关于加快体育产业发展的实施意见	四川省人民政府办公厅	2012年	到2015年,体育及相关产业中的就业人数占全省就业人数的比重达到0.4%;到2020年,体育及相关产业中的就业人数占全省就业人数的比重达到0.8%
浙江省人民政府办公厅关于进一步加强运动员文化教育和运动员保障工作的实施意见	浙江省人民政府办公厅	2012年	中等体育运动学校职业教育阶段的教学,应根据国家有关中等职业教育的规定和学生发展的实际需要,制订各专业教学计划,开发具有区域特色的专业课程和校本教材,充分利用其他教育资源,切实提升运动员的文化素质和综合职业素质,为运动员的升学和就业奠定基础
河南省人民政府关于印发河南省建设体育强省规划纲要(2013—2020年)的通知	河南省人民政府	2013年	建立完善体育激励机制和运动员社会保障机制,县级以上政府及有关部门要按照国家规定,对优秀运动员在文化教育、重新就业、社会保障等方面给予优待。

(四)全面发展期(2014年至今)

为进一步加快发展体育产业来促进体育消费,2014年国务院正式颁布《关于加快发展体育产业促进体育消费的若干意见》,并确立了体育产业在国家经济发展中的战略地位,同时也标志着我国体育产业政策进入全面发展阶段。在这一阶段,我国体育产业就业政策得到大力发展,体育产业就业政策制定的主体和制定的形式更加丰富多样。这一阶段的体育产业就业政策主要有以下特点。

第一,体育产业就业政策的关注对象有了历史性的转变,不再是单纯针对竞技体育领域退役运动员的就业安置和保障工作。这一阶段内发布了《关于加强和改进职业足球俱乐部劳动保障管理的意见》《关于推进体育助力乡村振兴工作的指导意见》等一系列文件,体育产业就业政策的关注对象逐渐向足球、竞赛表演业、健身休闲业、体育特色产业等领域的从业人员进行转变。

第二,体育产业就业政策有了明确的量化标准。《"十四五"体育发展规划》提出实现体育产业从业人员超过800万人的目标。2015年,宁夏回族自治区人民政府《关于加快发展体育产业促进体育消费的实施意见》提出,到2020年体育产业要解决就业1.4万人,到2025年解决就业2.3万人。2017年,上海市人民政府办公厅《关于印发〈上海市体育产业发展实施方案(2016—2020年)〉的通知》提出,2020年全市体育及相关产业从业人员超过30万人,带动就业超过50万人。体育产业从业人数和带动就业人数成为体育产业就业政策的核心目标。一方面表明政府贯彻执行体育产业就业政策的决心,另一方面也为体育产业就业政策的考核提供了评判的标准。

第三,更加注重人才培养在体育产业就业政策中的作用。2014年,国务院印发的《关于加快发展体育产业促进体育消费的若干意见》提出完善人才培养和就业政策。鼓励多方投入,开展各类职业教育和培训,加强校企合作,多渠道培养复合型体育产业人才。各省市也在地方体育产业就业政策中提到依托省内各高等院校,探索建立产学研用相结合的人才培养模式,通过体育产业相关专业、实习实训基地等方式,重点培养体育创意设计、赛事策划、经营管理、中介服务等应用型、复合型、技能型专业人才。

第四,国家级和地方级的体育产业就业政策在数量上有了明显增加,内容也更加丰富,国家体育产业就业政策文本高达217份,约为上一阶段的4倍。地方在贯彻国家政策精神的基础上,也不断完善地域特色的体育产业就业政策体系,各省市都将就业作为制定体育产业政策的重要内容。同样,体育产业在相关就业政策和国家整体促进就业政策中的地位得到了进一步提升。2015年,国务院发布的《关于进一步做好新形势下就业创业工作的意见》明确指出,体育作为生活性服务业的重要内容,对于促进就业具有重要意义。(表9-4)

表9-4　全面发展期体育产业就业相关政策

国家层面体育产业就业相关政策（部分）			
名称	发布机关	发布时间	主要内容
关于进一步做好退役运动员就业安置工作有关问题的通知	国家体育总局	2014年	引导退役运动员从事体育服务业，顺利转换到健身指导、竞赛表演、体育培训、体质监测、运动防护等就业岗位
关于加快推进健康与养老服务工程建设的通知	国家发展改革委、民政部、财政部等	2014年	加快推进健康与养老服务工程，鼓励社会资本参与建设运营健康与养老服务项目，有利于扩大内需、拉动消费、增加就业
关于加快发展体育产业促进体育消费的若干意见	国务院	2014年	完善人才培养和就业政策。鼓励多方投入，开展各类职业教育和培训，加强校企合作，多渠道培养复合型体育产业人才，支持退役运动员接受再就业培训
中国足球改革发展总体方案	国务院办公厅	2015年	统筹市场机制和政策引导，为足球运动员再就业再发展搭建平台，支持其经过必要培训和考核，担任足球教练员、裁判员、讲师，或到企事业单位和部队成为群众足球活动的骨干，或进入足球协会、足球俱乐部从事足球管理和服务工作
关于进一步做好新形势下就业创业工作的意见	国务院	2015年	创新服务业发展模式和业态，支持发展旅游休闲、健康养老、家庭服务、社会工作、文化体育等生活性服务业，打造新的经济增长点，提高服务业就业比重
关于加强和改进职业足球俱乐部劳动保障管理的意见	人力资源社会保障部、教育部、体育总局、中华全国总工会	2016年	各地要进一步拓宽职业球员再就业渠道，引导和支持退役球员进入高等院校和各类职业院校培训和学习，不断提升综合素质和能力，为球员实现转岗就业提供帮助
关于推动运动休闲特色小镇建设工作的通知	国家体育总局办公厅	2017年	通过当地体育特色产业的发展吸纳就业，创造增收门路
关于印发《进一步促进体育消费的行动计划（2019—2020年）》的通知	体育总局、发展改革委	2019年	推进体育消费持续提质扩容，进一步发挥体育产业在扩大内需、推动经济结构转型升级、促进就业和培育经济发展新动能中的作用
关于开展全国足球发展重点城市建设工作的指导意见	体育总局	2021年	统筹市场机制和政策引导，为足球运动员再就业再发展搭建平台

续表

国家层面体育产业就业相关政策(部分)			
名称	发布机关	发布时间	主要内容
关于体育助力稳经济促消费激活力的工作方案	体育总局办公厅	2022年	鼓励各级各类体育组织多渠道开发体育就业岗位,创新探索灵活就业方式,吸纳更多社会人才从事体育工作
关于推进体育助力乡村振兴工作的指导意见	国家体育总局、中央文明办、教育部等	2023年	推动体育与农业、商业、旅游、健康、养老、教育培训等产业深度融合,带动村民就业创收,为乡村经济赋能。开展体育专业院校毕业生基层成长计划、体育人才下乡支教等专项活动,引导体育专门人才更好地在农村就业创业
地方层面体育产业就业相关政策(部分)			
名称	发布机关	发布时间	主要内容
安徽省人民政府办公厅关于加快发展体育产业的实施意见	安徽省人民政府	2015年	完善人才培养和就业政策。积极引进体育产业管理与经营人才,鼓励退役运动员接受再就业培训,从事体育产业相关工作
广西壮族自治区人民政府关于加快发展体育产业促进体育消费的实施意见	广西壮族自治区人民政府	2015年	支持建设产、学、研协同体育创新,以及退役运动员创业与就业机构,培育体育产业"创客"和创新活动
北京市人民政府关于加快冰雪运动发展的意见(2016—2022年)	北京市人民政府	2016年	完善人才和就业创业政策。制定本市冰雪运动人才发展规划,健全冰雪运动人才培养、认定、评价和激励机制,推进职业技能鉴定和职称评定工作,建立冰雪运动人才信息资源库和综合保障服务平台
广东省人民政府办公厅关于印发广东省足球改革发展实施意见的通知	广东省人民政府办公厅	2016年	完善足球人才培育引进与就业政策。积极探索形成高效灵活的人才培育、引进、使用、评价、激励和保障政策,营造优化足球人才成长的良好环境
甘肃省人民政府办公厅关于加快发展健身休闲产业的实施意见	甘肃省人民政府办公厅	2018年	依托健身休闲企业,建设健身休闲产业相关专业学生实习实训基地,拓宽体育专业大学生就业渠道

续表

地方层面体育产业就业相关政策(部分)			
名称	发布机关	发布时间	主要内容
贵州省人民政府办公厅关于加快发展体育产业促进体育消费的实施意见	贵州省人民政府办公厅	2015年	完善人才培养和就业政策。优化专业设置,鼓励将体育产业服务纳入职业教育体系,发挥职业教育在体育产业中的重要作用,探索学历教育与职业培训并举,支持退役运动员接受职业技能和创业培训
湖南省人民政府关于加快发展体育产业促进体育消费的实施意见	湖南省人民政府	2015年	采取有力措施推进体育职业技能培训及鉴定制度,鼓励高职院校培养与体育产业相关的各种操作型、技能型、实用型人才,使学生同时获得学历证书和体育行业国家职业资格证书,不断拓宽学生就业渠道
吉林省人民政府关于加快发展体育产业促进体育消费的实施意见	吉林省人民政府	2015年	依托省内各高等院校,探索建立产、学、研、用相结合的人才培养模式,通过体育产业相关专业、实习实训基地等方式,重点培养体育创意设计、赛事策划、经营管理、中介服务等应用型、复合型、技能型专业人才
辽宁省人民政府关于加快发展体育产业促进体育消费的实施意见	辽宁省人民政府	2015年	鼓励有条件的高等院校培养各类体育产业经营管理专业人才,开展各类体育职业教育、技能培训,加强校企合作,多渠道培养复合型体育人才。支持有培训愿望和就业需求的退役运动员接受再就业培训,鼓励退役运动员从事体育产业工作,鼓励街道、社区聘用体育专业人才从事群众健身指导工作
宁夏回族自治区人民政府关于加快发展体育产业促进体育消费的实施意见	宁夏回族自治区人民政府	2015年	到2020年,解决就业1.4万人,到2025年,解决就业2.3万人
江西省人民政府办公厅关于加快发展健身休闲产业的实施意见	江西省人民政府办公厅	2018年	支持和鼓励各地依法依规以生态资源产权入股等形式,参与生态体育产业开发,以生态体育产业链发展,带动贫困乡村劳动力转移就业,助推扶贫攻坚工作。鼓励街道、社区设立公益性岗位

续表

地方层面体育产业就业相关政策（部分）			
名称	发布机关	发布时间	主要内容
山东省人民政府关于贯彻国发[2014]46号文件加快发展体育产业促进体育消费的实施意见	山东省人民政府	2015年	鼓励省内高校开设体育产业相关专业，大力培养复合型体育产业人才。将发展体育产业作为"大众创业、万众创新"的平台，鼓励支持大学生、退役运动员等从事体育产业工作，并将其纳入地方政府创业扶持范围，在政策和资金上给予优惠和补助。鼓励街道、社区优先聘用体育专业人才从事群众健身指导工作
四川省人民政府关于加快发展体育产业促进体育消费的若干意见	四川省人民政府	2015年	积极探索"产学研教"一体化的人才培养模式，鼓励有关高等院校设立体育产业专业，加强与体育企业的合作，重点培养体育经营管理、创意设计、科研、中介等专业人才
重庆市人民政府办公厅关于印发重庆市足球改革发展实施方案的通知	重庆市人民政府办公厅	2016年	以全产业链开发推动足球产业转型升级。健全足球相关专业人才队伍建设机制，为退役足球运动员再就业再发展搭建平台
上海市人民政府办公厅关于印发《上海市体育产业发展实施方案（2016—2020年）》的通知	上海市人民政府办公厅	2017年	到2020年，全市体育及相关产业从业人员超过30万人，带动就业超过50万人
西藏自治区人民政府办公厅关于加快发展体育竞赛表演产业的实施意见	西藏自治区人民政府办公厅	2020年	挖掘高校毕业生人才就业创业潜力，拓宽体育竞赛表演企业与高校人才交流渠道，鼓励大学毕业生面向体育竞赛表演产业项目自主创业；支持退役运动员、社会体育指导员、热衷体育事业人员以及体育社会组织成员等投身体育竞赛表演产业。结合体育援藏政策和项目，合作建设一批线上线下、孵化投资相结合的体育双创基地

第二节　体育产业就业相关政策分析评价

我国体育产业就业政策经历了40多年的发展,逐步由国家扩展至地方区域,无论是数量还是层级都呈现出不断丰富充实的趋势。地方在贯彻国家的各项体育产业就业政策时表现出政策精神上的高度一致性,体现了我国体育产业就业政策由上至下贯彻执行的畅通性。体育产业就业政策涉及的领域也在不断拓展,由体育产业相关就业政策到相关产业就业政策,再到国家整体促进就业相关政策,体育产业就业政策与国家就业政策在发展的同步性上正日益改善,我国体育产业就业政策已经成为国家宏观就业政策不可或缺的一个部分,其重要性日益突出。

虽然我国体育产业就业政策在过去40多年的发展中有了明显的变化,但仍面临不少的问题。例如,在访谈过程中,专家和政府部门工作人员普遍提及体育产业就业政策还未形成一个有机完整的政策体系,政策之间的逻辑关系并不清晰明确;地方主要是传达国家的体育产业就业政策精神,在政策设计上显得较为被动,主动制定符合本地区体育产业就业特点的政策的现象较少。特别是当前体育产业就业政策主要存在以下几方面的不足。

第一,体育产业就业相关措施还停留在"纸面上",多被作为体育产业功能或效应描述而被一笔带过,相关政策尚未跟进落实。近年来,"体育产业就业"在政策文件中被多次提及,《"十四五"体育发展规划》提出实现体育产业从业人员超过800万人的目标,但是"十四五"已近尾声,对于就业政策如何落实、责任主体如何划分、工作体系如何搭建等关键问题,还未有进一步的实质性措施。有关部门对体育产业发展促进就业的重视程度不够,有关就业促进政策的有效供给和支撑不足,严重影响了体育产业就业政策的效能发挥。

第二,体育产业就业政策建设滞后于体育产业发展。我国体育产业自改革开放以来经历了从无到有、从小到大、产业形象日益鲜明、产业规模不断壮大的过程,成为国民经济中发展速度最快的行业之一。我国体育产业的高速发展要求体育产业就业与其相匹配,而我国体育产业就业增长严重落后于旅游产业就业增长,就业潜力未被释放。2019年,我国体育产业吸纳劳动力就业仅占国家总就业人数的0.65%,与建设体育强国目标所要达到的水平还有较大差距。目前虽然从国家到地方都出台了若干关于体育产业促进就业的政策措施,但并没有形成完整的体育产业就业政策体系,体育产业就业政策建设尚未实现与体育产业的同步发展。

第三，相关配套政策的不完善阻碍了体育产业就业政策的发展。体育产业就业政策不能脱离中国就业政策的大背景。与发达国家相比，我国的社会保障体系建设还不够完善，社会保障的覆盖面窄。伴随体育产业的快速发展，体育产业涌现出了众多的灵活就业人员，而传统的社会保障制度是为正规就业人员设计的，不符合灵活就业人员的特点。体育产业中的灵活就业人员需要的是低基数、低费率、方便简易、操作灵活的社会保险和参保方法，而现行社会保障制度具有高基数、高费率、管理方式死板、缴费程序复杂等特点。此外，体育产业从业人员有较强的流动性，需要建立全国统一的体育产业劳动力市场，以适应体育产业人力资源在区域间的合理流动调配，但中国现行的户籍制度调高了劳动力转移成本，严重阻碍了体育产业劳动力的自由流动，不利于各地区体育产业的协调发展。

第四，体育产业就业相关的基础工作不到位。我国尚未建立起有效的体育产业就业服务合作机制，还存在着就业需求预测不够、数据基础不稳、成果运用不充分等问题。国外体育产业发达的国家普遍建立了体育产业人才预测、人才—工作搜寻匹配、人才政策规划、人才培养服务等就业服务体系，科学调整了就业市场供需平衡，有效支撑了体育产业的快速发展。例如，美国劳工部根据体育市场发展趋势和就业现状，建立体育职业分类动态调整机制，在响应社会需求的基础上，不断优化和完善体育职业分类、职业体系、职业标准，为就业者提供科学引导。我国体育职业主要按照所属领域、市场需求、紧缺人才等来进行分类，各种分类方式并没有进行严格细分，所呈现的体育职业名称不系统，就业工作中的信息、咨询、监督、预警分析不够，与发达国家差距明显。

第五，体育产业就业统计工作有待进一步改善。体育产业就业统计数据类目有限、质量不高、真实性和可靠性不强。有关体育产业就业的数据仅能在体育企业数量和劳动者总数这两类上进行简单的分析，反馈数据的完整度、数据质量、数据连续性等方面亟待优化，不能及时准确反映体育产业发展促进就业的实际情况，具体到细分领域、业态以及运动项目的就业统计与监测尚为空白，部分就业统计数据掩盖了体育产业就业的真实矛盾。这些相关问题的存在，促使我们要加快对体育产业就业政策的研究，尽快出台符合体育产业发展规律的体育产业就业政策。

第三节 我国体育产业发展促进就业的政策优化

针对上文对于我国体育产业就业政策问题的分析,结合本书的研究目的,笔者认为我国体育产业就业政策的目标应该是"发展体育,促进就业"。研究结合政策设计的基本方法和过程,依据当前体育产业就业政策存在的问题及专家访谈的结果,将体育产业发展促进就业的政策优化方案分为3个部分,分别是促进政策、扶持政策和支撑政策。(图9-1)

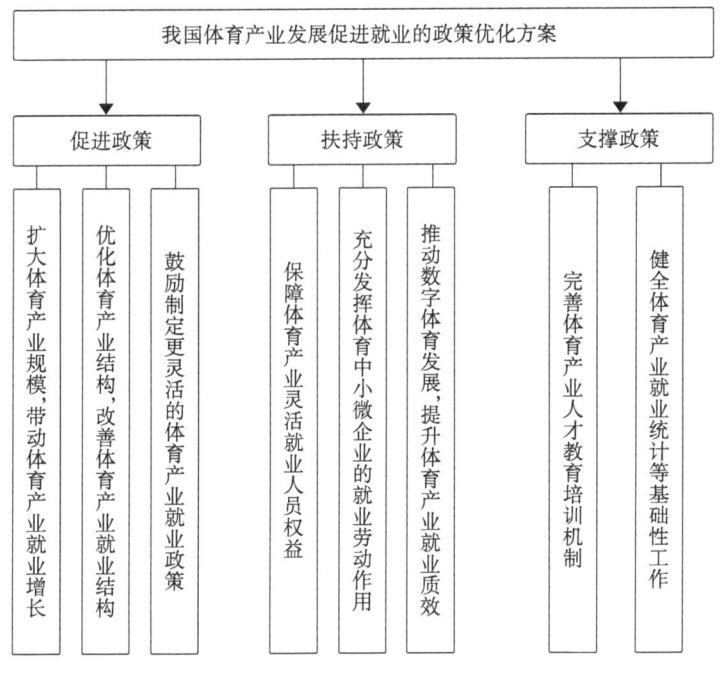

```
                我国体育产业发展促进就业的政策优化方案
                            │
        ┌───────────────────┼───────────────────┐
     促进政策             扶持政策            支撑政策
        │                   │                   │
   ┌────┼────┐        ┌─────┼─────┐         ┌───┴───┐
  扩   优   鼓       保    充    推        完      健
  大   化   励       障    分    动        善      全
  体   体   制       体    发    数        体      体
  育   育   定       育    挥    字        育      育
  产   产   更       产    体    体        产      产
  业   业   灵       业    育    育        业      业
  规   结   活       灵    中    发        人      就
  模   构   的       活    小    展        才      业
  ,   ,   体       就    微    ,       教      统
  带   改   育       业    企    提        育      计
  动   善   产       人    业    升        培      等
  体   体   业       员    的    体        训      基
  育   育   就       权    就    育        机      础
  产   产   业       益    业    产        制      性
  业   业   政              劳    业              工
  就   就   策              动    就              作
  业   业                   作    业
  增   结                   用    质
  长   构                        效
```

图9-1 我国体育产业发展促进就业的政策优化方案

一、促进政策

(一)扩大体育产业规模,带动体育产业就业增长

体育产业就业的增长是以体育产业规模的扩大为基础的,要以体育产业的发展带动体育产业就业的增长。我国体育产业起步晚,与文化、旅游等产业相比,在就业

规模上仍存在较大差距。在目前形势下,首先,应顺应网络信息技术普及应用和迭代升级的发展趋势,积极推动"互联网+体育"和"智能+体育"等融合创新模式的发展,着力培育网络体育、智能体育、数字体育等新型业态,不断丰富体育产业的门类体系。其次,应充分发挥体育产业的独特优势,通过发布相关政策积极推动各种类型的"体育+",使体育同农业、旅游业、康养产业、老龄产业、文化产业、工业等深度融合,不断扩大体育产业体系的范围。最后,要主动对接人口结构的变化趋势,增强体育市场的细分程度,针对多类型消费者的差异化需求进行产品研发和服务供给,从而不断扩充体育产业的市场份额,催生更多的就业岗位,带动体育产业就业增长。

(二)优化体育产业结构,改善体育产业就业结构

合理的产业结构是引领就业结构向更好、更优、更健康方向转变的前提。因此,要以"协调"为准则,促进体育产业内部结构协调发展,进而改善体育产业就业结构。具体来看,未来政策制定可以从以下几个方面着手。第一,进一步增强体育服务业的辐射力和带动效应。通过打造服务平台、强化核心服务要素集聚、完善服务市场体系等措施,拓展体育服务业的辐射范围,提高体育服务的能力和水平,提升体育服务业带动就业的发展后劲和质量。第二,进一步促进产业向高附加值部门或环节的转型升级,加大高端体育服务业和先进体育装备制造业的发展力度,促进金融、科技、信息及专业服务体系建设,拓宽高端体育服务业的服务半径,提升先进体育装备制造业的国际化水平和国际竞争力,吸引高素质劳动力流向体育产业就业。第三,进一步强化体育产业空间的集聚化、高效化和复合化发展。树立体育产业基地品牌,提升体育产业基地品质,建成一批具有集聚效应和规模效应的体育产业基地,进一步深入促进体育产业的集约化发展,进而带动体育产业人才集聚。

(三)鼓励制定更灵活的体育产业就业政策

新就业形态和新职业的兴起反映了经济社会转型对人力资本的新要求。为抓住这一变化带来的新机遇,体育部门及相关机构要坚持包容鼓励与审慎规范并重,将其作为我国体育产业"稳就业""促就业"的重要着力点之一,从政策、制度等方面建立规范和监管体系,保障其在平稳的轨道上健康有序地发展。

一方面,鼓励不同地方、区域和企业针对用工需求发展非全日制、季节性、临时性的体育产业新就业形态,引导劳动者通过灵活化、网络化、低门槛的新就业形态进入体育产业。加大对体育产业领域灵活就业、非正规就业等新型劳动关系和用工模式的支持力度,提供多样的匹配途径,提升就业匹配效率,从而降低体育产业就业的搜寻成本和迁移成本。

另一方面,及时出台相关政策措施,支持和帮助平台经济、体验经济、零工经济等新经济在体育产业领域的深入发展,促进体育产业新职业的良好发展。鼓励体育产业与科技、电子商务、互联网教育等融合发展,创造更多的新职业类别和岗位。并将体育产业新职业的相关指标纳入劳动力统计体系,及时申报、公示并推动纳入《职业大典》,不断提高社会的认同度。

二、扶持政策

(一)保障体育产业灵活就业人员权益

所谓灵活就业是在劳动时间、收入报酬、工作场地、保险福利、劳动关系等方面不同于建立在工业化和现代工厂制度基础上的、传统的主流就业方式的各种就业方式的总称。我国体育产业就业规模在不断壮大的同时,就业方式也进一步丰富,除了传统的合同工外,临时工和小时工等就业形势也逐步发展起来,特别是在体育赛事活动中尤为突出。以灵活就业方式参与体育产业的从业人员面临劳动关系松散、社会保障有限、劳动权益保障等众多问题,这些问题要求我们从政策法规角度加以解决。一是,政府应大力提倡和鼓励灵活就业形势,消除对灵活就业人员的歧视。二是,加大对体育产业灵活就业的保护力度,保障就业安全和就业质量,有效预防由阶段性失业和摩擦性失业向结构性失业转变的风险。三是,完善有关配套的行业标准、劳动者权益保护及职业培训事务等政策,为体育产业内的灵活就业人员提供包容普惠的实质性服务。四是,针对体育产业灵活就业发展潜在的风险,如劳动报酬、用工规范、安全隐患等,秉持"应管尽管"的规范原则,加强相关主体对体育产业新职业的监管服务。

(二)充分发挥体育中小微企业的就业带动作用

我国中小微企业数量众多,能够吸纳不同类型的人才,能够提供更多的就业岗位。相关数据显示,2019年,我国体育制造业中的中小微企业约占99.34%,成为吸纳体育人才就业的主要载体。但是,我国每年有超过100万家企业倒闭,2020年,中小微企业存活率降低了11.81个百分点,2020年2—3月营业额均达不到去年同期的30%,其中文化、体育和娱乐业的中小微企业受影响最为严重。[①]针对以上问题,相关部门应迅速制定有关政策,努力改善体育中小微企业的发展环境,扶持体育中小微企业的发展。一是,增加健身活动、体育赛事、体育场馆等体育产品供给,促进体育消费,推动中小微企业稳步发展。在保证产品供给的基础上,引导鼓励体育中小微企业多渠道创造体育就业岗位,吸引更多社会人才从事体育工作。二是,鼓励体育中小微企业向"专精特新"发展方向转变,增强体育产业中小微企业的发展韧性,从而保证其吸纳劳动力就业的稳定性。三是,拓展相关企业在政策制定中的参与渠道,进一步提高政策的有用性、易用性,推动政府、财政、税收等多主体在政策制定中的全生命周期参与,强化政策关联、提升政策执行中的整体协同、发挥作用的能力,共同推动体育中小微企业发展。

(三)推动数字体育发展,提升体育产业就业质效

数字经济在我国体育产业就业领域产生了深刻变革,带来了一系列新变化、新矛盾。如何在充分审视和规避矛盾制约的基础上,抓住数字经济发展机遇,赋能体育产业在扩大就业范围、调整就业结构、促进高质量充分就业等方面担当更大作为,已经成为新阶段体育产业就业政策制定不可避免的话题。一是,应提高数字经济基础设施建设水平,促进数字经济和实体经济深度融合,加快体育产业数字化进程。体育产业数字化是扩大体育产业就业的重要动力,应持续强调数字经济与体育产业的融合,为体育产业新业态、新岗位的发展提供新动能。二是,应积极发展体育生产性服务业,推动体育生产性服务业与数字经济融合。体育生产性服务业不仅可以促进体育服务业就业人数的增加,还能够发挥对制造业的就业乘数效应,推动制造业就业人数增加。三是,应加强数字体育产业人才内培外引,着力提升体

---

① 廖理,谷军健,袁伟,等.新冠疫情导致小微企业生存率下降[J].清华金融评论,2021(2):109-110.

育产业劳动者的劳动素质。数字经济对体育产业就业质量的作用受到劳动力水平的影响,与人才培养和技能培训息息相关。

三、支撑政策

(一)完善体育产业人才教育培训机制

为克服体育产业就业的结构性矛盾,既要产业发展扩充就业空间,又要依靠人力资本水平的提高来满足体育产业结构升级的内在要求。当前,我国体育产业人才教育培训与体育产业发展带来的新岗位和新需求不匹配,导致无法有效形成人力资本—就业质量的良性循环。因此,必须完善体育产业人才教育培训机制,充分发挥重点群体人力资本的作用,加快培养适应体育市场用工变化的劳动力资源。在政策层面上,体育产业人才教育培训的首要任务是,加强体育产业教育与劳动力市场之间的制度联结设计。

一方面,从基础教育、在职培训、职业教育等多个维度入手,加快调整体育职业技能型人才培养的相关专业布局。按照体育产业发展趋势,适当调整体育产业人才培养体系的知识结构和数量规模,大力培育适合社会需求的体育产业应用型和创新型人才,更好地兼顾"专用型+通用型"人力资本的培育[①],完善与市场需求相匹配的体育产业人才培养体系。

另一方面,建立高校和企业共同参与的职业教育联盟,推进多元化办学。鼓励有条件的体育企业,特别是行业"独角兽"企业联合体育高等院校、职业院校设立创新基地、实践基地、产业学院,形成校企之间的互补合作。加强院校教育与体育企业的衔接,根据体育产业岗位能力要求的变化,加强学生体育技能培训,使人才培育更贴合体育产业实际需求。

(二)健全体育产业就业统计等基础性工作

就业统计、人才分类、标准制定、就业评价等是体育产业就业工作的"底层"基础性问题。目前,我国体育产业尚未建立起与国民经济支柱性产业相匹配的就业

---

① 郭贝贝.劳动力供给与结构性就业矛盾:特征、冲击与纾解[J].当代经济管理,2022,44(12):79.

配套与基础体系,仍需要充分发挥政府对体育产业发展促进就业的关键作用,聚焦于解决体育产业发展促进就业的基础问题,做好宏观思考和顶层设计,发挥就业政策效能。一是,要以提高就业匹配效率和体育就业工作信息化、科学化程度为目的,不断加强体育产业就业信息系统建设,科学制定体育产业就业信息采集标准。二是,面向体育产业各细分业态、各产业链供应链,建立体育产业就业数据库动态调整和信息监测机制,并定期发布体育行业急需紧缺职业目录清单和体育就业发展报告。三是,通过对重点行业,尤其是运动项目产业、体育制造业、体育生产性服务业的劳动力需求进行跟踪与整理,结合未来体育产业发展趋势,深度结合岗位需求与能力特征,做好劳动力的前瞻性布局。四是,充分利用云计算、人工智能、大数据等现代信息技术,扩大其在体育产业就业统计和服务中的应用范围,强化数字赋能体育产业就业服务的技术供给、应用迭代和制度保障能力。

附件

体育产业发展促进就业的效应与政策访谈提纲

一、访谈说明

尊敬的先生/女士：

您好！在此，对您在百忙之中拨冗参与本次访谈表示衷心的感谢。本次访谈旨在深入探讨体育产业发展促进就业的效应与政策的相关议题。请放心，我们的对话将严格限定在学术研究的范畴之内，所收集的信息将仅用于学术分析，绝不对外透露，亦不会对您个人及贵单位产生任何不利影响。再次感谢您的宝贵支持与无私协助。

二、访谈问题

1. 您认为当前我国体育产业就业处于什么水平？
2. 在您看来，体育产业促进就业是否有其独特的优势？优势来源于什么？
3. 您是否了解国外体育产业发展促进就业的发展过程，您认为我国体育产业就业与国外有何差距？
4. 您认为当前我国体育产业发展促进就业在国家层面或者地方层面有哪些经验？取得了哪些成果？
5. 您认为体育产业发展促进就业最需要关注的是哪些方面？为什么？
6. 您如何看待我国体育产业人才问题？
7. 在您看来，当前我国体育产业发展促进就业有哪些突出的问题？
8. 您是否了解当前与体育产业就业相关的政策？您觉得当前与体育产业就业相关的政策发展如何？
9. 您觉得当前与体育产业就业相关的政策中最突出的问题表现在哪些方面？
10. 您认为未来要持续发挥体育产业的就业效应，政府部门在制定政策时要从哪些方面入手？

参考文献

中文文献

[1]高鸿业.宏观经济学[M].7版.北京:中国人民大学出版社,2018.

[2]姜渔,党晓捷,姜洪.中国就业结构研究[M].太原:山西人民出版社,1986.

[3]李颖川.国家体育产业基地发展报告(2017~2018)[M].北京:社会科学文献出版社,2019.

[4]国家职业分类大典修订工作委员会.中华人民共和国职业分类大典(2022年版)[M].北京:中国劳动社会保障出版社,2022.

[5]麦可思研究院.2021年中国本科生就业报告[M].北京:社会科学文献出版社,2021.

[6]蔡昉,都阳,高文书.就业弹性、自然失业和宏观经济政策:为什么经济增长没有带来显性就业?[J].经济研究,2004(9):18-25+47.

[7]蔡朋龙,王家宏.我国体育产业结构优化多驱动路径的仿真研究[J].西安体育学院学报,2023,40(1):44-57.

[8]柴王军,陈元欣,李国,等."双循环"新发展格局下体育产业阻滞表现、畅通机制与保障措施[J].体育学研究,2021,35(2):20-28.

[9]车放,刘昊.城市生产性服务业就业效应及其影响因素分析[J].统计与决策,2019,35(10):145-148.

[10]程路明.体育产业新政背景下健美健身产业的发展及路径选择[J].北京体育大学学报,2017,40(7):28-35.

[11]丛屹,闫苗苗.数字经济、人力资本投资与高质量就业[J].财经科学,2022(3):112-122.

[12]单凤霞.我国与英美等国体育旅游专业人才培养模式的比较[J].体育学刊,2015,22(4):66-70.

[13]单良,张涛.中国产业结构与就业结构协调性时空演变研究[J].中国人口科学,2018(2):39-49+127.

[14]邓忠奇,程翔,张宇.中国新职业发展现状及从业者工作满意度研究:基于双维度微观调查数据[J].经济学动态,2021(12):52-71.

[15]丁述磊,戚聿东,刘翠花.数字经济时代职业重构与青年职业发展[J].改革,2022(6):91-105.

[16]段莉.我国文化产业就业与人才问题研究[J].华中师范大学学报(人文社会科学版),2017,56(2):83-89.

[17] 段炼.中国生产性服务业内部结构的经济效应[J].经济管理,2014,36(6):26-33..

[18] 方长春.新就业形态的类型特征与发展趋势[J].人民论坛,2020(26):56-59.

[19] 古耀杰,任艳珍.人力资本、R&D、能源消耗与经济增长关系研究:中国经济增长驱动因素的实证分析[J].经济问题,2015(2):25-30.

[20] 郭贝贝.劳动力供给与结构性就业矛盾:特征、冲击与纾解[J].当代经济管理,2022,44(12):73-80.

[21] 郭东杰,周立宏,陈林.数字经济对产业升级与就业调整的影响[J].中国人口科学,2022(3):99-110+128.

[22] 郭恩恺,王兆红,李静,等.国家体育产业示范基地对区域经济增长的促进作用研究[J].武汉体育学院学报,2023,57(9):45-53.

[23] 何景熙,何懿.产业-就业结构变动与中国城市化发展趋势[J].中国人口·资源与环境,2013,23(6):103-110.

[24] 何珍文,赵冰,蔡旭东,等.论体育本体产业结构与体育学专业毕业生就业结构的关系[J].北京体育大学学报,2009,32(12):79-81.

[25] 胡鞍钢.中国特色城镇化新在何处:"四化"同步破解"四元结构"[J].人民论坛,2013(4):22-24.

[26] 胡佳澍,黄海燕.运动项目产业发展潜力的特征、来源及显化动力[J].体育学刊,2021,28(6):59-66.

[27] 胡拥军,关乐宁.数字经济的就业创造效应与就业替代效应探究[J].改革,2022(4):42-54.

[28] 黄海燕.推动体育产业成为国民经济支柱性产业的战略思考[J].体育科学,2020,40(12):3-16.

[29] 黄海燕.新阶段、新形势:我国体育产业发展战略前瞻[J].上海体育学院学报,2022,46(1):20-31+51.

[30] 黄汉升.全面提高体育人才自主培养质量,加快建设体育强国[J].武汉体育学院学报,2023,57(1):5-13.

[31] 黄谦,谭玉姣,荀阳,等.体育产业促进"双循环"新发展格局构建的理论逻辑与实现路径[J].体育科学,2022,42(3):14-25.

[32] 黄谦,王欢庆,李少鹏.体育未来发展的逻辑重构与实践展望:从元宇宙概念谈起[J].西安体育学院学报,2022,39(2):129-135.

[33] 江小涓.体育产业发展:新的机遇与挑战[J].体育科学,2019,39(7):3-11.

[34] 景建军.中国产业结构与就业结构的协调性研究[J].经济问题,2016(1):60-65.

[35] 赖德胜,高曼.地区就业岗位的创造:制造业对服务业的就业乘数效应[J].中国人口科学,2017(4):28-40+126-127.

[36] 李相如,古若米,丹尼贾克,等.欧美国家休闲体育发展现状及其对中国的启示(英文)[J].成都体育学院学报,2017,43(4):8-22.

[37] 李晓华.数字经济新特征与数字经济新动能的形成机制[J].改革,2019(11):40-51.

[38] 李莺莉,王开玉,孙一平.东道国视角下的FDI就业效应研究:基于中国省际面板数据的实证分析[J].宏观经济研究,2014(12):94-103.

[39]刘芳枝,陈洪平,潘磊.高质量发展背景下我国体育产业的关联效应与关联动力研究:基于投入产出数据的实证分析[J].武汉体育学院学报,2021,55(8):57-64.

[40]刘宏,李述晟.FDI对我国经济增长、就业影响研究:基于VAR模型[J].国际贸易问题,2013(4):105-114.

[41]刘晴,罗亮,黄晶."双循环"新发展格局下我国体育用品制造业高质量发展的现实困境与路径选择[J].体育学研究,2021,35(2):29-38.

[42]刘婷婷,温雪,潘明清.数字经济提升农村家庭消费能力:理论机制与实证检验[J].经济问题,2022(7):95-101.

[43]刘志东,李钦,荆中博,等.高铁开通与制造业就业结构[J].管理评论,2024,36(4):1-12.

[44]鲁全.生产方式、就业形态与社会保险制度创新[J].社会科学,2021(6):12-19.

[45]陆梦龙.经济演进与就业弹性测算:基于变截距模型的分析[J].经济与管理,2007,21(11):53-58.

[46]吕民乐.我国真实就业弹性的测算[J].统计与决策,2006(3):18-20.

[47]马光秋,阎荣舟.数字经济与高质量充分就业研究[J].理论视野,2023(2):62-67.

[48]马弘,乔雪,徐嫄.中国制造业的就业创造与就业消失[J].经济研究,2013,48(12):68-80.

[49]马艳林.教育水平对失业风险影响的实证研究:"民工荒"和"大学生就业难"现象的再解释[J].人口与经济,2016(1):89-97.

[50]毛其淋,许家云.中间品贸易自由化与制造业就业变动:来自中国加入WTO的微观证据[J].经济研究,2016,51(1):69-83.

[51]毛伟,赵新泉.中国海洋产业就业效应研究[J].统计与决策,2014(1):137-140.

[52]毛雁冰,张龙生.上海市就业变动的实证分析:基于VAR模型[J].华东经济管理,2014,28(8):13-19.

[53]牟粼琳,王一行,代佳凡.数字化转型助推体育新三板挂牌企业高质量发展:基于全要素生产率的验证[J].武汉体育学院学报,2023,57(4):52-59.

[54]牟宇峰.产业转型背景下就业人口与产业发展关系研究综述[J].人口与经济,2016(3):103-114.

[55]倪会忠.扩大内需背景加快我国体育产业发展的思考[J].北京体育大学学报,2010,33(4):1-5.

[56]宁朝山.基于质量、效率、动力三维视角的数字经济对经济高质量发展多维影响研究[J].贵州社会科学,2020(4):129-135.

[57]潘锡辉,徐东岳,施祖麟.国家高新区人才发展战略探讨[J].中国软科学,2007(6):69-74+85.

[58]彭正霞,陆根书,李丽洁.大学毕业生就业质量的影响因素及路径分析[J].中国高教研究,2020(1):57-64.

[59]蒲艳萍.产业结构变动对就业增长影响及国际比较[J].现代财经-天津财经学院学报,2005(2):64-69.

[60]戚聿东,丁述磊,刘翠花.数字经济时代新职业促进专业化发展和经济增长的机理研究:基于社会分工视角[J].北京师范大学学报(社会科学版),2021(3):58-69.

[61]戚聿东,丁述磊,刘翠花.数字经济背景下互联网使用与灵活就业者劳动供给:理论与实证[J].当代财经,2021(5):3-16.

[62]戚聿东,丁述磊,刘翠花.数字经济时代新职业发展与新型劳动关系的构建[J].改革,2021(9):65-81.

[63]戚聿东,刘翠花,丁述磊.数字经济发展、就业结构优化与就业质量提升[J].经济学动态,2020(11):17-35.

[64]任保平,李婧瑜.数字经济赋能我国体育产业现代化的逻辑与路径[J].体育学研究,2023,37(2):1-7.

[65]任波,黄海燕.中国数字经济与体育产业融合的动力、机制与模式[J].体育学研究,2020,34(5):55-66.

[66]任波,黄海燕.数字经济驱动体育产业高质量发展的理论逻辑、现实困境与实施路径[J].上海体育学院学报,2021,45(7):22-34.

[67]任波,黄海燕.我国体育产业结构性失衡与供给侧破解路径[J].体育学研究,2020,34(1):49-58.

[68]任波.我国体育产业与经济社会发展关联关系测度研究[J].中国体育科技,2021,57(9):82-89.

[69]石晓军,王骜然.独特公司治理机制对企业创新的影响:来自互联网公司双层股权制的全球证据[J].经济研究,2017,52(1):149-164.

[70]石岩.体育产业新政背景下中国体育产业发展的机遇与挑战[J].体育学刊,2014,21(6):13-18.

[71]宋旭光,左马华青.工业机器人投入、劳动力供给与劳动生产率[J].改革,2019(9):45-54.

[72]孙秋枫,唐庆会.欧洲资源型城市发展中的政府作用及启示[J].经济纵横,2007(11):54-57.

[73]孙文远,周寒.环境规制对就业结构的影响:基于空间计量模型的实证分析[J].人口与经济,2020(3):106-122.

[74]谭永生.中国更高质量和更充分就业的测度评价与实现路径研究[J].宏观经济研究,2020(5):82-90.

[75]汤为本.浅议技术进步中的就业补偿机制[J].中国劳动科学,1996(12):14-15.

[76]唐聪聪,陈翔.中国当前就业结构变化的特征、内生动力与经济效果研究[J].经济问题探索,2023(1):21-33.

[77]唐矿,郑琪.新就业形态中的劳动者权益维护与工会工作模式选择[J].学术研究,2022(5):82-89+178.

[78]田洪川,石美遐.制造业产业升级对中国就业数量的影响研究[J].经济评论,2013(5):68-78.

[79]童玉芬,刘志丽,宫倩楠.从七普数据看中国劳动力人口的变动[J].人口研究,2021,45(3):65-74.

[80]汪怿.新时代人才强国战略:格局、变局、布局[J].南京社会科学,2021(12):1-11+20.

[81]王进.体育经济与管理专业人才职业能力模型及实训体系设计研究[J].苏州大学学报(哲学社会科学版),2020,41(6):96-108+200.

[82]王凯.体育产业高质量发展的人才需求与高校"产业、专业、创业"融合培养路径研究[J].南京体育学院学报,2020,19(6):1-10.

[83]王梦菲,张昕蔚.数字经济时代技术变革对生产过程的影响机制研究[J].经济学家,2020(1):52-58.

[84]王小泳,孔东民,李尚骜.现金分红的连续性、投资效率与公司价值:基于面板结构VAR模型的实证分析[J].中国管理科学,2014,22(3):103-114.

[85]王阳.基本劳动就业创业服务建设与促进就业[J].中国软科学,2019(3):69-85.

[86]魏浩,李超,刘士彬.中国体育用品制造业出口就业效应的实证分析[J].北京体育大学学报,2013,36(10):21-26+32.

[87]吴洁.从"阿迪达斯关闭中国工厂"事件看我国体育用品制造业如何应对产业转移[J].武汉体育学院学报,2013,47(6):36-40.

[88]吴绮雯."十四五"时期高质量就业面临的挑战及解决思路[J].经济纵横,2021(7):57-63.

[89]夏建红,矫卫红.产业与就业结构演变路径及耦合效应分析:以山东省为例[J].经济问题,2018(10):65-71.

[90]夏铭娜,徐开娟,黄海燕.我国体育产业结构升级的就业效应:基于向量误差修正模型的实证分析[J].上海体育学院学报,2020,44(10):75-83.

[91]谢增毅.平台用工劳动权益保护的立法进路[J].中外法学,2022,34(1):104-123.

[92]徐新鹏,袁文全.新就业形态下灵活就业群体劳动权益保障研究[J].中州学刊,2023(1):61-69.

[93]许宪春,张美慧.中国数字经济规模测算研究:基于国际比较的视角[J].中国工业经济,2020(5):23-41.

[94]薛继亮.产业升级、贸易结构和就业市场配置研究[J].中国人口科学,2018(2):50-63+127.

[95]闫海波,陈敬良,孟媛.非正规就业部门的形成机理研究:理论、实证与政策框架[J].中国人口·资源与环境,2013,23(8):81-89.

[96]杨娟,张大超,王豪爽.《俄罗斯联邦2035年前体育产业发展战略》解读及对我国的启示[J].中国体育科技,2023,59(3):89-96.

[97]杨益东.高等体育院校学生就业中政府职能的调适与完善[J].武汉体育学院学报,2023,57(5):95-100.

[98]杨震宇,史占中.战略性新兴产业对就业带动作用的测度研究[J].现代管理科学,2015(9):24-26.

[99]叶海波.新发展阶段数字经济驱动体育产业高质量发展研究[J].体育学研究,2021,35(5):9-18.

[100]易剑东,任慧涛,朱亚坤.中美体育人才培养系统、就业路径的比较研究:从行业·专业·职业匹配与顺应的视角出发[J].武汉体育学院学报,2014,48(9):5-11+38.

[101]殷子骏,刘东升,史曙生.运动项目产业创新发展的理论意涵、动力机制与推进策略[J].体育学研究,2023,37(2):96-106.

[102]余姗,樊秀峰,蒋皓文.数字经济对我国制造业高质量走出去的影响:基于出口技术复杂度提升视角[J].广东财经大学学报,2021,36(2):16-27.

[103]原新,金牛,刘旭阳.中国人口红利的理论建构、机制重构与未来结构[J].中国人口科学,2021(3):17-27+126.

[104]张佰瑞.北京旅游就业效应和就业乘数分析[J].北京社会科学,2010(1):38-41.

[105]张彬斌,徐运保,夏杰长.新中国70年服务业就业问题研究进程与展望[J].学习与探索,2019(9):119-127.

[106]张冰,鞠传进,周洁璐.我国体育场馆运营业相关政策演变及建议[J].西安体育学院学报,2017,34(1):48-54.

[107]张成刚.新就业形态的类别特征与发展策略[J].学习与实践,2018(3):14-20.

[108]张国强,温军,汤向俊.中国人力资本、人力资本结构与产业结构升级[J].中国人口·资源与环境,2011,21(10):138-146.

[109]张宏如,伏翠干.新就业形态风险的系统治理:一个新的分析框架[J].现代经济探讨,2023(9):13-21+61.

[110]张济荣,张梦岩.文化创意产业发展对就业增长贡献分析:以北京市为例[J].现代传播(中国传媒大学学报),2011(5):144-145.

[111]张抗私,王振波.中国产业结构和就业结构的失衡及其政策含义[J].经济与管理研究,2014(8):45-53.

[112]张鹏,张平,袁富华.中国就业系统的演进、摩擦与转型:劳动力市场微观实证与体制分析[J].经济研究,2019,54(12):4-20.

[113]张顺.数字经济转型中的就业群体分化及多维治理[J].人民论坛,2022(3):36-39.

[114]张小利.基于旅游业增加值测度的我国旅游就业弹性分析[J].经济经纬,2014,31(3):72-77.

[115]张永韬.我国体育产业发展的新常态:特征、挑战与转型[J].体育与科学,2015,36(5):22-27+56.

[116]赵轶龙,叶海波.新时代体育协同社会建设的逻辑理路与行动方略[J].体育科学,2022,42(3):3-13+35.

[117]赵昱名,黄少卿.创造抑或毁灭:数字技术对服务业就业的双向影响[J].探索与争鸣,2020(11):160-168+180.

[118]朱传耿,郭修金.我国高等体育院校的发展特征与战略趋向[J].体育学研究,2021,35(1):1-8.

[119]朱凯迪,鲍明晓.体育产业促进就业:域外经验与本土启示[J].武汉体育学院学报,2019,53(11):10-15.

[120]朱相宇,乔小勇.北京第三产业就业潜力与调整升级:基于产业结构偏离度的国际比较与分析[J].经济体制改革,2014(2):64-68.

[121]朱轶,熊思敏.技术进步、产业结构变动对我国就业效应的经验研究[J].数量经济技术经济研究,2009,26(5):107-119.

[122]左冰.效率提高会吞噬就业吗?旅游产业升级的就业效应研究[J].商业经济与管理,2018(12):77-90.

[123]蔡跃洲,陈楠.新技术革命下人工智能与高质量增长、高质量就业[J].数量经济技术经济研究,2019,36(5):3-22.

[124]康露,金玮,黄晓灵,等.新质生产力赋能现代体育产业体系构建的理论逻辑与实现路径[J].体育学研究,2024,38(3):64-76.

[125]孔微巍,谢梅婷.人工智能对就业质量的影响研究:回顾与展望[J].学习与探索,2024(7):134-141.

[126]孔微巍,廉永生,刘聪.人力资本投资、有效劳动力供给与高质量就业[J].经济问题,2019(5):9-18.

[127]朴京花.基于文化资本理论的文化产业人才培养:对韩国经验的借鉴[J].山东大学学报(哲学社会科学版),2019(6):58-66.

[128]邵文波,盛丹.信息化与中国企业就业吸纳下降之谜[J].经济研究,2017,52(6):120-136.

[129]徐瑾,潘俊宇.产业结构优化视角下的人口老龄化与我国经济增长[J].经济问题,2020(9):62-71.

外文文献

[1]ACEMOGLU D, RESTREPO P.Robots and jobs:evidence from US labor markets[J]. Journal of political economy,2020,128(6):2188-2244.

[2]WIENS-TUERS B A.There's no place like home.the relationship of nonstandard employment and home ownership over the 1990s[J].The American journal of economics and sociology,2004,63(4):881-896.

[3]CHILD J D, BENZ L N, ARELLANO A, et al. Challenging assumptions about the future supply and demand of physical therapists in the United States[J]. Physical therapy,2022,102(1):1-5.

[4]FELDMAN D C. Reconceptualizing the nature and consequences of part-time work[J].Academy of management review,1990,15(1):103-112.

[5]LORDAN G, NEUMARK D.People versus machines:the impact of minimum wages on automatable jobs[J]. Labour Elonomics,2018:40-53.